Em busca do coração de Deus

Leituras Devocionais

Em busca do coração de Deus

Leituras Devocionais

HERNANDES DIAS LOPES

hagnos HEZIOM

1ª edição: outubro de 2021
3ª reimpressão: abril de 2024

Revisão
Ana Mendes

Capa
Listo Estúdio Design

Diagramação
Aldair Dutra de Assis

Editor
Aldo Menezes

Coordenador de produção
Mauro Terrengui

Impressão e acabamento
Imprensa da Fé

Editora Hagnos Ltda.
Rua Geraldo Flausino Gomes, 42, conj. 41
CEP 04575-060 — São Paulo, SP
Tel.: (11) 5990-3308

E-mail: hagnos@hagnos.com.br
Home page: www.hagnos.com.br

Editora associada à:

abdr
Associação Brasileira de Direitos Reprográficos

Dados Internacionais de Catalogação na Publicação (CIP)
Angélica Ilacqua CRB-8/7057

Lopes, Hernandes Dias

Em busca do coração de Deus: leituras devocionais / Hernandes Dias Lopes. — São Paulo: Hagnos, 2021.

ISBN 978-85-7742-311-8

1. Devoções diárias 2. Meditações - Bíblia I. Título

21-3577 CDD 242.2

Índices para catálogo sistemático:
1. Leitura devocional

DEDICATÓRIA

Dedico este livro ao Reverendo José Ernesto Conti e sua esposa Ângela Conti. Casal precioso, companheiros de ministério, amigos mais chegados que irmãos, bênçãos de Deus em nossa família.

PREFÁCIO

É com imensa alegria que apresento aos leitores este devocionário. Foi escrito com entusiasmo. Cada texto emanou de uma exposição das Escrituras. Estou convencido de que não são minhas palavras que edificam, mas a palavra de Deus. Quando mergulhamos nossa mente nas verdades eternas das Escrituras e abastecemos nosso coração nesse reservatório inesgotável, então somos consolados, desafiados e edificados.

Hoje, temos visto proliferar uma literatura com muito do homem e pouco de Deus; com muitas palavras, mas pouca palavra de Deus; com muitas sugestões da autoajuda, mas com pouco poder da ajuda do alto. Palavras humanas são folhas levadas ao vento, não criam raízes sólidas no coração; são relâmpagos luzidios que iluminam por um breve momento, mas não trazem luz permanente; são trovões que ribombam ruidosamente, mas não trazem as chuvas restauradoras.

Minha esperança é que este devocionário traga luz para sua mente e fogo para seu coração. Minha oração é que cada mensagem seja combustível nas mãos do Espírito Santo, para inflamar sua alma. Que você seja um vaso de honra nas mãos do Altíssimo e viva todos os dias de sua vida na presença de Deus, fortalecido pela graça de Deus, frutificando em toda a boa obra para a glória de Deus. Boa leitura!

HERNANDES DIAS LOPES

PREFÁCIO

COMO VENCER OS OBSTÁCULOS DA VIDA

Faz forte ao cansado e multiplica as forças
ao que não tem nenhum vigor
(Isaías 40:29)

Na vida enfrentamos muitos obstáculos, cruzamos muitos desertos e navegamos por mares encapelados. Os vencedores são aqueles que, apesar de suas fraquezas, tiram seus olhos das circunstâncias, para colocá-los em Deus. Thomas Alva Edison, o maior inventor de todos os tempos, só frequentou a escola três meses. Henry Ford, o maior fabricante de carros do mundo, só estudou até a sexta série. John Milton ficou completamente cego aos cinquenta anos e, depois disso, escreveu o grande clássico *O Paraíso Perdido*. O grande compositor Ludwig van Beethoven, depois de uma surdez progressiva, ficou completamente surdo aos quarenta e seis anos de idade. Depois desse triste fato, compôs ainda mais cinco sinfonias, suas músicas mais excelentes. Fanny Crosby, a maior compositora evangélica de todos os tempos, ficou cega na sexta semana de vida e viveu noventa e dois anos na escuridão da cegueira. Mas essa mulher compôs mais de oito mil hinos traduzidos e cantados no mundo inteiro. Todas essas pessoas enfrentaram imensos obstáculos e ultrapassaram enormes barreiras, porém, lutaram e venceram. Talvez seus obstáculos sejam outros. Mas você pode ser também um vencedor. Essas personalidades que mencionei tiveram vitórias financeiras, emocionais e espirituais. Você pode, também, ter essas e a mais importante vitória da vida, a vitória espiritual. Deus é poderoso para conduzir você em triunfo. Em Cristo você é mais do que um vencedor.

O AMOR QUE SENTE SAUDADE

... assim diz o Senhor: Lembro-me de ti, da tua afeição quando eras jovem, e do teu amor quando noiva, e de como me seguias no deserto...
(Jeremias 2:2)

O povo de Israel foi amado e escolhido por Deus mesmo sendo o menor povo dentre os povos. Deus formou esse povo, libertou-o e conduziu-o à terra prometida. Deus deu-lhe sua palavra e enviou-lhe profetas para ensiná-la. Ele cercou esse povo com seu cuidado e manifestou a ele sua graça. Deus fez milagres extraordinários para esse povo e lhe deu vitória sobre seus inimigos. Porém, com o tempo, a devoção de Israel foi se desvanecendo. O povo acostumou-se com o sagrado. Perdeu sua alegria em ser o povo particular de Deus. Realizava seus cultos, mas neles não havia alegria nem entusiasmo. Tudo caiu numa região cinzenta de rotina sem vida. Deus, então, enviou o profeta Jeremias, para mostrar ao povo como Deus sentia saudades daquele tempo em que eles eram consagrados ao Senhor e devotavam a Ele o seu amor. Da mesma forma, Deus sente saudade de nós, do tempo em que o buscávamos com mais prazer, quando meditávamos na sua palavra com mais entusiasmo, quando havia quebrantamento em nosso coração e tínhamos deleite na obediência. Ah! Deus sente saudade daquele tempo em que você tinha mais prazer na oração e mais consagração no serviço. Quem ama não se conforma com indiferença nem aceita a frieza. Quem ama deseja relacionamento profundo. Deus ainda sente saudade de nós.

O QUE VOCÊ SEMEIA, VOCÊ COLHE

O infiel de coração dos seus próprios caminhos se farta,
como do seu próprio proceder, o homem de bem.
(Provérbios 14:14)

Os maus terão o que merecem, mas o homem de bem será recompensado pelo que faz. Os infiéis receberão a retribuição de sua conduta, mas o homem bom será recompensado. Em outras palavras, o que homem semeia, é isso mesmo que ele colhe. Quem espalha sementes de bondade colhe bondade. Quem semeia a maldade ceifará maldade. O infiel de coração não só colhe o mal que semeou, mas faz uma abundante colheita a ponto de fartar-se. Ele semeia apenas vento, mas sua colheita é de tempestades. O mal que ele intentou apenas no coração, encurrala sua vida por todos os lados. Aquilo que ele desejou apenas em secreto transborda publicamente para todas as direções. O mal que ele desejou para os outros recai sobre sua própria cabeça. Totalmente diferente é o homem de bem. Ele é recompensado pelo seu proceder. Seu coração é generoso, suas mãos são prestativas e sua vida é uma inspiração. Mesmo que as pessoas lhe façam mal, ele paga com o bem. Mesmo que sofra injustiças, ele perdoa. Mesmo que lhe firam a face, ela volta a outra face. O homem de bem é um abençoador. Sua recompensa não vem da terra, mas do céu; não vem dos homens, mas de Deus.

AMOR QUE RENOVA

O Senhor, teu Deus, está no meio de ti poderoso para salvar-te; ele se deleitará em ti com alegria; renovar-te-á no seu amor, regojizar-se-á em ti com júbilo.
(Sofonias 3:17)

Nós somos a herança de Deus, a menina dos olhos de Deus, a delícia de Deus. Estávamos mortos e Ele nos deu vida e vida em abundância. Estávamos perdidos e fomos achados por Ele e conduzidos ao aprisco. Estávamos condenados e fomos salvos por Ele e perdoados. Somos o seu povo, a sua família, a sua herança. Cinco verdades podem ser observadas no texto em apreço. Primeiro, o amor de Deus é o amor que procura comunhão. Deus está no meio do seu povo. Ele não está distante de nós nem indiferente a nós. Segundo, o amor de Deus é o amor que providencia salvação. Deus está no meio do seu povo não para julgá-lo e condená-lo, mas para salvá-lo. Terceiro, o amor de Deus é o amor que se deleita na celebração. Deus se deleita no seu povo com alegria. Ele tem prazer no seu povo. Somos filhos de Deus, herdeiros de Deus, a delícia de Deus. Quarto, o amor de Deus é o amor comprometido com a restauração. Mesmo quando estamos abatidos, Deus nos renova em seu amor, nos restaura por sua graça e nos revigora com o seu poder. Quinto, o amor de Deus é amor que festeja com prontidão. Deus se regozija com seu povo com intenso júbilo. A cada pecador que se arrepende e se volta para Deus, há uma festa no céu e alegria diante dos anjos. Oh, que sublime amor, eterno amor, incomensurável amor!

PAIS, ESPELHO DOS FILHOS

Estas palavras que hoje te ordeno estarão no teu coração; e tu as inculcarás a teus filhos...
(Deuteronômio 6:6,7)

Albert Schweitzer disse que o exemplo não é apenas uma forma de ensinar, mas a única forma eficaz de fazê-lo. Os pais ensinam pelo exemplo mais do que por preceitos. Os pais são o espelho dos filhos. Para um espelho ser útil precisa ter três caraterísticas: Primeiro, o espelho precisa estar limpo. Um espelho sujo não reflete a imagem. Se os pais não são exemplo para os filhos não podem ensiná-los com eficácia. Não basta ensinar o caminho, é preciso ensinar no caminho. Antes dos pais inculcarem na mente dos filhos a verdade, é preciso que essa verdade reine no coração dos pais. Segundo, o espelho precisa estar iluminado. Um espelho na escuridão é inútil. Não basta ter olhos para ver onde não há luz para iluminar. Os pais precisam andar na luz se quiserem educar os filhos para a vida. A Palavra de Deus é a luz que ilumina nossos passos. Jesus é a luz do mundo e quem o segue não andará em trevas. Os pais que são governados pela verdade das Escrituras criam os filhos na disciplina e na admoestação do Senhor e têm a alegria de vê-los florescer nos átrios de Deus. Terceiro, o espelho precisa ser plano, para não distorcer a imagem. Um espelho côncavo ou convexo sempre distorce a imagem. Assim também é a vida dos pais, se tiverem uma vida desfocada e torta, refletirão uma imagem distorcida. Os pais precisam ter vida limpa. Os pais precisam ter a luz da Palavra. Os pais precisam ter vida certa. Pais, lembrem-se: seus filhos estão olhando para vocês!

AMOR, CUMPRIMENTO DA LEI

O amor não pratica o mal contra o próximo; de sorte que o cumprimento da lei é o amor.
(Romanos 13:10)

A lei de Deus foi dada ao povo de Israel no deserto. Antes de dar ao povo preceitos morais, Deus resgatou o povo da escravidão e da morte e fez dele seu povo particular. Os dez mandamentos foram escritos em duas tábuas de pedra. A primeira tábua contendo os quatro primeiros mandamentos, regulamentando nosso relacionamento com Deus e a segunda tábua contendo os últimos seis mandamentos, normatizando nosso relacionamento com o próximo. Esses dez mandamentos podem ser sintetizados em apenas um mandamento: amar a Deus sobre todas as coisas e amar ao próximo como a si mesmo. Quem ama a Deus não tem outros deuses nem faz para si imagens de escultura. Quem ama a Deus respeita seu nome e tem prazer em tirar um dia para cultivar seu relacionamento com Ele. Quem ama o próximo honra dos próximos os mais próximos, pai e mãe. Quem ama o próximo respeita sua vida, sua honra, seus bens e seu nome. Quem ama o próximo não cobiça o que lhe pertence. O amor transforma nosso relacionamento com Deus e com o próximo. Acerta nosso relacionamento vertical e horizontal. Quem ama a Deus busca sua glória e quem ama o próximo busca o seu bem. De fato, o amor é o cumprimento da lei. Você tem amado a Deus de toda a sua força e com toda a sua alma? Você tem amado o seu próximo como a você mesmo?

CUIDADO COM O LUCRO ILÍCITO

Na casa do justo há grande tesouro, mas na renda dos perversos há perturbação.
(Provérbios 15:6)

Está na moda a chamada teologia da prosperidade. Medem a bênção de Deus pela quantidade de dinheiro que você tem. Pensam que uma pessoa fiel a Deus deve ser rica, pois consideram a pobreza uma maldição. Há, porém, coisas melhores do que dinheiro, como a paz de espírito, como um cônjuge fiel, como uma família unida. Na casa do justo há grande tesouro. E esse tesouro pode ser material, fruto do trabalho honesto ou pode ser tesouro moral, resultado da permanente bênção celestial que inunda a casa de alegria, comunhão e paz. Sacrificar esses valores para buscar riquezas terrenas é insensatez. Construir o sucesso financeiro sobre os escombros da família é tolice. Acumular riquezas mal adquiridas é ajuntar tesouros para a sua própria destruição. Na renda dos perversos há inquietação. Não se usufrui plenamente daquilo que foi acumulado com desonestidade. Essas pessoas comem, mas não se fartam. Bebem, mas não se saciam. Deitam em camas macias, mas a mente não descansa. Cercam-se de ricas provisões, mas a alma não se deleita. É melhor ser um pobre rico do que um rico pobre. É melhor ser desprovido de riquezas, mas ter paz na família do que estar cercado de ouro e viver um inferno existencial.

O AMOR FRATERNAL

Amai-vos cordialmente uns aos outros com amor fraternal, preferindo-vos em honra uns aos outros.
(Romanos 12:10)

Das virtudes cristãs, o amor sobrepuja a todas. Que tipo de amor deve ser cultivado entre os irmãos? Paulo nos dá aqui três características deste amor. Primeiro, devemos amar os irmãos na fé com o mesmo amor com que amamos os irmãos de sangue. A palavra grega usada pelo apóstolo é *philadelphia,* o mesmo amor que devotamos ao irmão de sangue. Amamos nossos irmãos de sangue não apenas pelas virtudes que ostentam, mas apesar das fraquezas que revelam. Segundo, devemos amar os irmãos na fé com a mesma devoção com que amamos os outros membros da nossa família. A palavra usada pelo apóstolo é *philostorgoi.* Essa palavra significa amar da mesma forma que os pais amam os filhos e os filhos amam os pais. O mesmo amor que estreita os vínculos familiares deve também costurar a unidade dos filhos de Deus. Terceiro, devemos amar os irmãos na fé buscando a promoção deles e não a nossa. Devemos preferir em honra uns aos outros. O amor não é egoísta. O amor enaltece a pessoa amada e busca o seu bem acima do seu próprio. O amor não humilha a pessoa, mas promove-a; não a fere com palavras e atitudes, mas balsamiza seu coração e unge sua cabeça com o óleo da alegria. Você tem demonstrado amor às pessoas que estão à sua volta, com palavras ternas e atitudes nobres?

A BACIA E A TOALHA

Respondeu-lhe Jesus: O que eu faço não o sabes agora; compreendê-lo-ás depois.
(João 13:7)

Jesus é o Senhor e o Mestre, mas lavou os pés dos seus discípulos. Jesus não é apenas um senhor dentre tantos, mas é o Rei dos reis e o Senhor dos senhores. Ele não é apenas um mestre dentre uma legião de sábios, mas é o Mestre por excelência, pela pureza do seu caráter, pela excelsitude de seus métodos e pela singularidade de seu conteúdo. Jesus é o Senhor que criou e governa o universo e o Mestre que nos revelou o próprio Deus. Ele é a verdade. Ele é a luz. Mas esse Senhor e Mestre não arrogou para si grandes coisas. Ao contrário, mesmo sendo Deus, se fez homem; mesmo sendo Senhor, se fez servo; mesmo sendo Santo, se fez pecado. Esvaziou-se da sua glória, vestiu pele humana e humilhou-se até a morte e morte de cruz. Quando os discípulos, no cenáculo, discutiam sobre quem deles era o maior no reino dos céus, Jesus levantou-se, cingiu-se com uma toalha, colocou água na bacia e lavou os pés dos discípulos. Depois, voltou à mesa e disse: "Vós me chamais o Senhor e o Mestre e dizeis bem; porque eu o sou" (João 13:13). Jesus nos deu o exemplo de que a bacia e a toalha são os símbolos do seu reino. Quem quiser ser grande deve ser servo de todos. Aqueles que se humilham serão exaltados. Num mundo que valoriza tanto o poder e a força, Jesus nos ensina que a bacia e a toalha são as poderosas armas daqueles que são verdadeiramente grandes.

A SUPERIORIDADE DO AMOR

Ainda que eu fale as línguas dos homens e dos anjos, se não tiver amor, serei como o bronze que soa ou como o címbalo que retine.
(1Coríntios 13:1)

Depois de tratar dos dons espirituais, Paulo aborda um caminho sobremodo excelente. Em 1Coríntios 13:1-3, fala da superioridade do amor sobre os dons espirituais. O que caracteriza a verdadeira espiritualidade é amor e não os dons. A igreja de Corinto tinha todos os dons, mas era imatura espiritualmente. Conhecemos um cristão maduro pelo fruto do Espírito e não pelos dons do Espírito. No texto em apreço, Paulo diz que o amor é superior ao dom de variedade de línguas (1Coríntios 13:1), ao dom de profecia (1Coríntios 13:2), ao dom de conhecimento (1Coríntios 13:2), ao dom da fé (1Coríntios 13:2), ao dom de contribuição (1Coríntios 13:3) e até mesmo ao martírio (1Coríntios 13:3).

Sem amor, os dons podem ser um festival de competição, em vez de ser uma plataforma de serviço. Sem amor, nossas palavras, por mais eloquentes, produzem um som confuso e incerto. Sem amor, mesmo que ostentando os dons mais excelentes como profecia, conhecimento e fé nada seremos. Sem amor, nossas ofertas podem ser egoístas, visando apenas nosso engrandecimento, em vez da glória de Deus e o bem do próximo. Sem amor, nossos gestos mais extremos de abnegação, como o próprio martírio, de nada nos aproveitará. O amor dá sentido à vida e direção na caminhada. Quem ama vive na luz, conhece a Deus e se torna conhecido como discípulo de Jesus.

UMA MULHER MUITO ESPECIAL

Mulher virtuosa, quem a achará? O seu valor
muito excede o de finas joias.
(Provérbios 31:10)

O livro de Provérbios fala de uma mulher muito especial, conhecida como a mulher virtuosa. Ela tinha um relacionamento correto com seu marido, pois este confiava nela; ela lhe fazia bem todos os dias de sua vida; e ele a elogiava publicamente. Também tinha um relacionamento correto com os filhos, pois trazia em seus lábios palavras de sabedoria e bondade e seus filhos levantavam-se para chamá-la de mulher feliz. Essa mulher tinha ainda um relacionamento correto com o próximo. Muito embora fosse uma empresária com muitos compromissos e não obstante atender ao bom andamento da sua casa, não se esquecia dos pobres nem encolhia sua mão de assistir os necessitados. Essa mulher relacionava-se saudavelmente com ela mesma, pois embora se vestisse com elegância e bom gosto, sabia que enganosa é a graça e vã a formosura, mas a mulher que teme ao Senhor, essa será louvada. Mais importante do que tudo, a mulher virtuosa tinha um relacionamento de intimidade com Deus. Ela temia ao Senhor e a força e a dignidade eram seus vestidos. A biografia dessa mulher pode ser resumida assim: Ela é louvada pelo marido, pelos filhos, pelas suas obras e pelo próprio Deus. De fato, ela era uma mulher muito especial. Você quer imitar essa mulher?

FILHOS, HERANÇA DE DEUS

Herança do Senhor são os filhos; o fruto do ventre, seu galardão.
(Salmos 127:3)

O Salmo 127 diz que os filhos são herança de Deus. Eles são tesouros preciosos que Deus confia aos pais para cuidar. Uma herança é algo que recebemos e não aquilo que trabalhamos para granjear. Os filhos são presentes de Deus. São dádivas da graça. Por outro lado, uma herança é recebida para ser cuidada e cultivada. Não podemos desperdiçar uma herança recebida. Os filhos precisam receber nosso mais extremado cuidado. Os pais carregam os filhos no coração, nos braços, no bolso e nos sonhos. Os pais devem ensinar os filhos no caminho, sendo-lhes exemplo na jornada da vida. Devem amar a Deus e inculcar neles a verdade. Devem criá-los na disciplina e na admoestação do Senhor, buscando ganhá-los para Cristo. Os pais devem ser convertidos aos filhos, tendo tempo para eles e orando com eles e por eles. Os pais devem cuidar da vida física, emocional e espiritual dos filhos, sabendo que este é o melhor dos investimentos e sabendo ainda que seus filhos são o melhor dos seus tesouros. Nenhum sucesso compensa o fracasso dos filhos. Nenhuma riqueza é mais preciosa do que os filhos. Os filhos são presentes de Deus, a herança de Deus, o galardão de Deus, o motivo da alegria dos pais.

O AMOR QUE SUPORTA

Rogo-vos, pois, eu, o prisioneiro no Senhor, que andeis de modo digno da vocação a que fostes chamados [...] suportando-vos uns aos outros em amor.
(Efésios 4:1,2)

Paulo estava preso em Roma, mas seu coração estava livre de mágoa. Em vez de extravasar ressentimento, exortou os crentes a viverem de modo digno de sua vocação, com toda a humildade e mansidão, com longanimidade, suportando uns aos outros em amor. Dentre as várias exortações do apóstolo, uma merece destaque: devemos suportar uns aos outros em amor. O que isso significa? Não significa apenas que devemos tolerar pacientemente aqueles que se opõem a nós. Não significa que devemos ser passivos e aguentar calados as injustiças sofridas. Significa mais do que isso. Significa que devemos servir de suporte para os nossos irmãos em suas fraquezas. Significa que devemos servir de coluna de sustentação para aqueles que, além fracos, nos hostilizam. Nossa atitude não deve ser só passiva, deixar de pagar o mal com o mal. Nossa postura precisa ser positiva e proativa. Devemos abençoar quem nos persegue, orar pelos nossos inimigos e servir de amparo para os que estão sem vigor. Esse suporte, porém, não deve ser dado com murmuração ou indiferença, mas em amor. Assim como Deus nos assiste em nossas fraquezas, devemos, também, ser mourões de sustentação para os fracos. Assim como Deus nos ampara com seus braços eternos, devemos, também, servir de suporte para os que caminham trôpegos.

O AMOR QUE DEUS ODEIA

Não ameis o mundo nem as coisas que há no mundo. Se alguém amar o mundo, o amor do Pai não está nele.
(1João 2:15)

Deus é amor, mas há um amor que Deus odeia: o amor ao mundo e às coisas que há no mundo. Mundo aqui não é obra da criação nem as pessoas que habitam na terra. Mundo aqui é o sistema governado pelo diabo, o príncipe das trevas. Não podemos amar o que Deus odeia nem desejar o que Deus repudia. Quem ama o mundo, o amor do Pai não está nele, porque tudo o que há no mundo tem o carimbo da cobiça da carne, da cobiça dos olhos e da soberba da vida. Essas coisas não procedem de Deus, mas do mundo. O que significa essas coisas? O homem é atraído por aquilo que ele vê. A queda dos nossos pais no paraíso deu-se por essa causa. Os desejos da carne são inimizade contra Deus e arrastam o homem para uma rebelião contra Deus. Os desejos da carne estão em oposição à santidade. A soberba da vida é a mania de grandeza que o homem nutre em seu coração de ser o centro das todas as coisas. Aqueles que amam a si mesmos e o pecado acima de Deus não podem ter em si mesmos o amor de Deus. Amar o mundo é uma consumada tolice, pois é amar aquilo que é passageiro e não vai permanecer. Somente aqueles que fazem a vontade de Deus permanecerão para sempre. Somente aqueles que odeiam o que Deus odeia conhecem o verdadeiro amor. Somente aqueles que amam o que Deus ama viverão eternamente.

TEMPO DE RECOMEÇAR

Então, se dispôs ela com as suas noras e voltou da terra de Moabe, portanto, nesta, ouviu que o Senhor se lembrara do seu povo, dando-lhe pão.
(Rute 1:6)

Rute, a moabita, que se tornou-se bisavó do rei Davi e membro da linhagem do Messias, tem uma dramática porém belíssima história. Casou-se com Malom, filho de Elimeleque e Noemi, para em seguida ficar viúva e sem filhos. Em vez de voltar ao seu povo e aos seus deuses em Moabe, decidiu recomeçar sua vida, seguindo Noemi, sua sogra, para Belém. Não que Noemi tivesse qualquer vantagem a lhe apresentar; ao contrário, Noemi era estrangeira, velha, viúva, pobre e desamparada. Rute teve que aprender a lidar com as perdas. Agora, porém, aprendeu a lidar com o recomeço. Para isso, dispôs-se a amar sua sogra incondicionalmente. Também, tomou a decisão de confiar seu futuro nas mãos do Deus de Israel. Rute agiu com coragem e humildade. Deus providenciou para ela um marido nobre, um lar feliz e um filho promissor. De sua descendência nasceram reis e o próprio Filho de Deus. O cenário cinzento das perdas foi transformado num horizonte multicolorido de conquistas maravilhosas. Tudo isso porque Rute dispôs-se a recomeçar. É tempo de você também deixar o passado no passado e colocar os seus pés na estrada da esperança. A crise não vai durar para sempre. A dor que assola sua alma vai passar e um tempo de refrigério virá sobre sua vida. Não levante monumento à sua dor; olhe para frente, olhe para cima, olhe para Deus e saiba que Ele também pode conduzir sua vida em triunfo.

O PERIGO DO OUTRO EVANGELHO

Admira-me que estejais passando tão depressa daquele que vos chamou na graça de Cristo para outro evangelho.
(Gálatas 1:6)

Os judaizantes estavam perturbando a igreja e pervertendo o evangelho. Ensinavam aos crentes gentios que se eles não se circuncidassem jamais poderiam ser salvos. Desprezavam a graça e acrescentavam à fé em Cristo a obediência às leis de Moisés. Com isso, revelavam desconhecer tanto a lei quanto a graça. A lei nunca teve o propósito de salvar o homem, pois a lei exige perfeição e o homem é pecador. A lei condena o homem em vez de justificá-lo. O papel da lei é convencer o homem de seu pecado, tomá-lo pela mão e levá-lo a Cristo. Somos salvos pela graça, mediante a fé e independente das obras. Acrescentar qualquer outra exigência para a salvação é anular a graça. Paulo chamou essa tendência judaizante de outro evangelho. O outro evangelho é espúrio e falso. Leva o homem a vangloriar-se em vez de arrepender-se. Leva o homem a confiar em si mesmo em vez de confiar em Cristo. Leva o homem ao autoengano em vez de levá-lo à verdade. Precisamos repudiar esse outro evangelho, que não passa de falso evangelho, e abraçar o verdadeiro evangelho, pois só há salvação no evangelho. Nesse tempo em que muitos pregadores mudam a mensagem para atrair grandes multidões para seus redutos, precisamos guardar o evangelho, permanecer no evangelho e proclamar o evangelho, pois só nele encontramos esperança e vida eterna.

O EVANGELHO TODO POR TODA A IGREJA

Entrementes, os que foram dispersos iam por toda parte pregando a palavra.
(Atos 8.4)

No pacto de Lausane, na Suiça, firmou-se uma agenda para a evangelização dos povos, com o seguinte lema: "O propósito de Deus é o evangelho todo, por toda a igreja, em todo o mundo". Cada pessoa chamada para o evangelho é uma pessoa enviada a pregar o evangelho. Cada convertido a Cristo é um missionário de Cristo. A igreja foi chamada do mundo, não para se isolar do mundo, mas para ser testemunha no mundo. A igreja é o sal da terra e não o sal do sal. A igreja é a luz do mundo. O mundo jaz em trevas, mas trevas não podem prevalecer contra a luz. A igreja é a agência do reino de Deus na terra, para proclamar aos povos o evangelho da graça. O evangelho deve ser pregado em toda a sua inteireza, e não parcialmente. Não podemos sonegar esse tesouro aos povos. Não podemos subtrair parte da mensagem. Não temos o direito de mudar a mensagem. Somos servos da mensagem, e não donos dela. Somos embaixadores e precisamos ser fiéis ao Soberano Deus que nos comissionou. O evangelho precisa ser pregado não apenas por alguns, mas por todos aqueles que foram transformados pelo poder do Espírito Santo. A igreja que não evangeliza precisa ser evangelizada. A igreja é um corpo missionário ou um campo missionário. O propósito de Deus é o evangelho todo, por toda a igreja, em todo o mundo.

UMA MISSÃO URGENTE

Então, disseram uns para os outros: Não fazemos bem; este dia é dia de boas-novas, e nós nos calamos...
(2Reis 7:9)

O evangelho é a melhor notícia que o homem pode ouvir e a única notícia que pode lhe dar esperança de salvação. Sem o evangelho o homem perece. Sem as boas-novas de salvação em Cristo, os povos permanecem em densas trevas. Sem a oferta da graça, os homens permanecem mortos em seus delitos e pecados. O evangelho precisa ser proclamado em sua inteireza, por toda a igreja, em todo o mundo e com senso de urgência. Precisamos ganhar para Cristo esta geração em nossa própria geração. Se falharmos nesse propósito, teremos fracassado fragorosamente. Em tempo de fome em Samaria, os sírios eram sua grande ameaça. O profeta Eliseu proclamou abundância de víveres nesse tempo de severa escassez. Muitos zombaram dele. Quatro leprosos que estavam morrendo de fome disseram: Vamos entrar no acampamento dos sírios. Se eles nos matarem, morremos; se eles nos deixarem viver, viveremos. Quando entraram, Deus havia confundido os inimigos e eles haviam fugido, deixando toda a abundante provisão para trás. Os leprosos, ao verem tanta fartura, depois de terem se fartado, disseram: "Não fazemos bem; este é dia de boas-novas, e nós nos calamos; se esperarmos até à luz da manhã, seremos tidos por culpados; agora, pois, vamos e o anunciemos à casa do rei". É tempo de boas-novas!

O PODER DO ESPÍRITO SANTO

Mas recebereis poder, ao descer sobre vós o Espírito Santo, e sereis minhas testemunhas tanto em Jerusalém como em toda a Judeia e Samaria e até aos confins da terra.
(Atos 1:8)

Depois que Jesus foi assunto aos céus, seus discípulos entraram no cenáculo e perseveraram, unânimes em oração, aguardando a promessa do Pai, o revestimento de poder. Antes do Pentecostes estavam trancados, com medo dos judeus; agora, eram presos por falta de medo. Outrora, covardemente fugiram com medo de perseguição; agora, cheios de poder, enfrentam as autoridades e se alegraram de sofrer afrontas e prisões por causa de Cristo. Antes eles tinham o Espírito Santo; agora o Espírito Santo os tem. Antes eles tinham o Espírito residente; agora eles têm o Espírito Santo presidente. Ao serem cheios do Espírito Santo, tornaram-se ousados para pregar. Ninguém mais podia calar-lhes a voz. Receberam poder para sair da especulação teológica para o campo da ação missionária. Receberam poder para romper barreiras de inimizades e proclamar a mensagem da paz onde havia muros de inimizades. Receberam poder para morrer pelo evangelho, uma vez que a palavra "testemunha" significa mártir. Receberam poder para viver de forma extraordinária e pregar aos ouvidos e aos olhos de forma irresistível. Antes de Jesus enviar a igreja ao mundo, Ele envia para ela o Espírito Santo. Essa ordem não deve ser mudada. Precisamos do poder do Espírito Santo para cumprirmos cabalmente nossa missão.

AS BOFETADAS DE SATANÁS

E, para que não me ensoberbecesse com a grandeza das revelações, foi-me posto um espinho na carne, mensageiro de Satanás, para me esbofetear, a fim de que não me exalte.
(2Coríntios 12:7)

Deus é especialista em equilibrar em nossa vida experiências arrebatadoras e sofrimento atroz. Levou Paulo ao terceiro céu e depois colocou nele um espinho na carne. O espinho na carne tinha um propósito santo: evitar que Paulo se ensoberbecesse. Satanás, porém, usou esse mesmo espinho para esbofetear Paulo. Deus nos prova para nos aperfeiçoar e Satanás nos dá bofetadas para nos derrubar. Deus usa a providência carrancuda para nos manter humildes e Satanás nos esbofeteia com essas mesmas circunstâncias para nos fazer amargos. O espinho na carne de Paulo não era um expediente divino contra ele, mas a seu favor. Ajudou Paulo a evitar o que ele mais temia: ser desqualificado para o ministério. C. S. Lewis disse, com razão, que Deus sussurra aos nossos ouvidos em nossos prazeres e grita aos ouvidos da nossa alma, em nossa dor. Paulo orou para que Deus removesse o espinho, mas Deus não lhe deu a reposta que queria, antes, capacitou-o com sua graça para enfrentar o sofrimento. Paulo pediu substituição, mas Deus lhe deu transformação. A graça de Deus é suficiente para nos capacitar em todas as circunstâncias da vida. O espinho na carne nos livra de nosso maior perigo, a soberba. O espinho na carne nos mantém humildes e dependentes de Deus. O espinho na carne abre os olhos do nosso coração para entendermos que quando somos fracos, então é que somos fortes, pois o poder de Deus se aperfeiçoa na fraqueza.

A FÉ VITORIOSA

E Jesus, voltando-se e vendo-a, disse: Tem bom ânimo, filha, a tua fé te salvou. E, desde aquele instante, a mulher ficou sã.
(Mateus 9:22)

A mulher de que trata o texto não é citada pelo nome, apenas pelo seu dramático problema. Ela sofre há doze anos de uma hemorragia que a deixara pobre, impura e fraca. Quando todos os recursos da terra se esgotaram, porém, ele foi a Jesus. Estava convicta de que se apenas tocasse na orla de suas vestes ficaria curada. Foi o que fez. Jesus sentiu que de si saíra poder e perguntou: "Quem me tocou?". Os discípulos logo questionaram Jesus, dizendo que naquele empurra, empurra era impossível saber quem o havia tocado. Jesus, então, dirigiu-se à mulher e disse: "Tem bom ânimo, filha, a tua fé te salvou. E, desde aquele instante, a mulher ficou sã". Essa mulher recebeu quatro curas distintas. A primeira foi a cura emocional. Jesus viu que essa mulher estava desanimada depois de tantos anos de sofrimento. Então lhe disse: Tem bom ânimo. A segunda cura foi existencial. Essa mulher estava escantilhada como uma pessoa impura há doze anos. Todos cortavam volta dela, mas Jesus a chama de filha. A terceira cura foi espiritual. Jesus disse para ela: A tua fé te salvou. Essa mulher recebeu a maior de todas as curas, o perdão de seus pecados. Tornou-se limpa não apenas aos olhos dos homens, mas, sobretudo, aos olhos de Deus. Finalmente, a cura física. No mesmo instante a hemorragia foi estancada e ela ficou curada. Jesus tem o mesmo poder e, agora mesmo, Ele pode fazer também um milagre em sua vida!

A TERAPIA DA COMUNICAÇÃO

A língua serena é árvore de vida, mas a perversa quebranta o espírito.
(Provérbios 15:4)

A língua é um pequeno órgão do corpo que, como o leme de um navio, o governa. Quem domina a sua língua domina todo o seu corpo. A língua pode ser um bálsamo que alivia ou como vinagre na ferida. A língua pode ser remédio que cura ou veneno que mata. Pode ser uma fonte de refrigério ou um fogo que se espalha. Pode ser árvore de vida ou tormento de morte. A língua serena é árvore de vida, alimenta, instrui e conduz pelos caminhos da vida abundante. A língua serena é a terapia da alma, um refrigério para o coração. Sempre que uma pessoa ferida aproximava-se de Jesus com o coração quebrantado, saía com esperança para viver a vida com entusiasmo. As palavras de Jesus ainda curam, restauram e refazem a vida. Suas palavras são espírito e vida. São palavras são palavras de vida eterna. Suas ovelhas ouvem sua voz e o seguem rumo à glória celeste. Porém, a palavra perversa, que doutrina para o mal, que desvia as pessoas das sendas da justiça, são palavras que atormentam, que machucam e que levam à escravidão e à morte. Há muitos filhos que carregam uma alma ferida porque desde a infância foram insultadas com palavras insensatas por parte dos pais. Há muitos indivíduos que nunca superaram seu passado de dor, porque foram quebrantados pela língua perversa.

A FÉ QUE CONQUISTA O IMPOSSÍVEL

... se tiverdes fé como um grão de mostarda, direis a este monte: Passa daqui para acolá, e ele passará. Nada vos será impossível.
(Mateus 17:20)

A fé remove montanhas. A fé muda circunstâncias. A fé transforma pessoas. A questão não é uma grande fé, mas a confiança no grande Deus. Jesus disse que se a nossa fé for do tamanho de um grão de mostarda, uma das menores sementes da hortaliça, poderemos ver o impossível acontecendo. Há coisas na nossa vida que são verdadeiros montes no nosso caminho. São obstáculos intransponíveis. A fé nos ajuda a ver esses montes serem transplantados e removidos do nosso caminho. Aquilo que é impossível para o braço da carne é possível para Deus quando exercitamos nossa fé nele. Aquilo que o homem não pode fazer com sua inteligência, com sua força e com o seu poder, Deus pode fazer quando nele confiamos. Uma pequena fé no grande Deus é a força mais poderosa do mundo, a força que move montanhas, que transforma corações, que cura relacionamentos, que expulsa demônios, que leva o pobre pecador a tomar posse das riquezas insondáveis de Deus. Fé não é presunção. Fé não é misticismo espiritual. Fé não é técnica de autoajuda. A fé verdadeira é a confiança plena de que Deus é fiel para cumprir o que prometeu. A fé é a certeza de que Deus nunca nega a si mesmo nem deixa cair por terra sequer uma de suas palavras. A fé vive de promessas, as promessas do Deus que não pode falhar!

BARNABÉ, A FÉ QUE AGE

Porque era homem bom, cheio do Espírito Santo
e de fé. E muita gente se uniu ao Senhor.
(Atos 11:24)

Barnabé foi um dos homens mais importantes da igreja primitiva. Natural de Chipre, morava em Jerusalém. Era homem de posses e generoso. Quando a igreja estava passando por uma grande necessidade, ele vendeu uma de suas propriedades e entregou o dinheiro aos apóstolos para suprir as necessidades dos santos. Quando Saulo de Tarso, convertido no caminho de Damasco, buscou acolhida na igreja de Jerusalém, foi Barnabé quem o recebeu e o apresentou aos apóstolos. Quando Saulo estava esquecido em Tarso, por mais de dez anos, foi Barnabé quem foi buscá-lo para investir em sua vida e levá-lo consigo para a igreja de Antioquia. Quando o Espírito Santo separou os primeiros missionários transculturais, Barnabé foi escolhido como o líder da primeira viagem missionária. Quando Paulo descartou a possibilidade de levar João Marcos na segunda viagem missionária, Barnabé investiu em seu primo e o levou consigo para Chipre. Barnabé, o filho da consolação, tem sua biografia resumida em três marcas bem claras: era homem bom, cheio do Espírito Santo e de fé. Dedicou sua vida para cuidar de outros. Por isso, é chamado de bom. Viveu na força e no poder do Espírito Santo, por isso, refletia a plenitude do Espírito. Enxergava sempre além do horizonte, por isso, era cheio de fé. Precisamos, hoje, de homens e mulheres com as mesmas marcas!

A FÉ E AS OBRAS

Assim, também a fé, se não tiver obras, por si só está morta.
(Tiago 2:17)

Ao longo dos séculos muito se tem discutido sobre a relação da fé com as obras. Alguns viram uma tensão irreconciliável entre fé e obras. Há aqueles que tentam colocar Paulo contra Tiago, uma vez que Paulo disse que somos justificados pela fé independente das obras e Tiago diz que a fé sem as obras é morta. Será que existe mesmo contradição entre esses dois escritores bíblicos? Absolutamente não! Paulo olha para a fé como causa da salvação e diz que pela fé somente; Tiago olha para as obras como resultado da salvação e diz que a fé precisa ser provada pelas obras. Paulo e Tiago não se contradizem; completam-se. A fé é raiz da salvação; as obras são o fruto; a fé é causa instrumental da salvação; as obras são a consequência natural. Aqueles que creem praticam boas obras. Não fomos salvos pelas obras nem pela fé mais as obras. Fomos salvos pela fé, para as boas obras. Tanto a fé como as obras vêm de Deus, pois se a fé é dom de Deus, fomos criados em Cristo Jesus para as boas obras. Na verdade, tudo provém de Deus. A salvação é obra de Deus do começo ao fim. Ele planejou-a, executou-a e a consumará. A fé desemboca nas obras e as obras provam a fé. A fé vem de Deus e bem assim as obras. Fé e obras têm o propósito de glorificar a Deus e testemunhar ao mundo.

QUEM TEM JESUS TEM A VIDA

E o testemunho é este: que Deus nos deu a vida eterna; e esta vida está no seu Filho. Aquele que tem o Filho tem a vida; aquele que não tem o Filho de Deus não tem a vida.

(1João 5:11,12)

A vida eterna é uma dádiva de Deus. Esta vida está no Filho de Deus. Ninguém recebe a vida eterna à parte de Jesus. Quem tem Jesus em a vida eterna; quem não tem Jesus não a tem. Certa feita um homem muito rico, cuja fortuna estava investida em quadros de pintores famosos, recebeu a trágica notícia da morte de seu filho único num terrível acidente. O amigo que o acompanhava fez um quadro do rosto do filho e enviou para o pai enlutado. Este colocou essa pintura numa moldura bonita e dependurou o quadro entre seus quadros mais famosos. Antes de morrer, escreveu seu testamento e ordenou a seu mordomo para destinar todo dinheiro arrecado no leilão a entidades filantrópicas. Em data marcada, centenas de interessados na compra dos quadros reuniram-se num rico salão. Para surpresas de todos, o leilão foi iniciado com o quadro do filho. Ninguém se interessou, pois não havia nele nenhuma marca de um grande artista. Depois de um longo período alguém dá o primeiro lance e compra o quadro. O mordomo, então, disse: "Está encerrado o leilão". Diante do protesto dos convidados, ele leu o testamento: "Quem tem o quadro do filho, tem tudo; é dono de todos os outros quadros". O mesmo Deus diz: "Aquele que tem o Filho tem a vida; aquele que não tem o Filho de Deus não tem a vida".

A FAMÍLIA DE EFRAIM, VERGONHA E DOR

Pelo que por muitos dias os chorou Efraim, seu pai,
cujos irmãos vieram para o consolar.
(1Crônicas 7:22)

Não há família perfeita. Nossos filhos nem sempre são o que planejamos que fossem. Há acidentes de percurso. Assim foi com Efraim: vinha de um tronco abençoado, era filho do governador do Egito, os avós eram patriarcas, a raiz da nação de Israel. Ele cresceu bebendo o leite da piedade e ouvindo as histórias comoventes dos ancestrais. Casou-se e constituiu família. Teve filhos, mas sua história foi marcada por muita dor. Os dramas enfrentados por sua família são relatados em 1Reis 7:20-29. Dois de seus filhos, Ézer e Eleade, foram mortos por homens de Gate, roubando o gado destes. Haveria tristeza maior que essa? Efraim sepulta no mesmo dia dois filhos mortos como ladrões de gado. Imaginou o que foi para José, governador do Egito, ir ao funeral dos netos, condenados como ladrões? (Gênesis 50:23). Efraim só fez chorar (1Crônicas 7:22). Mesmo quando nasceu outro filho, ele não superou a dor, pois chamou o menino de Berias, porque as coisas iam mal na sua casa (1Crônicas 7:23). O sofrimento de Efraim foi tão grande que não conseguiu ver a filha Seerá se reerguendo dentro da família para ser uma empreendedora (1Crônicas 7:24). O que enche nossa alma de esperança é que da família de Berias nasceu Josué, o homem que libertou Israel da escravidão do Egito, quatrocentos anos depois. Aquilo que hoje é o nosso maior motivo de tristeza pode se converter amanhã no nosso maior motivo de alegria!

O TEMOR DO SENHOR É FONTE DE VIDA

O temor do Senhor é fonte de vida para evitar os laços da morte.
(Provérbios 14:27)

Um laço é uma armadilha invisível, imperceptível, porém real e mortífero. Um laço é uma espécie de arapuca que visa atrair a vítima com vantagens imediatas. É uma isca que oferece benefícios, mas esconde o anzol da morte. A vida está rodeada desses laços de morte. Há muitas luzes multicoloridas que apontam para o caminho do prazer, mas conduzem as pessoas para o corredor da morte. É assim, por exemplo, com as aventuras sexuais. O rei Davi jamais poderia imaginar que uma aventura sexual com Bate Seba poderia lhe trazer tantos transtornos. O pecado é um embuste. Promete prazer e paga com o desgosto. Promete liberdade e escraviza. Promete vida e mata. O pecado vai levar você mais longe do que gostaria de ir, vai reter você mais tempo do que gostaria de ficar e vai lhe custar mais caro do que gostaria de pagar. O temor do Senhor é que nos dá discernimento para não colocarmos nosso pé nesse laço. O temor do Senhor nos protege dessas armadilhas de morte. O temor do Senhor nos dá deleite para a alma e descanso para o coração. O caminho do pecado pode parecer empolgante e cheio de aventuras, mas é um caminho cheio de espinhos e conduz irremediavelmente à escravidão e à morte.

A FAMÍLIA DE JOSUÉ, LIDERANÇA FIRME

... eu e a minha casa serviremos ao Senhor.
(Josué 24:15)

O povo de Israel, depois de quarenta anos de peregrinação no deserto, entrou na terra prometida. Foram sete anos de conquista. A geração que saiu do Egito morreu no deserto. A geração que nasceu no deserto entrou na terra prometida. A terceira geração, que nasceu na terra prometida, já não conhecia mais a Deus. Josué tinha plena consciência dos riscos que a segunda geração enfrentava. Estavam entrando numa terra eivada de idolatria. Os povos ao redor eram pagãos. Misturar-se com eles por meio de casamentos mistos ou aderir à fé deles por meio do sincretismo seria uma derrota fatal. Portanto, Josué desafia o povo a temer a Deus e a segui-lo com integridade. Deu o seu exemplo: "... Eu e a minha casa serviremos ao Senhor". Josué foi um líder que não terceirizou sua responsabilidade. Ele não abdicou de sua liderança espiritual na família. Assumiu o seu papel e legou-nos um exemplo digno de ser imitado. Muitos maridos e pais na atualidade deram marcha ré e abandonaram a trincheira da liderança espiritual da família. Precisamos de homens de verdade, homens de honra, homens líderes, homens que tenham coragem de liderar sua própria casa.

A CASA DE PRISCILA E ÁQUILA, SERVINDO SEMPRE

Saudai Priscila e Áquila, meus cooperadores em Cristo Jesus.
(Romanos 16:3)

Priscila e Áquila são um casal que se destacou em seu serviço a Deus. Eles moraram em Roma (Atos 18:1,2), Corinto (Atos 18:1-3) e Éfeso (Atos 18:18,19) e nas três cidades, havia uma igreja reunida na casa deles. Esse casal foi expulso de Roma nos dias do imperador Cláudio. Fixaram residência em Corinto e por serem da mesma profissão de Paulo, fazedores de tendas, Paulo passou a morar com eles. Quando Paulo saiu de Corinto, levou-os consigo e deixou-os em Éfeso. Lá, eles se aproximaram de Apolo, e com mais exatidão, lhe expuseram o caminho de Deus (Atos 18:26). Quando Paulo escreve sua carta aos Romanos, depois de sair de Éfeso, esse casal já está novamente em Roma (Romanos 16:3-5). Uma igreja está reunida na casa deles (Romanos 16:5). Paulo dá testemunho acerca desse casal, dizendo que eram seus cooperadores em Cristo Jesus (Romanos 16:3). Cooperam com Paulo não apenas dando-lhe abrigo e trabalhando com ele para levantar seu sustento, mas enfrentando grandes perigos e até ameaças de morte. Assim diz o apóstolo: "Os quais [Priscila e Áquila] pela minha vida arriscaram a própria cabeça..." (Romanos 16:4). Paulo e todas as igrejas dos gentios tinham profunda gratidão a esse casal por postura tão corajosa e por serviço tão abnegado ao apóstolo Paulo e à causa do evangelho. Você e sua casa estão a serviço da obra de Deus?

HOMENS DE HONRA

Eu vou pelo caminho de todos os mortais. Coragem, pois, e sê homem!
(1Reis 2:2)

A família, a igreja e a sociedade precisam de homens de verdade, homens de honra. Esse foi o conselho de Davi a Salomão, seu filho. Há muitos homens famosos, ricos, cultos, mas escasseiam os homens de honra. Homem de honra é aquele cuja vida é irrepreensível, cujas palavras são irresistíveis e cujas obras são irrefutáveis. Homem de honra é aquele que teme a Deus, ama a família, serve ao próximo e enaltece a virtude. Homem de honra é aquele que, embora pobre enriquece a muitos; embora anônimo, abençoa a muitos; embora longe dos holofotes, ilumina a muitos. Precisamos de homens que tenham a coragem de amar a esposa como Cristo amou a igreja. Homens que tenham o compromisso de ensinar os filhos pelo exemplo mais do que pelas palavras. Homens que não terceirizam a liderança de sua casa nem se esquivam do sacerdócio do seu lar. Homens que exaltam a virtude e repudiam os vícios. Homens que enaltecem a verdade e combatem a mentira. Homens cuja vida é o avalista de suas palavras. Precisamos de homens de honra na política, nos tribunais, na igreja, no comércio, na indústria e, sobretudo, na família. Somente homens de honra inspiram os mais jovens à integridade. Chega dos discursos hipócritas daqueles que estadeiam virtude no palco e rasgam todos os códigos da decência nos bastidores. Precisamos de exemplo, e não de palavras. Palavras sem vida são propaganda enganosa, trovão sem chuva.

OS FILHOS SÃO A ALEGRIA DOS PAIS

O filho sábio alegra a seu pai, mas o homem
insensato despreza a sua mãe.
(Provérbios 15:20)

O lar é o palco das grandes alegrias ou tristezas da vida. É nessa arena que travamos nossas maiores batalhas. É nesse campo que fazemos nossas mais importantes semeaduras e nossas mais abundantes colheitas. Os filhos são a lavoura dos pais. Há filhos que produzem bons frutos e esses são a alegria dos pais. Porém, há filhos que crescem e depois de homens feitos, desprezam os pais, abandonam-nos em sua desdita e convertem-se em tristeza para a família. Um filho sábio alegra a seu pai, pois reflete na vida os valores aprendidos no lar. Um filho sábio honra a seu pai, pois transmite para as gerações pósteras o legado que recebeu dos antepassados. Um filho sábio é fonte de alegria para seu pai, porque seu caráter impoluto, sua vida irrepreensível e seu testemunho ilibado são a melhor recompensa de seu investimento. Porém, é extremamente doloroso um filho chegar à idade adulta e quando sua mãe já está velha, cansada e sem forças para o trabalho, desprezá-la, desampará-la e deixá-la sem sustento digno, sem proteção e sem apoio emocional. Não há desumanidade mais gritante do que desprezar pai e mãe. Não há agressão mais violenta do que colocar os pais, já idosos, no escanteio da vida, sem cuidado e amor.

SABEDORIA, DISCERNIMENTO PARA JULGAR

Dá, pois, ao teu servo coração compreensivo para julgar a teu povo, para que prudentemente discirna entre o bem e o mal...
(2Reis 3:9)

Salomão, filho de Davi, foi seu sucessor, depois de quarenta anos de abençoado reinado. Davi foi um líder incomum, um guerreiro vitorioso, um administrador hábil, um estadista de qualidades superlativas. Agora, Salomão ainda jovem, está assumindo o trono. O que fazer? Longe de envaidecer-se, pede sabedoria para Deus. Poderia ter pedido riquezas. Poderia ter pedido saúde. Poderia ter pedido um exército bem aparelhado. Poderia ter pedido vitória sobre seus inimigos. Mas, pediu sabedoria para governar. Pediu coração compreensivo para julgar o povo. Pediu prudência para discernir entre o bem e o mal. Deus concedeu a Salomão sabedoria e no pacote vieram também grande riqueza e enorme prestígio. Seu reino foi maior do que o reino de seu pai. Alargou suas fronteiras e amealhou grande fortuna e fama. Ah, como precisamos de líderes que se humilhem sob a onipotente mão de Deus! Ah, como precisamos de governantes sábios que tenham coração compreensivo para julgar o povo! Ah, como precisamos de políticos prudentes que saibam discernir entre o bem e o mal! Sem sabedoria, os governantes vão tolerar e promover o mal. Sem sabedoria, os governantes vão se omitir em fazer o bem e até aborrecer o bem. Sabedoria é olhar para a vida com os olhos de Deus. É agir em sintonia com a vontade de Deus, governado pela verdade de Deus!

A PROVA DOS NOVE

Nisto conhecerão todos que sois meus discípulos:
se tiverdes amor uns aos outros.
(João 13:35)

O amor é fruto do Espírito Santo. É o maior dom, o maior mandamento, a síntese da lei e o cumprimento da lei. Amar a Deus e ao próximo é o resumo de toda a lei. Devemos amar o nosso próximo como a nós mesmos. Sem amor os dons espirituais são inócuos. Sem amor nossas palavras são folhas levadas ao vento. Sem amor nossa fé é vazia de conteúdo. Sem amor não há evidência de salvação. Somos conhecidos como discípulos de Cristo pelo amor. Mas que amor? Jesus deixou claro: "Novo mandamento vos dou: quc vos ameis uns aos outros; assim como eu vos amei, que também vos ameis uns aos outros" (João 13:34). Jesus amou-nos mais do que a si mesmo. Ele nos amou e deu sua vida por nós. Assim, devemos amar. Amar como Ele nos amou. Quem ama respeita a vida, a honra, os bens, o nome e a família do próximo. Quem ama dá sua própria vida pelo próximo. Esse amor tem um novo padrão e uma nova exigência. Amar como Cristo nos amou é a prova insofismável do verdadeiro discipulado. O amor é a apologética final, a prova dos nove, a evidência mais eloquente de que somos seguidores de Jesus. Quem não ama a seu irmão ainda está nas trevas. Quem não ama nunca viu a Deus, pois Deus é amor. A evidência mais robusta do nosso amor a Deus é o nosso amor ao próximo. Nosso maior distintivo é o amor!

TRÊS FILOSOFIAS DE VIDA

Certo samaritano, que seguia o seu caminho, passou-lhe perto e, vendo-o, compadeceu-se dele.
(Lucas 10:33)

A conhecida parábola do bom samaritano é uma das joias da coroa do nosso grande Deus e Salvador Jesus Cristo. Ela expressa três filosofias de vida. A primeira filosofia é a dos salteadores que saquearam o homem que descia de Jerusalém para Jericó, deixando-o semimorto. Essa filosofia pode ser resumida assim: "O que é meu é meu; o que é seu deve ser meu também". Essa é a filosofia da exploração e da opressão. A segunda filosofia é do sacerdote e do levita, que viram o homem ferido à beira do caminho, mas passaram de largo e não quiseram se envolver. Essa filosofia pode ser resumida como segue: "O que é meu é meu; o que é seu é seu. Cada um por si e Deus por todos". Essa é a filosofia da indiferença e da omissão. A terceira filosofia é a do samaritano, que viu o homem ferido, passou-lhe perto, compadeceu-se dele e limpou suas feridas, aplicando-lhes óleo e vinho; depois, colocando-o sobre o seu próprio animal, levou-o para uma hospedaria e tratou dele. Essa filosofia pode ser resumida assim: "O que é seu é seu; mas o que é meu pode ser seu também". Essa é a filosofia do altruísmo e do amor ao próximo. Que filosofia de vida você tem adotado em sua vida? Como você vê seu próximo: alguém a ser explorado ou a ser servido? Como você tem agido? Com violência, indiferença ou compaixão? Concordo com James Hunter, quando disse: "Nós não somos aquilo que sentimentos nem o que falamos; somos aquilo que fazemos".

CLAME E DEUS OUVIRÁ SEU CLAMOR

Os olhos do Senhor repousam sobre os justos, e os seus ouvidos estão abertos ao seu clamor.
(Salmos 34:15)

Deus vê, Deus ouve, Deus age. Não servimos a um ídolo mudo, mas ao Deus vivo, autor da vida, redentor nosso. Nossas orações não são mecanismos de autoajuda, mas o meio de alcançarmos socorro para ocasião oportuna. O salmista, inspirado pelo Espírito de Deus, escreveu em nome do Altíssimo: "Invoca-me no dia da angústia, eu te livrarei e tu me glorificarás". Há neste versículo três verdades sublimes: a primeira delas é que Deus nos ordena a invocá-lo nos vales da vida. Em vez de nos endurecermos com as dores da caminhada, devemos nos voltar para Deus com o coração quebrantado. Em vez de olharmos para baixo, devemos erguer nossos olhos para o alto. A segunda verdade é que Deus nos promete livramento daquilo que aflige nossa alma. Deus vê, Deus ouve, Deus age. Ele não apenas se compadece de nós, Ele também nos livra de todos os nossos temores. Podemos lançar sobre Ele toda a nossa ansiedade. Ele é o nosso criador, provedor e libertador. A terceira verdade que o texto nos ensina é que o resultado da oração a Deus e do livramento de Deus é a glorificação a Deus. Então, exaltaremos ao Senhor pelo muito bem que Ele tem feito a nós.

MARIDOS, AMAI VOSSA MULHER

Maridos [...] vivei a vida comum do lar, com discernimento; e, tendo consideração para com a vossa mulher como parte mais frágil...
(1Pedro 3:7)

O amor é a maior de todas as virtudes. O amor é o cumprimento da lei. O amor é o oxigênio que deve regar os pulmões da família. O papel do marido é amar sua mulher e o papel da mulher é possibilitar que seu marido a ame. O amor não é um mero sentimento. É uma atitude. O amor não se constitui apenas de palavras, mas, sobretudo, de ação. Cristo amou a Igreja e a si mesmo se entregou por ela. Assim também o marido deve amar sua mulher e não apenas viver para ela, mas estar pronto a morrer por ela. Cristo amou a Igreja e a santificou. O amor do marido deve santificar a esposa, ou seja, ela deve ser uma pessoa melhor pelo simples fato de ser amada pelo marido. O amor do marido deve ser altruísta, pois a Palavra de Deus diz que o marido que ama sua mulher a si mesmo se ama, pois ninguém jamais odiou sua própria carne, antes a alimenta e dela cuida. Se amar a esposa é amar a si mesmo, pois marido e mulher são uma só carne, ferir a esposa é também ferir a si mesmo. Quando o marido ama sua mulher, ele bebe o refluxo do seu próprio fluxo; ele come os frutos doces da sua própria semeadura bendita.

UMA ESCOLHA INEVITÁVEL

Vê que proponho, hoje, a vida e o bem, a morte e o mal.
(Deuteronômio 30:15)

A vida é feita de escolhas. Somos escravos da nossa liberdade. Não podemos deixar de decidir. Até a indecisão é uma decisão, a decisão de não decidir. Quem não é por Cristo, é contra Cristo. Quem com Ele não ajunta, espalha. Moisés, o grande libertador de Israel, no final de sua vida, fez um desafio solene ao povo, no limiar da terra prometida: "Eis que coloco diante de ti a vida e a morte, a bênção e a maldição; escolhe a vida para que vivas tu e a tua descendência". A vida é feita de escolhas. Não podemos ficar neutros nem em cima do muro. Somos escravos da nossa liberdade. A própria indecisão é uma decisão, a decisão de não decidir. Quem não se decide pela vida, decide-se pela morte. Estamos nessa encruzilhada. Colocaremos nossos pés no caminho da vida e da bênção, ou no atalho da morte e da maldição. Andaremos pelo caminho largo que conduz à perdição ou pelo caminho estreito que conduz à vida. Entraremos pela porta larga da condenação ou pela porta estreita da absolvição. Qual é a sua escolha? Qual é a sua decisão. Hoje é o dia da decisão. Agora é o tempo oportuno. A vida e a morte estão diante de você. Escolha a vida, para que você e sua descendência possam viver uma vida plena, abundante e eterna.

CONTE AS ESTRELAS

Porque a minha mão fez todas estas coisas, e
todas vieram a existir, diz o Senhor...
(Isaías 66:2)

Abraão ainda aguardava o cumprimento da promessa de Deus. Seu nome significa pai de uma grande nação, mas o filho da promessa ainda não tinha nascido. Seu corpo já estava amortecido e sua mulher, além da avançada idade, ainda era estéril. Só um milagre poderia trazer à vida o filho da promessa. Abraão cogitava todas essas coisas quando Deus o ordenou a sair da sua tenda, a olhar para o céu e contar as estrelas. Essa era uma tarefa impossível. As estrelas são tantas que não podemos contá-las. Assim seria a descendência de Abraão. O Deus que chama à existência as coisas que não existem ressuscitaria o corpo enfraquecido de Abraão e faria do útero amortecido de Sara um canteiro de vida para trazer à vida o filho da promessa. Isaque nasceu e a promessa de Deus se cumpriu. As promessas de Deus são fiéis e verdadeiras. Ele vela por cumprir a sua palavra. Não olhe para as circunstâncias, olhe para aquele que está no controle das circunstâncias. Não olhe para o chão, olhe para o céu e comece a contar as estrelas!

O HOMEM, A IMAGEM DE DEUS

E criou Deus o homem à sua imagem; à imagem
de Deus o criou; homem e mulher os criou.
(Gênesis 1:27)

O homem, o último ser criado por Deus, é a coroa de toda a criação. Quando Deus criou o universo, apenas falou e tudo se fez. Mas quando foi criar o homem, colocou a mão no barro e o fez homem e mulher conforme a sua imagem e semelhança. Disse Deus: "Façamos o homem à nossa imagem e semelhança". Você é obra prima de Deus. Ele criou você à sua imagem e semelhança. Sua vida não é um acidente. Você foi planejado, amado e formado de maneira assombrosamente maravilhosa. O pecado, entretanto, entrou no mundo e afastou você de Deus. O pecado trouxe dor, escravidão e morte. Mas Deus não deixou você abandonado. Ele enviou ao mundo o seu Filho, o seu único Filho, para resgatar você. Jesus veio ao mundo, se fez carne e assumiu o seu lugar como o seu representante. Ele não se envergonhou de você. Ele não abandonou você à sua própria sorte. Ele amou você e a si mesmo se entregou por você. Ele morreu em seu lugar e verteu o seu sangue para lhe dar perdão, paz e vida eterna. A imagem criada por Deus, deformada pelo pecado, foi restaurada por Cristo. Hoje mesmo você pode tomar posse da vida plena que Jesus lhe oferece.

O CÁRCERE DA MÁGOA

... não vos entristeçais por me haverdes vendido para aqui; porque, para conservação da vida, Deus me enviou adiante de vós.
(Gênesis 45:5)

José do Egito foi vítima de muitas injustiças. Ele sofreu nas mãos de seus irmãos e nas mãos de seu patrão. Ele passou treze anos da sua vida, dos 17 aos 30 anos, açoitado pelo vendaval das crises mais medonhas. Foi jogado num buraco escuro. Foi vendido como escravo. Foi acusado injustamente. Foi jogado numa prisão imunda. Mas José jamais deixou seu coração azedar. A mágoa jamais teve permissão para se instalar em seu coração. Ele estava preso, mas sua alma estava livre. Deus restaurou a sorte de José e ele foi exaltado à honrosa posição de governador do Egito. Com o poder nas mãos poderia ter se vingado dos seus irmãos, mas resolveu perdoá-los, dando-lhes o melhor da terra do Egito. José não só perdoou seus irmãos, mas também ergueu um monumento vivo do seu perdão, dando o nome ao seu filho primogênito de Manassés, cujo significado é "Deus me fez esquecer". A mágoa escraviza, mas o perdão liberta. Quem não perdoa não tem paz. Quem não perdoa não pode ser perdoado. O perdão é a faxina da mente, a assepsia da alma, o grito de liberdade do coração. Tome a decisão de perdoar aos seus ofensores. Faça como José: se o seu inimigo tiver fome, dá-lhe de comer; se tiver sede, dá-lhe de beber!

A PAZ QUE O MUNDO NÃO PODE DAR

E a paz de Deus, que excede todo o entendimento, guardará o vosso coração e a vossa mente em Cristo Jesus.
(Filipenses 4:7)

A história do mundo é a história das guerras. Há conflitos internacionais. Há guerra entre as nações. Há guerras tribais, étnicas e religiosas. Há conflitos dentro da família. Os pais se levantam contra os filhos e os filhos contra os pais. O mundo está encharcado de ódio e vazio de paz. Há tumulto nos relacionamentos e turbulência dentro do coração. Agora mesmo sua alma pode estar sendo batida pelas tempestades avassaladoras da angústia. Você está precisando de paz. Mas o que é a paz? Não é apenas ausência de problemas. O mundo não pode lhe dar paz, pois não conhece a verdadeira paz. Jesus veio para nos dar a paz verdadeira. Ele disse: "Deixo-vos a paz, a minha paz vos dou; não vo-la dou como o mundo a dá. Não se turbe o vosso coração, nem se atemorize". A paz de Jesus coloca você numa relação correta com Deus, com você mesmo e com o seu próximo. A verdadeira paz é mais do que um sentimento; é uma pessoa. Jesus é a nossa paz. Entregue seu coração a ele e experimente essa paz verdadeira, que estará em você quando as sombras da noite caírem sobre sua vida. Ela o confortará quando tiver que cruzar os vales da dor e inundará sua vida de segurança quando tiver passar pelas fornalhas ardentes das provas.

DESCANSA NO SENHOR

Descansa no Senhor e espera nele, não te irrites por causa do homem que prospera em teu caminho...
(Salmos 37:7)

A Palavra de Deus diz: "Entrega teu caminho ao Senhor, confia nele e o mais Ele fará. Descansa no Senhor e espera nele". Não é fácil entregar nosso caminho, nossa vida, nossos sonhos, nossos problemas nas mãos de Deus. Nossa tendência é querer segurar as rédeas da nossa vida em nossas próprias mãos. Mas Deus nos ordena colocar tudo em suas mãos e confiar nele. Deus é digno da nossa confiança. Ele é o Deus Todo-poderoso, criou o universo e sustenta todas as coisas pelo seu poder. Ele é poderoso para cuidar da sua vida. O que você não pode fazer, Ele pode. Ele pode restaurar sua sorte. Ele pode curar suas enfermidades. Ele pode consolar seu coração aflito. Ele pode perdoar seus pecados. Ele pode restaurar seu casamento. Ele pode aliviar sua bagagem. Descanse em Deus. Coloque aos pés de Jesus o seu fardo. Lance sobre Ele toda a sua ansiedade. Ele é poderoso para cuidar de você e dar descanso à sua alma. Jesus Cristo lhe convida: "Vinde a mim todos vós que estais cansados e sobrecarregados e eu lhes aliviarei. Tomai sobre vós o meu jugo e aprendei de mim, porque sou manso e humilde de coração; e achareis descanso para a vossa alma. Porque o meu jugo é suave, e o meu fardo é leve".

PERDÃO, A TERAPIA DA ALMA

E, quando estiverdes orando, se tendes alguma coisa contra alguém, perdoai, para que vosso Pai celestial vos perdoe as vossas ofendas.
(Marcos 11:25)

Há muitas pessoas entupidas de mágoa e atormentadas pelas culpa. Há pessoas prisioneiras do ódio e vítimas da amargura. O perdão é o único remédio que pode nos dar cura. O perdão liberta. O perdão é a faxina da mente, a assepsia da alma, a cura das emoções. A única maneira de você tirar sua alma do cárcere é perdoando e recebendo perdão. Estou certo de que falar de perdão é mais fácil do que perdoar. O perdão não é fácil, mas é necessário. Quem não perdoa não pode orar. Quem não perdoa não pode adorar a Deus. Quem não perdoa não pode ser perdoado. Quem não perdoa é entregue aos flageladores da alma. O perdão deve ser completo, imediato e para sempre. Devemos perdoar assim como Deus em Cristo nos perdoou. Deus perdoa os nossos pecados e deles não mais se lembra. O perdão de Deus nos restaura e nos reconcilia com Ele. Tome a decisão de perdoar aos seus devedores. Tome a decisão de espremer todo o pus da ferida. Tome a decisão de ficar livre e deixar a outra pessoa livre. Agora mesmo você pode tirar esse peso do seu coração e começar um tempo novo na sua vida através do exercício do perdão.

BEM-AVENTURADOS OS PUROS DE CORAÇÃO

Bem-aventurados os limpos de coração, porque verão a Deus.
(Mateus 5:8)

A nossa geração está se afundando num pântano de impureza. As novelas brasileiras fazem promoção da impureza. Por todo lado há uma imensa poluição visual e uma decadência moral monstruosa. Nossa sociedade aplaude o vício e escarnece da virtude. Chamamos luz de trevas e trevas de luz. Somos a geração da infidelidade conjugal, do sexo no namoro, da prostituição legalizada, da falência da virtude, da degradação e banalização do sexo. Jesus diz que as pessoas felizes não são aquelas que bebem todas as taças dos prazeres do sexo ilícito, mas felizes são os puros de coração. A santidade é o mapa seguro que nos leva à felicidade. A felicidade verdadeira está em Deus. É na presença de Deus que há delícias perpetuamente. A felicidade não está na bebida, na riqueza, nas aventuras amorosas nem mesmo na fama. A felicidade está na pureza do coração. Jesus é enfático: os puros de coração verão a Deus. A Bíblia diz que só aqueles que são puros de coração é que verão a Deus. Diz ainda que sem santidade ninguém verá o Senhor. Você tem buscado a santidade? Você tem um coração puro e reto diante do Senhor? Esse é o caminho da verdadeira felicidade!

VOCÊ É ESPECIAL PARA DEUS

E, quanto a vós outros, até os cabelos todos da cabeça estão contados.
(Mateus 10:30)

A Bíblia diz que Deus formou você de forma assombrosamente maravilhosa no ventre da sua mãe. Você foi planejado por Deus. Ele pensou em você antes mesmo de você ser concebido. Seu corpo é um milagre de Deus. Ele formou cada célula do seu corpo. Você é um ser programado pelo criador do universo. Você não é fruto do acaso. Sua vida tem propósito. Deus criou você para o louvor da sua glória. Ele criou você para que o glorifique e desfrute da sua intimidade. Deus amou você mesmo antes de você existir. O pecado o afastou de Deus, mas Deus enviou Jesus para resgatá-lo e trazer você de volta para os seus braços eternos. Deus não desiste de você. Seus pensamentos a seu respeito são pensamentos de vida e de paz. Você pode, agora mesmo, por meio de Jesus, fazer parte da família de Deus. Você pode ser herdeiro de Deus e ter livre acesso à sala do trono. Na presença de Deus existe plenitude de alegria e na sua direita delícias perpetuamente. Alegre-se em Deus e experimente a vida abundante que Ele lhe oferece.

O QUE TEM EM SUAS MÃOS?

Está aí um rapaz que tem cinco pães de cevada e dois peixinhos; mas isto que é para tanta gente?
(João 6:9)

Deus é especialista em transformar pequenas coisas em grandes ferramentas para realizar grandes obras. O pouco nas mãos de Deus é muito. Quando colocamos o nosso pouco nas mãos de Deus, Ele pode fazer grandes coisas. A Bíblia diz que, quando somos fracos é que somos fortes. Quando nos humilhamos é que Deus nos exalta. Deus tira força da fraqueza. Deus usou o cajado de Moisés para libertar o seu povo do Egito. Usou a funda de Davi para derrubar o grande gigante Golias. Usou as duas pequenas moedas da viúva pobre para ensinar o princípio da oferta. Usou cinco pães e dois peixinhos para alimentar uma multidão. O que você tem em suas mãos? Não subestime o que você tem ou quem você é. O mesmo Deus que criou o universo do nada e trouxe à existência as coisas que não existiam pode usar poderosamente o pouco que você tem para fazer uma grande obra. Coloque o seu pouco nas mãos de Deus. Coloque sua vida, seus dons e talentos nas mãos do Senhor e prepare-se para ver grandes milagres.

TESOUROS PERDIDOS DENTRO DE CASA

... alegrai-vos comigo, porque achei a dracma que eu tinha perdido.
(Lucas 15:9)

Jesus contou a parábola da dracma perdida. Uma mulher tinha uma coleção de dez dracmas e perdeu uma dentro de casa. Dracma é dinheiro, é moeda, é valor. Essa mulher sabe que a dracma foi perdida e não roubada. Sabe que foi perdida dentro de casa e não fora de casa. Sabe que não deve acusar os outros pela perda, mas assumir a responsabilidade da perda. Em vez de ficar lamentando ou se contentar com as que ainda tinha, ela imediatamente acendeu a candeia, varreu a casa e cuidadosamente procurou a dracma até encontrá-la. Depois, convidou as amigas para se alegrar com ela. Às vezes perdemos tesouros importantes dentro de casa. É o diálogo que morre. É a amizade que esfria. É o amor que enfraquece. É a pureza que acaba. É o culto doméstico que perde seu espaço. É a leitura da Bíblia que cessa. Não desista de encontrar esses tesouros perdidos. Faça como a mulher da parábola, acenda a luz da candeia que é a Palavra de Deus, tire a poeira e os entulhos da sua casa e concentre-se nesse trabalho até que esses tesouros sejam recuperados. O resultado é alegria na sua casa e festa no céu!

PREPARAI O CAMINHO DO SENHOR

De modo que nem o que planta é alguma coisa, nem o que rega, mas Deus, que dá o crescimento.
(1Coríntios 3:7)

Erlo Steagen experimentou um poderoso avivamento espiritual na Missão Kwa Sizabantu, na África do Sul, em 1966. Depois de longos anos de oração, arrependimento e meticuloso estudo das Escrituras, Deus visitou aquela missão e salvou milhares de vidas. Esse consagrado servo de Deus disse: "Avivamento é preparar o caminho do Senhor para que Ele se manifeste". A maior necessidade que você tem é da manifestação de Deus em sua vida. Mas antes de Deus se manifestar é preciso preparar o seu caminho. João Batista disse: "Preparai o caminho do Senhor: aterrai os vales, nivelai os montes, endireitai os caminhos tortos e aplanai os escabrosos e toda a terra verá a salvação de Deus". Em vez de sermos pedra de tropeço, precisamos ser um caminho aberto para Deus se manifestar. Deus se apresenta ao mundo através do seu povo. Somos o corpo de Cristo na terra. Deus vai até os aflitos usando seus pés. Deus socorre os necessitados através das suas mãos. Deus consola os tristes através de seus lábios. Quando você prepara o caminho do Senhor, Ele se manifesta e quando Ele se manifesta, toda a terra vê a salvação de Deus.

JESUS, O AMIGO DOS PECADORES

Veio o Filho do Homem, comendo e bebendo, e dizeis: Eis aí um glutão e bebedor de vinho, amigo de publicanos e pecadores.
(Lucas 7:34)

Jesus é inimigo do pecado, mas amigo dos pecadores. Ele não veio salvar justos, mas pecadores. Ele não veio curar os que se consideram sãos, mas os que reconhecem que são doentes. Jesus não ama você por causa dos seus méritos, mas apesar dos seus deméritos. Jesus é a maior expressão do amor de Deus por você. Ele ama você com amor eterno. Ele é cheio de compaixão. Ele foi amigo de pecadores e comeu com os publicanos. Ele recebia as prostitutas e entrava na casa de pessoas rejeitadas pelas sociedade. Ele abraçou as crianças, tocou os leprosos, curou os enfermos, levantou os paralíticos e deu vista aos cegos. Ele alimentou os famintos e ressuscitou os mortos. Jesus também se compadece de você. Ele conhece sua dor, Ele vê suas lágrimas, Ele ouve seu clamor. Ele conhece seu passado e enxerga seu futuro. Ele conhece seus sentimentos e lê todos os seus pensamentos. Ele conhece seus medos e sabe quais são os seus sonhos. Venha a Jesus e coloque sua vida aos seus pés. Ele se importa com você. Ele ama você. Ele morreu por você. Ele ressuscitou para a sua justificação. Ele está no céu intercedendo por você. Ele voltará para você. Ele quer dar a você, agora mesmo, uma vida feliz, abundante, superlativa, maiúscula e eterna.

FIDELIDADE CONJUGAL

Afasta o teu caminho da mulher adúltera e não
te aproximes da porta da sua casa.
(Provérbios 5:8)

O imperador D. Pedro I passou para a história como um homem infiel. Ele teve várias amantes e muitos filhos bastardos. Ainda hoje a infidelidade conjugal é a ordem do dia de milhões de brasileiros. A infidelidade conjugal parece estar na moda. As telenovelas incentivam o adultério e promovem a decadência da família. O índice de divórcio aumenta assustadoramente a cada ano e há muitos casamentos que embora sejam mantidos, não têm mais um profundo compromisso de amor e fidelidade. A fidelidade conjugal é um quesito básico para a felicidade conjugal. O casamento é uma aliança de amor e fidelidade. Os cônjuges precisam dizer um ao outro: "Eu sou do meu amado e o meu amado é meu" (Cânticos 6:3). A Bíblia diz que o seu cônjuge precisa ser um jardim fechado, uma fonte reclusa, um manancial selado. A infidelidade é uma tragédia. A Bíblia diz que só aqueles que querem se destruir cometem tal loucura. A infidelidade destrói a honra, avilta o casamento, conspira contra a família. Tem consequências temporais e eternas. A Bíblia diz que Deus julgará os adúlteros. As aventuras fora do casamento trazem desgosto, culpa, escravidão e morte. O caminho da felicidade não são as escapadelas do casamento, mas a fidelidade conjugal.

CUIDADO COM A PREGUIÇA

O que trabalha com mão remissa empobrece, mas
a mão dos diligentes vem a enriquecer-se.
(Provérbios 10:4)

A preguiça é a mãe da miséria e a patrona da pobreza. Aqueles que têm alergia ao trabalho e fogem dele como uma praga contagiosa empobrecem. Aqueles que amam o sono e encontram toda sorte de desculpas para não trabalhar acabam tendo a mente cheias de coisas perversas. O ditado popular diz: "Mente vazia é oficina do diabo". O trabalho é uma bênção. O trabalho não é castigo nem fruto do pecado. O trabalho é uma ordem de Deus. O homem trabalhava antes da queda e vai trabalhar depois da glorificação. O céu não será uma bem-aventurança contemplativa, mas um trabalho dinâmico e deleitoso. A Bíblia diz que no céu os servos de Deus o servirão. O trabalho dignifica o homem, supre as necessidades da família, faz prosperar a sociedade e glorifica a Deus. O trabalho é uma bênção e devemos nos aplicar a ele com profundo zelo. Todo trabalho feito com honestidade é digno. Podemos trafegar da indústria ao santuário com a mesma devoção. O trabalho gera riqueza, pois a mão dos diligentes vem a enriquecer-se. Por intermédio do trabalho fazemos o que é bom, cuidamos de nós mesmos e da nossa família, e ainda, acudimos ao necessitado.

A ALEGRIA DO CASAMENTO

Esta sim, afinal, é carne da minha carne e osso dos meus ossos.
(Gênesis 2:23)

Deus criou o homem perfeito, colocou-o num lugar perfeito e tinha com ele perfeita comunhão. Deu-lhe o privilégio de ser o gestor da criação, o mordomo da natureza. Adão, porém, não encontrou nenhuma criatura, em toda a natureza, que pudesse corresponder com ele física, emocional e espiritualmente. O mesmo Deus que havia dado nota máxima em toda a obra da criação, agora, diz: "Não é bom que o homem esteja só. Far-lhe-ei uma auxiliadora, que lhe seja idônea". Deus fez o homem dormir e de sua costela fez uma mulher e lha trouxe. Adão acordou do sono e viu a mais bela das criaturas a seu lado e exclamou num arroubo de felicidade: "Esta sim, afinal, é carne da minha carne e osso dos meus ossos". O casamento foi instituído por Deus para ser uma fonte de prazer e felicidade. O casamento merece o maior investimento e exige a maior das renúncias. "Por isso, deixa o homem seu pai e sua mãe, se une à sua mulher, tornando-se os dois uma só carne". A mulher não foi tirada da cabeça do homem para comandá-lo. Uma mulher que tenta mandar no marido torna-se uma pessoa frustrada, pois não consegue admirar um homem a quem ela comanda. A mulher não foi tirada dos pés do homem para ser por ele humilhada. Nenhuma mulher pode ser feliz sem ser respeitada. A mulher foi tirada da costela do homem para ser o centro dos seus afetos e o alvo de seu cuidado.

O BOM NOME VALE MAIS DO QUE DINHEIRO

A memória do justo é abençoada, mas o nome dos perversos cai em podridão.
(Provérbios 10:7)

A história está repleta de homens que dormiram em camas de marfim, mas o colchão estava cheio de espinhos. Dormiram em berços de ouro, mas não havia paz no coração. Moraram em palacetes, condomínios fechados, apartamentos de cobertura, mas viveram encurralados pelos presságios mais horríveis. O dinheiro tem enfeitiçado muitas pessoas. Por amor ao dinheiro muitos indivíduos passam por cima de todos, escarnecem da virtude e arrastam seu nome na lama. Esquecem-se de que o dinheiro não traz segurança nem felicidade. O dinheiro não pode comprar as coisas mais importantes da vida. O dinheiro pode comprar bajuladores, mas não amigos. Pode comprar favores sexuais, mas não amor. O dinheiro pode comprar uma casa, mas não um lar; pode comprar diversão, mas não alegria; pode comprar um prato requintado, mas não apetite; pode comprar uma cama confortável, mas não o sono reparador; pode comprar um caixão de cedro, mas não a vida eterna. Aqueles que destroem sua honra por causa do dinheiro verão seu nome cair na podridão e sua família encher-se de vergonha e opróbrio. Mas a memória do justo é abençoada. O justo, mesmo depois de morto, ainda influencia gerações. Ele passa, mas sua memória continua inspirando milhares de pessoas.

CUIDADO COM O FLERTE

O que acena com os olhos traz desgosto, e o insensato de lábios vem a arruinar-se.
(Provérbios 10:10)

O homem pode tropeçar e cair tanto pelo que vê como pelo que fala. O texto está falando de um olhar lascivo e focando o flerte malicioso. Esse aceno com os olhos é um laço, e aqueles que estendem essa armadilha caem nela, como presas indefesas. O resultado é o desgosto, a decepção e o sofrimento. O pecado não compensa. É uma fraude medonha. Promete mundos e fundos, prazeres e aventuras, delícias e mais delícias, mas nesse pacote tão atraente vêm a dor, as lágrimas e a morte. Muitos casamentos foram desfeitos a partir de um aceno com os olhos. Muitas vidas foram arruinadas emocionalmente porque corresponderam a esse aceno com os olhos. O patriarca Jó disse: "Fiz aliança com meus olhos; como, pois, os fixaria eu numa donzela?". Entrar por esse caminho escorregadio é cair no pecado da defraudação e defraudar alguém é despertar na outra pessoa o que não se pode satisfazer licitamente. O segredo da felicidade não é a mente impura, os olhos maliciosos e os lábios insensatos. A felicidade é irmã gêmea da santidade. A bem-aventurança não está nos banquetes do pecado, mas na presença de Deus. É na presença de Deus que há alegria perene e delícias perpetuamente. Cuidado com os seus olhos. Ponha guarda na porta dos seus lábios!

AMOR, TÃO GRANDE AMOR!

Porque Deus amou o mundo de tal maneira que deu seu Filho Unigênito, para que todo o que nele crer, não pereça, mas tenha a vida eterna.
(João 3:16)

Quem poderia descrever a imensidão do amor de Deus? Que linguagem poderia expressar essa verdade tão extraordinária? O poeta expressou assim: "Ainda que os mares fossem tinta e as nuvens fossem papel; ainda que as árvores fossem pena e os homens escritores; nem mesmo assim, se poderia descrever o amor de Deus". Deus amou de forma superlativa o mundo hostil e os pecadores rebeldes. Amou-os não apenas com palavras, mas com o maior de todos os sacrifícios. Por amor a pecadores indignos, Deus entregou seu próprio Filho. Entregou-o para ser humilhado, cuspido, esbordoado e pregado na cruz. Entregou-o para morrer pelos nossos pecados. Entregou-o como nosso representante e fiador. O propósito de Deus nessa entrega é duplo: livrar-nos da perdição eterna e conceder-nos a vida eterna. Cristo não morreu para que os incrédulos fossem salvos, mas para que os que creem sejam salvos. A salvação é dádiva de Deus e a fé é o meio de apropriação dessa dádiva. O amor de Deus por nós é mais do que um sentimento; é uma entrega, um sacrifício. Deus amou-nos e deu; deu tudo, deu a si mesmo, deu seu Unigênito Filho. A morte de Cristo na cruz não foi a causa do amor de Deus, mas sua consequência. Esse é um amor superlativo e maiúsculo. Esse é o amor de Deus por você e por mim!

ESTÁ TUDO BEM COM A MINHA ALMA

Alegrai-vos sempre no Senhor; outra vez digo: alegrai-vos.
(Filipenses 4:4)

No século 19, H. G. Spafford, um rico advogado de Chicago, foi convertido a Cristo por intermédio do ministério de Dwight L. Moody. Tempos depois, houve um incêndio em Chicago e esse advogado perdeu grande parte de sua fortuna. Mais tarde sofreu outro golpe. Seu filho morreu de forma trágica. Diante dessa providência carrancuda, Spafford resolveu viajar com a esposa e com as quatro filhas para a Europa, a fim de ter um tempo de refrigério. Na véspera da viagem não pôde embarcar, mas enviou sua mulher e suas quatro filhas, com a promessa de que se uniria a elas nos próximos dias. Na viagem aconteceu um fatídico acidente. O navio naufragou e as quatro filhas morreram. Sua esposa lhe enviou um telegrama: "Salva, porém só". Imediatamente, viajou ao encontro de sua esposa e pediu ao comandante do navio para lhe mostrar o local onde suas filhas haviam sido engolidas pela fúria das ondas. Enquanto o barco balançava sovado pela fúria dos ventos, o Deus que inspira canções nas noites escuras colocou em seu coração um dos mais belos hinos evangélicos de todos os tempos. No estribilho desse hino, ele escreveu: "Está tudo bem com a minha alma, está tudo bem com a minha alma". Nos vales mais profundos da dor, ainda podemos erguer os olhos aos céus e dizer: "Sou feliz com Jesus, sou feliz com Jesus, meu Senhor". Está tudo bem com a minha alma, está tudo bem com a minha alma!

NÃO ODEIE, AME!

O ódio excita contendas, mas o amor cobre todas as transgressões.
(Provérbios 10:12)

Tanto o ódio como o amor são sentimentos que brotam do coração. São opostos e produzem resultados diferentes. Se o ódio excita contendas, o amor cobre as transgressões. Se o ódio afasta as pessoas, o amor as aproxima. Se o ódio expõe os defeitos das pessoas, o amor as protege. Se o ódio cava abismos, o amor constrói pontes. O ódio é um sentimento irracional e avassalador. Antes de destruir os outros, arruína quem o nutre. Quem tem ódio no coração destrói a si mesmo antes de excitar contendas entre os outros. O ódio é uma espécie de autofagia. É como beber um copo de veneno pensando que o outro é quem vai morrer. O amor, porém, tem origem diferente e produz frutos diferentes. O amor procede de Deus e seu resultado não é maldizer o próximo nem jogar uma pessoa contra a outra, mas abençoar as pessoas, protegê-las e reconciliá-las. O amor é paciente com os erros dos outros e benigno com as pessoas, mesmo em suas fraquezas. Quem ama protege a pessoa amada. Quem ama cobre as transgressões do outro e proclama suas virtudes. Quem ama tira os holofotes de si para enaltecer o próximo. O ódio traz o DNA da morte, mas o amor é fonte da vida. Não odeie, ame. Não seja um instrumento de contendas, mas um agente da reconciliação.

A CASA DE DEUS, LUGAR DE GLÓRIA

Eu amo, Senhor, a habitação de tua casa e
o lugar onde tua glória assiste.
(Salmos 26:8)

Davi era um homem sedento por Deus. Tinha glórias e riquezas, sucesso e fama, mas seu prazer estava no Senhor. Podia frequentar os lugares mais belos, conhecer os lugares mais exóticos, mas o seu prazer era estar na presença de Deus, na casa de Deus. Davi não ama o lugar em si, amava a presença na Deus. Davi não amava uma visita passageira e irrefletida na casa de Deus, mas amava a habitação da casa de Deus. Desejava estar na casa de Deus, mais do que qualquer outro deleite. Ele buscava isso com todas as forças de sua alma. Tinha anseio por Deus como os guardas anseiam pelo romper da alma. Tinha sede de Deus como as corças que correm sôfregas e arquejantes para as correntes de águas. Davi desejava habitar na casa de Deus, pois a casa de Deus é o lugar onde a glória de Deus assiste. O que é a glória de Deus? A glória de Deus não é um atributo de Deus como sua santidade e amor. A glória de Deus é a somatória de todos os atributos de Deus em seu pleno fulgor. É a manifestação máxima da presença manifesta de Deus. Davi, amava a casa de Deus porque amava a Deus. Quando encontramos Deus, encontramos o sentido da vida. É na presença de Deus que existe plenitude de alegria. É à destra de Deus que existe delicias perpetuamente. Deus é a fonte das águas vivas. O manancial de paz e alegria. Nele temos vida em abundância. Ele é o nosso prazer, nossa herança, a razão da nossa vida.

O CONHECIMENTO, A MELHOR POUPANÇA

Os sábios entesouram o conhecimento, mas a boca do néscio é uma ruína iminente.
(Provérbios 10:14)

O conhecimento é melhor do que o ouro, é mais seguro do que a moeda mais valorizada do mercado. Os ladrões podem roubar nossos tesouros e as traças podem corroer nossas relíquias, mas o conhecimento é uma riqueza que ninguém pode nos tirar. Os sábios entesouram o conhecimento, e com ele vêm a reboque as riquezas desta terra. O conhecimento é a melhor poupança, o mais lucrativo investimento. Ninguém, porém, entesoura conhecimento de uma hora para outra. Esse é processo longo. Para se entesourar conhecimento é preciso dedicação, esforço e muito trabalho. Os tolos e preguiçosos acharão muito trabalhoso fazer esse investimento. Preferem o sono, o lazer, e a diversão. Aqueles, porém, que têm a mente vazia de conhecimento, tem a boca cheia de tolices. A boca do néscio é uma ruína iminente. Em vez de ajudar as pessoas a trilhar pelas sendas da justiça, as desencaminha para os abismos da morte. A língua do néscio é um veneno mortífero. Seus lábios são laços traiçoeiros. Sua boca é uma cova de morte. O sábio, porém, que entesoura o conhecimento, não apenas supre a si mesmo com o melhor desta terra, mas também torna-se uma fonte de bênção para quem vive à sua volta.

VÉUS LONGOS, CASAMENTOS CURTOS

De modo que já não são mais dois, porém uma só carne.
Portanto, o que Deus ajuntou não o separe o homem.
(Mateus 19:6)

Os véus das noivas estão ficando cada vez mais longos e os casamentos cada vez mais curtos. Investimos muito na festa do casamento e pouco no relacionamento. Gastamos muito dinheiro com ricas cerimônias e investimos muito pouco na comunicação. Impressionamos muito as pessoas com a pompa de nossas festas, mas na intimidade da relação, muitos casamentos padecem por falta de harmonia. Porque investimos pouco no casamento, cresce espantosamente o número de divórcios em nossa sociedade. Fala-se mais em divórcio do que em casamento. Criam-se todos as facilidades para o divórcio e todos os entraves para o casamento. Se entendêssemos melhor o que é casamento, teríamos menos divórcios. Não há fase segura para o casamento. O índice de divórcio na terceira idade no Brasil cresceu cinquenta e um por cento na última década. Muitos casais mantêm o casamento por causa dos filhos, mas quando estes batem asas do ninho, os cônjuges não têm mais estrutura para permanecerem juntos. A conclusão inequívoca é que onde não há investimento, a relação conjugal adoece. Quando não há semeadura no relacionamento, não existe colheita. Nenhum casamento é automaticamente feliz. A felicidade conjugal é construída com muito esforço e perseverança. Cobramos muito do casamento e investimos muito pouco nele. Não há casamento feliz sem fidelidade. A santidade do casamento é o alicerce de sua felicidade!

VIGIE A PORTA DOS SEUS LÁBIOS

No muito falar não falta transgressão, mas o que modera os lábios é prudente.
(Provérbios 10:19)

Quem fala muito, erra muito. Até o tolo quando se cala é tido por sábio. A Palavra de Deus é categórica: "Todo homem seja pronto para ouvir, tardio para falar, tardio para se irar". Pessoas que falam para depois pensar, que falam sem refletir e que falam mais do que o necessário muito transgridem. Devemos falar a verdade em amor. A verdade é o conteúdo e o amor é a forma. A verdade sem o amor agride; o amor sem a verdade engana. Só devemos falar o que é bom e oportuno. Só devemos abrir a boca quando for para transmitir graça aos que ouvem. O tolo fala muito e pensa pouco; fala muito e comunica pouco; fala muito e acerta pouco. O prudente, porém, modera os lábios e amplia sua influência. Fala pouco e reflete muito; fala pouco e comunica muito; fala pouco e abençoa muito. Nós devemos ser cautelosos em nossa fala, pois a vida e morte estão no poder da língua. Podemos dar vida ou matar um relacionamento dependendo da maneira como nos comunicamos. A comunicação é o oxigênio que nutre nossos relacionamentos. Nossa língua, portanto, precisa ser fonte de vida e não cova de morte; precisa ser medicina e não veneno; preciso ser bálsamo que consola e não fogo que destrói.

A BÊNÇÃO DE DEUS ENRIQUECE

A bênção de Deus enriquece, e, com ela, não traz desgosto.
(Provérbios 10:22)

A teologia da prosperidade está em alta. Muitos pregadores rendem-se a essa visão, movidos pela ganância e, prometem aos fiéis mundos e fundos em nome de Deus. Ensinam que a evidência da bênção divina é a prosperidade material. Essa interpretação, entretanto, está em desacordo com a Palavra de Deus. Há ricos pobres e pobres ricos. John Rockfeller disse que o homem mais pobre que conhecia era aquele que só tinha dinheiro. Os que querem ficar ricos caem em tentação e cilada, pois o amor do dinheiro é a raiz de todos os males. Não postulamos a teologia da prosperidade nem a teologia da miséria. A pobreza não é uma virtude nem a riqueza um pecado. A Bíblia é categórica em afirmar que a bênção de Deus enriquece, e, com ela, não traz desgosto. Deus é a fonte de todo bem. Dele procede toda boa dádiva. É Deus quem fortalece as nossas mãos para adquirirmos riqueza. Riquezas e glórias vêm das mãos de Deus. A riqueza que Deus dá não é fruto da desonestidade. Não é produto do roubo nem da corrupção. A riqueza que Deus dá é fruto da bênção que vem do céu e do trabalho honrado feito na terra. Essa é uma riqueza que não traz desgosto nem tira o sono. Sua fonte é limpa, sua natureza é santa, seu propósito é sublime.

LONGEVIDADE ABENÇOADA

O temor do Senhor prolonga os dias da vida, mas os anos dos perversos serão abreviados.
(Provérbios 10:27)

O temor do Senhor é um freio contra o mal. Ele é o princípio da sabedoria. Nada pode deter o homem de praticar o mal senão o temor do Senhor. Há momentos em que você estará longe do pais, dos filhos, do cônjuge, dos amigos, da Pátria e nessas horas de solidão e isolamento a tentação baterá à porta do seu coração com ímpeto ou com manhosa sedução. Nessas horas o único freio moral é o temor do Senhor. O temor do Senhor é a sirene que acorda a consciência. O temor do Senhor impediu José do Egito de deitar-se com a mulher de Potifar. O temor do Senhor impediu Neemias de ser um político corrupto. O temor do Senhor nos livra de lugares perigosos, atitudes suspeitas e pessoas sedutoras. O temor do Senhor prolonga os dias da vida. Por outro lado, os anos do perverso, que não anda no temor do Senhor, são abreviados. Isso porque ele não conhece a Deus, a fonte da vida. Por não andar no temor do Senhor, envereda-se pelos caminhos sinuosos do pecado. Por desprezar os conselhos divinos envolve-se em tramas de morte e encurta seus dias sobre a terra. O temor do Senhor, porém, é o elixir da vida. Quando andamos por esse caminho, desfrutamos de abençoada longevidade.

A VIDA DO ÍNTEGRO, O DELEITE DE DEUS

Abomináveis para o Senhor são os perversos de coração,
mas os que andam em integridade são o seu prazer.
(Provérbios 11.20)

Deus não é um ser apático e amoral. Ele se deleita naqueles que andam em integridade e sente repulsa pelos perversos de coração. Ele tem prazer na vida do justo e abomina aqueles que no coração maquinam o mal. Deus não se impressiona com as aparências. Há muitos perversos de coração que tem palavras doces, gestos nobres e se apresentam como verdadeiros beneméritos da sociedade. Normalmente são pessoas que ocupam posições estratégicas e aparecem na mídia como heróis nacionais. Mas, Deus não se deixa enganar. Ele não se impressiona com a performance rebuscada. Ele vê o coração e não apenas o exterior. Deus abomina não apenas a perversidade quando já está com seu maldito fruto maduro; mas Deus abomina o perverso quando essa maldade é apenas uma semente no seu coração. Se os perversos de coração são abomináveis para Deus, os que andam em integridade são o seu prazer. Deus é luz e não podemos ter comunhão com Ele andando nas trevas. Deus é santo e não podemos navegar pelos mares da impureza e ao mesmo tempo desfrutarmos de intimidade com Ele. Só os puros de coração verão a Deus. Só aqueles que trajam vestiduras brancas andarão na Cidade Santa com o Senhor.

NÃO AME O DINHEIRO

Porque o amor do dinheiro é raiz de todos os males;
e alguns, nessa cobiça, se desviaram da fé e a si
mesmos se atormentaram com muitas dores.
(1Timóteo 6:10)

O dinheiro é a alavanca que move o mundo. O dinheiro é mais do que uma moeda, é um ídolo. É Mamom. No altar de Mamom muitos matam e morrem, casam-se e divorciam-se, corrompem e são corrompidos. O dinheiro é um dos maiores pomos de discórdia dentro da família. Os cônjuges brigam por causa de dinheiro. Muitas pessoas buscam o dinheiro sofregamente, pensando ser ele a fonte de felicidade. Acumulam bens e ajuntam tesouros, mas descobrem que o dinheiro não preenche o vazio da alma. O apóstolo Paulo diz que aqueles que querem ficar ricos caem em tentação e cilada e atormentam sua alma com muitos flagelos, pois o amor do dinheiro é raiz de todos os males. Nada trouxemos para este mundo nem nada dele levaremos. Nossa felicidade não está no dinheiro, mas em Deus. Devemos ajuntar tesouros no céu e não na terra. Quando John Rockefeller, o primeiro bilionário do mundo, morreu, em seu funeral, um curioso perguntou a seu contador: "E aí, quanto é que John Rockefeller deixou?". O contador respondeu: "Deixou tudo, não levou nem um centavo". Não há caminhão em enterro nem gaveta em caixão. O problema não é o dinheiro, mas o amor ao dinheiro. O dinheiro é uma bênção. Com ele suprimos nossas necessidades, socorremos o próximo e promovemos o reino de Deus.

MÃOS ABERTAS, BOLSOS CHEIOS

A quem dá liberalmente, ainda se lhe acrescenta mais e mais;
ao que retém mais do que é justo, ser-lhe-á em pura perda.
(Provérbios 11:24)

Na economia de Deus, você tem o que dá e perde o que tem. O dinheiro é como uma semente, só se multiplica quando é semeado. A semente que se multiplica não é a que comemos nem a que guardamos, mas a que semeamos. A semeadura generosa terá uma colheita farta, pois quem dá liberalmente, ainda se lhe acrescenta mais e mais. É o próprio Deus que multiplica a nossa semente e faz prosperar a nossa sementeira, quando abrimos a mão para abençoar. Mãos abertas produzem bolsos cheios. Porém, o contrário é verdadeiro. Ao que retém mais do que é justo, ser-lhe-á em pura perda. Vasa entre os dedos. É como receber salário e colocá-lo num saco furado. Aqueles que acumulam com avareza o que poderia socorrer o aflito, descobre que esse dinheiro acumulado não pode lhes dar felicidade nem segurança. Aqueles que ajuntaram fortunas e viveram no fausto e no luxo, deixando à míngua o próximo à sua porta, descobrem que, quando a morte chegar não poderão levar um centavo. Não há caminhão de mudança em enterro nem gaveta em caixão. Mas aquilo que você dá com generosidade, é como uma semente bendita que se multiplica e alimenta a milhares.

MULHER VIRTUOSA, COROA DO MARIDO

A mulher virtuosa é a coroa do seu marido, mas a que procede vergonhosamente é como podridão nos seus ossos.
(Provérbios 12:4)

A Bíblia fala de dois tipos de mulheres. Não as classifica em belas e feias, ricas e pobres, jovens e velhas, mas em virtuosas e desavergonhadas. A mulher virtuosa é a recompensa de seu marido: traz-lhe alegria e honra. A desavergonhada é como câncer em seus ossos: produz-lhe sofrimento atroz e abrevia seus dias. A virtuosa é fiel e o coração de seu marido confia nela. A desavergonhada entrega-se às paixões e ao adultério e destrói com suas mãos sua própria casa. A mulher que procede vergonhosamente é aplaudida hoje em nossa cultura moribunda. A decadência dos costumes e o colapso da ética estimulam o adultério e promovem a infidelidade. O casamento tornou-se frágil e o divórcio banal. Os filhos estão se tornando órfãos de pais vivos enquanto os cônjuges buscam com mais avidez novas aventuras. Nessa corrida desenfreada rumo à decadência dos valores morais, precisamos erguer bem alto a bandeira da verdade e dizer que a virtude traz honra, mas o comportamento despudorado promove sofrimento e morte.

TRABALHO, FONTE DE RIQUEZA

O que lavra a sua terra será farto de pão, mas o que corre atrás de coisas vãs é falto de senso.
(Provérbios 12:11)

A preguiça é a mãe da pobreza, mas o trabalho é o útero onde a riqueza é gestada. Aqueles que buscam os atalhos de um enriquecimento rápido ou caem na sedução do enriquecimento ilícito demonstram ser insensatos. O que lavra a sua terra será farto de pão. O que investe em seu campo e cultiva a sua terra terá pão com fartura, mas aquele que cruza os braços e se entrega à insolência, terá privações. Não importa a área de sua atividade, esmere-se por fazer o melhor. Faça tudo com excelência. Seja um especialista. O mundo hoje não pertence mais aos generalistas. Precisamos lavrar a nossa terra, investir em nossos estudos e colocar no ventre da terra as sementes do nosso trabalho. Aqueles que têm as mãos remissas para o trabalho, só enxergarão as dificuldades. Esses não lavrarão a sua terra. Por isso, seus campos cobrir-se-ão de urtiga. Na casa dos preguiçosos não haverá prosperidade nem em sua mesa, fartura de pão. A riqueza é fruto do trabalho honesto e dedicado.

PRIMEIRO O CHORO, DEPOIS A ALEGRIA

Porque não passa de um momento a sua ira; o seu favor dura a vida inteira. Ao anoitecer, pode vir o choro, mas a alegria vem pela manhã.
(Salmos 30:5)

A ira de Deus é a santa repulsa de Deus ao pecado. Deus não seria moralmente perfeito se ficasse impassível diante do mal. Porém, o favor de Deus é mais frequente e mais abundante do que sua ira. Da mesma forma, a alegria é mais robusta e mais presente do que as lágrimas. O choro pode vir à noite. Às vezes vem, outras vezes não. Há noites escuras quando nossa alma geme de dor, quando nossos olhos ficam marejados de lágrimas, quando nosso corpo treme sob o látego do sofrimento. Porém, mesmo nessas noites escuras da alma, a alegria dissipa a escuridão do sofrimento quando o sol, como um noivo garboso, que sai de seu aposento, saúda a terra, do pico das montanhas. É Deus quem converte nosso pranto em alegria. É Deus quem transforma o cenário cinzento da angústia num palco iluminado de arrebatadora alegria. É Deus quem enxuga nossas lágrimas e põe um cântico de louvor em nossos lábios. É Deus quem tira as cinzas da tristeza e coloca sobre nós as vestes de louvor. Não caminhamos na direção de uma noite tenebrosa, mas de uma manhã radiosa. Não marchamos rumo à tristeza inconsolável, mas rumamos na direção de uma alegria indizível e cheia de glória. Mesmo que agora estejamos pisando um deserto tórrido e crivado de espinhos, caminharemos sem dor na alma, nem lágrimas nos olhos, sem pesar no coração, nas ruas de ouro na nova Jerusalém.

LÍNGUA, UMA ARMADILHA PERIGOSA

Pela transgressão dos lábios o mau se enlaça,
mas o justo sairá da angústia.
(Provérbios 12:13)

A língua é como um chicote que açoita as costas dos maus. A língua é um veneno que mata os ímpios. A língua é um fogo que destrói os escarnecedores. A língua é uma rede que prende os pés dos perversos. Aqueles que mentem para se livrarem de suas transgressões acabam caindo numa armadilha mortal. Aqueles que desandam a boca para falar impropérios acabam se enlaçando nas próprias cordas de seus pecados. A língua dos maus é o ventre onde a angústia é gestada. Nesse ventre, esse filho bastardo cresce como um monstro e quando nasce, destrói aqueles que o criaram. A transgressão da língua é uma espécie de autofagia. Quem peca com a língua cava um abismo para seus próprios pés. A transgressão da língua é também uma *outrofagia.* Quem peca com língua destrói não apenas a si mesmo, mas também outras pessoas à sua volta. Se pela transgressão dos lábios o mau se enlaça, o justo sairá da angústia. A língua do justo não o coloca no calabouço do desespero, mas abre-lhe a porta para uma vida bem-aventurada e feliz.

DEUS É UM MURO DE FOGO

Pois eu lhe serei, diz o Senhor, um muro de fogo em redor
e eu mesmo serei, no meio dela, a sua glória.
(Zacarias 2:5)

Deus é nosso protetor e o nosso deleite. Nosso escudo e nosso maior prazer. Dele vem nossa proteção e nosso contentamento. O profeta Zacarias profetizou depois do cativeiro babilônico. O povo já tinha voltado para sua terra. A cidade de Jerusalém estava ainda vazia e cercada de inimigos. O desânimo havia tomado conta do povo. É nesse contexto que o profeta vai dizer que a cidade seria habitada e que Deus seria ao seu redor como muro de fogo e no meio dela a sua glória. Duas verdades são aqui destacadas. A primeira é que Deus é o protetor do seu povo. Um muro de fogo é um cerca intransponível. Uma muralha inexpugnável. Ninguém pode destruir ou condenar o povo de Deus, quando o próprio Deus é seu defensor. O apóstolo Paulo pergunta: "Quem intentará acusação contra os eleitos de Deus? É Deus quem os justifica. Quem os condenará? É Cristo Jesus quem morreu, ou antes quem ressuscitou, o qual está à destra de Deus e intercede por nós" (Romanos 8:33,34). A segunda verdade é que Deus é o deleite do seu povo. A glória de Jerusalém não seria seus palácios magnificentes, suas torres altaneiras, seu templo suntuoso, mas a presença de Deus em seu meio. Deus é a herança do seu povo, sua recompensa, seu prazer, sua glória. Na presença de Deus tem plenitude de alegria. À destra de Deus há delícias perpetuamente. Deus é melhor do que suas bênçãos. Ele mesmo é a nossa glória.

A LÍNGUA, ESPADA OU MEDICINA?

Alguém há cuja tagarelice é como pontas de espada,
mas a língua dos sábios é medicina.
(Provérbios 12:18)

Tagarelice é falar pelos cotovelos. É falar ao vento. É falar muito e pensar pouco. É falar sem pesar as consequências de sua fala. É ser irresponsável com a mordomia da comunicação. A língua do tagarela fere como pontas de espada. Destrói como veneno e devasta como fogo. A língua do tagarela transporta a morte e não a vida, pois semeia inimizade entre os irmãos e provoca contendas entre as pessoas. A língua do tagarela é como um cavalo selvagem sem freio e como um navio em alto mar sem leme. Ambos são agentes de morte e não de vida. A língua do sábio, entretanto, é medicina para os doentes, bálsamo para os aflitos, tônico para os cansados e fonte de vida para os que jazem prostrados. A língua dos sábios é veículo que transporta a verdade e canal que conduz a esperança. O sábio é aquele que fala a verdade em amor. Da boca do sábio não sai palavras torpes; apenas palavras para a edificação, conforme a necessidade, transmitindo graça aos que ouvem. Resta-nos uma pergunta: Sua língua é como pontas de espada ou como medicina?

A LINGUAGEM DO AMOR

Maridos, amai vossa mulher, como também Cristo amou a igreja e a si mesmo se entregou por ela.
(Efésios 5:25)

Na língua grega há quatro tipos diferentes de amor. *Éros* fala do amor físico entre um homem e uma mulher. *Phileo* fala do amor fraternal que deve existir entre os amigos. *Storge* fala do amor entre pais e filhos. *Ágape* fala do amor abnegado e sacrificial. A ordem bíblica é que o marido deve amar sua mulher com amor *ágape*. O marido deve amar sua mulher como Cristo ama a Igreja. Cristo amou a Igreja com amor perseverante, sacrificial e santificador. Não é amor até a primeira crise nem apenas enquanto os olhos se deliciam com a beleza física. Não é amor egoísta, mas altruísta e abnegado. Não é amor apenas por causa das virtudes, mas apesar das limitações. O amor verdadeiro deve ser conhecido pelo que ele é: paciente e benigno. É conhecido pelo que ele não faz: não arde em ciúmes, não se envaidece, não procura seus interesses nem se alegra com a injustiça. É conhecido também pelo que faz: alegra-se com a verdade. Mas, finalmente, esse amor é conhecido pelo que suporta: tudo crê, tudo espera, tudo suporta. Esse não é o amor do existencialismo moderno, que afirma: "O amor é eterno enquanto dura". Ao contrário, esse é o amor vindo do coração de Deus, o amor que jamais acaba!

CORAÇÃO, LABORATÓRIO DAS AÇÕES

Há fraude no coração dos que maquinam o mal,
mas alegria têm os que aconselham a paz.
(Provérbios 12:20)

A violência que choca a opinião pública e nos deixa atordoados pela sua explosão mortal tem sua origem no silêncio do coração. O coração do homem é o laboratório onde o mal é gestado e a fábrica que produz todo esse veneno letal que destrói a humanidade. O mal só é maquinado e praticado porque há fraude no coração. Primeiro o mal é concebido no coração, depois ele nasce como um monstro. É do coração que procedem os maus desígnios. É dessa fonte poluída que jorra toda sorte de sujidades. Se os que maquinam o mal têm fraude no coração; os que aconselham a paz têm grande alegria. Como é bom ser um instrumento de Deus na vida de alguém! Como é bom ser um conselheiro sábio, um pacificador, um amigo do bem, um semeador da paz, um arauto de boas novas. Quando seu coração é transformado, suas mãos se tornam mestras da bondade e seus lábios se tornam agentes da paz. Ser um conselheiro da paz produz alegria para você e bênção para os outros. Em vez de seu coração ser uma fonte venenosa, transforma-se num manancial de vida!

SUOU SANGUE NO GETSÊMANI

... e aconteceu que seu suor se tornou como gotas de sangue...
(Lucas 22:44)

Jesus travou a mais sangrenta batalha da humanidade no Jardim do Getsêmani. Os horrores do inferno bafejavam a alma do Filho de Deus. Prostrado com o rosto em terra, Jesus orou três vezes, enfrentando uma angústia de morte. Seus discípulos dormiam enquanto Jesus erguia aos céus seu clamor regado de lágrimas. Naquela fatídica noite, as autoridades judaicas tramavam contra Jesus, urdindo planos recheados de mentira e violência, enquanto ele suava sangue no Getsêmani. Capitaneados por Judas Iscariotes, os soldados do templo, armados até aos dentes, entraram no Jardim para prender Jesus, mas este, consolado pelo anjo e fortalecido pelo Pai, se entregou nas mãos dos pecadores. Foi esbordoado, cuspido e ultrajado, mas caminhou para a cruz como um rei caminha para a coroação. A angústia de Jesus não era pelo temor do sofrimento físico, mas por saber que, na cruz, assumiria o nosso lugar, carregaria em seu corpo os nossos pecados e seria feito maldição para nos resgatar do pecado e da morte. Jesus não foi à cruz porque Judas o traiu por ganância, nem porque os judeus o entregaram por inveja, nem mesmo porque Pilatos o sentenciou por covardia. Ele foi à cruz voluntariamente. Foi à cruz por amor. A cruz não foi a causa do amor de Deus por nós, mas sua prova mais eloquente!

FANFARRONICE, PURA INSENSATEZ

O homem prudente oculto o conhecimento, mas o coração dos insensatos proclama a estultícia.
(Provérbios 12:23)

O sábio é aquele que sabe que nada sabe. O homem prudente não vive tocando trombetas acerca do seu conhecimento nem fazendo propaganda de suas virtudes. Fanfarronice é pura insensatez. Não devem ser os nossos lábios que nos louvam. A soberba é a porta de entrada do fracasso, é a sala de espera da vergonha, é o palco da queda. Os que se exaltam serão humilhados. Os que querem ocupar os primeiros lugares serão colocados no final da fila. O homem prudente oculta o conhecimento. Ele não enaltece a si mesmo como um fariseu soberbo nem se compara aos demais, apenas para sobressair-se. A humildade é o caminho da honra, enquanto a altivez é a autopista do opróbrio. O insensato não apenas proclama a estultícia, mas também anuncia virtudes que não possui. Apresenta-se como herói, quando seu verdadeiro papel é de vilão. Apresenta-se em público como benfeitor, mas na verdade não passa de um larápio. O insensato é um falto intelectual e um falso filantropo. Ele vive apenas de aparência. É apenas um ator que representa um papel no palco da vida.

O PLANO DE DEUS É PERFEITO

Sabemos que todas as coisas cooperam para o bem daqueles que amam a Deus...
(Romanos 8:28)

O apóstolo Paulo escreveu seu maior tratado teológico e o enviou como uma carta à igreja de Roma. Os estudiosos dizem que essa carta é como a Cordilheira do Himalaia de toda a revelação bíblica, seu pico culminante. No capítulo oito, versículo 28 de Romanos, Paulo fala que Deus tem um propósito estabelecido na eternidade. Esse propósito é eterno, perfeito e vitorioso. O soberano Deus não improvisou as coisas. Ele fez tudo de acordo com um plano que não pode ser frustrado. Sua vida está incluída nesse plano. Você, que ama a Deus, tem sua vida nas mãos daquele que também tem as rédeas do universo sob seu controle. Não há acaso nem coincidência. Não há sorte nem azar. Não há determinismo nem desastre. A história não está à deriva como um caminhão sem freio ladeira abaixo nem está dando volta em círculo como pensavam os gregos. A história caminha para uma consumação gloriosa. Paulo diz que todas as coisas cooperam para o seu bem. Não algumas coisas nem as melhores coisas, mas todas as coisas. Essas coisas não se encaixam por si mesmas como que num jogo de coincidência. Essas coisas não são governadas por um destino aleatório. A verdade insofismável é que Deus está trabalhando as circunstâncias da nossa vida, como que tecendo uma tapeçaria, como que montando um mosaico para que o resultado seja o nosso bem. Obviamente Paulo não está dizendo que todas as coisas que acontecem conosco são coisas boas; o que ele está dizendo é que Deus age nessas circunstâncias, convertendo-as para o nosso bem.

SUCESSO, FRUTO DO TRABALHO

A mão diligente dominará, mas a remissa
será sujeita a trabalhos forçados.
(Provérbios 12:24)

Thomas Alva Edson disse que as nossas vitórias são o resultado de dez por cento de inspiração e noventa por cento de transpiração. O sucesso é o resultado do esforço diligente e do trabalho abnegado. Aqueles que se dedicam aos estudos, esmeram-se no seu labor, trabalham com diligência e fazem tudo com excelência são conduzidos às posições de liderança em todas as áreas da vida. O sucesso não é uma questão de sorte, mas de diligência. O preguiçoso, que faz corpo mole, não se empenha nos estudos nem trabalha com dedicação empobrecerá. Na verdade, aqueles cuja mão é lerda e remissa acabam sendo destinados aos trabalhos mais rudes e menos remunerados. Na vida nós colhemos o que plantamos. Aqueles que semeiam pouco têm uma safra medíocre; mas aqueles que semeiam com fartura, com abundância ceifarão. Aqueles que cobrem a fronte de suor e trabalham com esmerado esforço terão sua recompensa. Honra e riquezas estão destinadas aos diligentes, mas pobreza e desprezo são a porção dos preguiçosos. O trabalho não é maldição, mas bênção. O trabalho não é um fardo, mas um deleite; o trabalho não mata, ao contrário, nos motiva a viver de forma exponencial!

DEUS RESPONDE AS ORAÇÕES

De manhã, Senhor, ouves a minha voz; de manhã te apresento a minha oração e fico esperando.
(Salmos 5:3)

A oração não é a mesma coisa que meditação transcendental. Não fazemos uma viagem para dentro de nós mesmos quando oramos nem alçamos nossos pensamentos ao infinito, a uma força cósmica e impessoal. A oração não é um monólogo, mas um diálogo com Deus, quando endereçamos a Ele nossas súplicas e esperamos dele sua resposta. Davi, se apresentava diante de Deus logo pela manhã. Antes do alvoroço do dia, buscava o abrigo das asas do Altíssimo. Antes das tensões da faina ele falava com Deus. Na oração nós encontramos paz, pois a oração faz bem à alma, uma vez que oração é falar com Deus e falar com Deus nos satisfaz. Orar é abrir a alma ao criador. É sentir os céus abertos. É entrar na sala do trono. É ter livre acesso por meio de Jesus àquele que está assentado na sala de comando do universo. Orar é conectar o altar com o trono. É unir a fraqueza humana à onipotência divina. É colocar os impossíveis humanos diante da toda a possibilidade de Deus. A oração é fonte de poder. O poder não vem de dentro, vem de cima; não vem do homem, vem de Deus. O poder não emana da terra, mas do céu. Tudo quanto Deus pode, podemos pela oração, pois Deus é poderoso para fazer infinitamente mais do que tudo quanto pedimos ou pensamos conforme o seu poder que opera em nós.

ANSIEDADE, O ABATIMENTO DO CORAÇÃO

A ansiedade no coração do homem o abate, mas a boa palavra o alegra.
(Provérbios 12:25)

A ansiedade é o mal do século, a doença mais democrática da nossa geração. Atinge crianças e velhos, doutores e analfabetos, religiosos e ateus. A palavra ansiedade na língua grega significa "estrangulamento". A ansiedade sufoca e tira o oxigênio. A ansiedade não nos ajuda a resolver os problemas hoje, apenas nos enfraquece para enfrentá-los amanhã. A ansiedade é ocupar-se de um problema que ainda não está acontecendo e setenta por cento dos assuntos que nos deixam ansiosos nunca vão acontecer. A ansiedade é inútil, porque por mais ansiosos que estejamos, não podemos acrescentar sequer alguns dias à nossa vida. A ansiedade é prejudicial, porque drena as nossas energias, rouba nossas forças e superdimensiona as nossas crises. A ansiedade é um sinal evidente de incredulidade, porque só aqueles que não confiam na providência de Deus vivem ansiosos quanto a seu futuro. A ansiedade abate o espírito do homem, mas a boa palavra o alegra. Devemos alimentar nossa alma com as palavras que emanam da boca de Deus em vez de abastecer nosso coração com o alarido da ansiedade. Devemos olhar não para o fragor da tempestade, mas para aquele que está no controle da tempestade.

FILHO, ESCUTE SEU PAI

O filho sábio ouve a instrução do pai, mas o escarnecedor não atende à repreensão.
(Provérbios 13:1)

A obediência aos pais é o caminho mais seguro para a felicidade e a rota mais certa para a prosperidade. É ordem de Deus: "Honra teu pai e tua mãe, para que se prolonguem os teus dias na terra que o Senhor, teu Deus, te dá". O apóstolo Paulo disse que este é o primeiro mandamento com promessa. A obediência aos pais é uma atitude justa, um princípio universal. Sua ausência é um sinal de decadência da sociedade. O filho sábio ouve a instrução do pai, mas o escarnecedor não atende à repreensão. Aqueles, porém, que não escutam os conselhos sofrerão a chibata. Aqueles que fecham os ouvidos à repreensão, oferecerão as costas aos açoites. Muitas tragédias acontecem ainda hoje porque os filhos tapam os ouvidos aos conselhos dos pais. Muitos casamentos errados acontecem porque os filhos não escutam os pais. Muitos acidentes ocorrem porque os filhos são rebeldes aos ensinamentos dos pais. As cadeias e os hospitais estão cheios de filhos vitimados pela rebeldia e os cemitérios salpicados de jovens que foram ceifados precocemente, porque foram rebeldes e não quiseram ouvir o conselho de seus pais.

O JUGO DE JESUS

Porque o meu jugo é suave, e o meu fardo é leve.
(Mateus 11:30)

Você está cansado! Esse cansaço não é físico, mas emocional. O descanso para essa fadiga emocional não é conseguido numa noite bem-dormida nem mesmo com calmantes. Talvez você já esteja até mesmo sobrecarregado. Sua alma está gemendo debaixo de tanto peso. Tenho uma boa notícia para você. Jesus pode dar descanso à sua alma e alívio para seu coração. Ouça seu convite: "Vinde a mim, todos vós que estais cansados e sobrecarregados e eu vos aliviarei. Tomai sobre vós o meu jugo e aprendei de mim, porque sou manso e humilde de coração, e achareis descanso para a vossa alma, pois o meu jugo é suave e o meu fardo é leve" (Mateus 11:28-30). Você encontra descanso para sua alma quando vem a Jesus. Ele é a fonte que refrigera sua alma. Jesus convida você para colocar seu pescoço debaixo do seu jugo. O jugo é uma canga onde dois bois são atrelados. Normalmente se atrela um boi inquieto e bravo com um boi manso. O boi bravo tenta se espernear, mas não tem jeito. Está sujeito ao mesmo jugo. Jesus usa essa figura para convidar você a colocar seu pescoço debaixo do seu jugo. Ele vai caminhar com você, ensinar você, aquietar sua alma e serenar seu coração. O jugo de Jesus é suave e seu fardo é leve. Ele nos chama não para a escravidão, mas para a liberdade. Ele veio não apenas nos trazer descanso, mas vida e vida em abundância.

RICOS POBRES, E POBRES RICOS

Uns se dizem ricos sem terem nada; outros
se dizem pobres, sendo mui ricos.
(Provérbios 13:7)

John Rockfeller, o primeiro bilionário do mundo, disse que o homem mais pobre que ele conhecia era aquele que só possuía dinheiro. Na verdade, o problema não é possuir dinheiro, mas o dinheiro nos possuir. Não é carregar dinheiro no bolso, mas no coração. O dinheiro em si mesmo é bom, pois com ele desfrutamos coisas boas e promovemos o bem. O problema é amar o dinheiro. O amor ao dinheiro é a raiz de todos os males. Há indivíduos que se casam e se divorciam por causa de dinheiro. Há pessoas que corrompem e são corrompidas por causa do dinheiro. Há aqueles que matam e morrem por causa do dinheiro. Mas o dinheiro não oferece felicidade nem segurança. Logo, há ricos que são pobres. Porém, há pobres que são ricos, pois aprenderam a viver contentes em toda e qualquer situação. O contentamento é uma atitude de plena satisfação em Deus. A vida de um homem não consiste na abundância de bens que ele possui. Podemos ser pobres e ao mesmo tempo ricos. Podemos dizer como o apóstolo Paulo: "Entristecidos, mas sempre alegres; pobres, mas enriquecendo a muitos; nada tendo, mas possuindo tudo".

ESCÂNDALO E LOUCURA

Mas nós pregamos a Cristo crucificado, escândalo para os judeus, loucura para os gentios.
(1Coríntios 1:23)

A cruz é um emblema paradoxal. Para uns representa vergonha, fracasso e derrota; para outros, triunfo, conquista e vitória. O apóstolo Paulo estava em Corinto, uma importante cidade grega. Os grandes pensadores disputavam suas ideias em praça pública. Seus admiradores os aplaudiam. Os gregos eram achegados à filosofia. Por isso, consideravam a pregação acerca do Cristo crucificado uma verdadeira loucura. Os judeus, por sua vez, esperando a chegada do Messias vitorioso, para quebrar o jugo de Roma, dar fim à sua escravidão e, ainda, assentar-se no trono para reger as nações com vara de ferro julgavam que um Cristo pregado na cruz era um verdadeiro escândalo. Paulo, porém, não se deixou mover por essas reações preconceituosas e extremadas. Continuou pregando a mensagem da cruz. Não há outro evangelho a ser pregado senão anunciar Cristo, e este crucificado. Não há boas novas para o pecador fora da cruz de Cristo. É pela morte de Cristo que temos vida. É pelo seu sangue que recebemos perdão e redenção. Aprouve a Deus salvar os pecadores pela loucura da pregação. A loucura de Deus é mais sábia do que a sabedoria dos entendidos deste século. A cruz de Cristo pode ser rejeitada como sinal de fraqueza pelos incrédulos, mas para nós, os que cremos, é o poder de Deus e a sabedoria de Deus.

A ESPERANÇA ADIADA ADOECE O CORAÇÃO

A esperança que se adia faz adoecer o coração,
mas o desejo cumprido é árvore de vida.
(Provérbios 13:12)

A esperança é o oxigênio da vida. Se ela falta, perecemos. Se ela se adia, adoecemos o coração. Porém, o anseio satisfeito é árvore de vida. A vida é feita de decisões. Não somos aquilo que falamos, mas o que fazemos. Não é sábio deixar para depois aquilo que podemos fazer hoje. Não é sensato empurrar com a barriga decisões que precisam ser tomadas com pressa. Não é prudente jogar para debaixo do tapete aquilo que precisamos resolver com agilidade. A esperança adiada entristece o coração. Talvez você tenha deixado para depois aquela conversa que precisaria ter com seu cônjuge, com seus filhos ou com seus pais. Talvez você tenha fugido da responsabilidade de tomar algumas decisões na sua vida. É melhor o desconforto do confronto do que a posição confortável da omissão. Não espere mais para falar, agir e se posicionar. Levante-se e seja forte. Ninguém pode tomar o seu lugar para tomar as decisões que só você pode fazer. Não adie mais. Rompa com esse ciclo vicioso. Sacuda a poeira. Ponha o pé na estrada. Mantenha a visão do farol alto. Suba nos ombros dos gigantes e comece uma marcha vitoriosa na vida.

A FELICIDADE DO PERDÃO

Bem-aventurado aquele cuja iniquidade é
perdoada, cujo pecado é coberto.
(Salmos 32:1)

O homem tem um vazio no coração do tamanho de Deus. Coisas não podem preencher esse vazio. Deus colocou a eternidade no coração do homem e nada daquilo que é terreno e temporal pode satisfazer o homem. O pecado separou o homem de Deus e longe de Deus é o território da infelicidade. Muitas pessoas vivem atormentadas pela culpa. Vivem no cabresto do pecado, na masmorra do medo, sem paz na alma. Há aqueles que tentam escapar desse sentimento avassalador, correndo para muitas aventuras. Outros entregam-se à bebedeira e afogam a consciência em dores ainda mais profundas. Na ânsia de buscar uma resposta para a angústia da alma, o homem recorre a filosofias de autoajuda, entrega-se a experiências místicas e frequenta igrejas e mais igrejas. Porém, nenhum rito e nenhuma experiência mística podem aliviar a consciência culpada. Somente o sangue de Jesus pode apagar os nossos pecados e limpar nossa consciência das obras mortas. Somente Jesus pode quebrar os ferrolhos dessa prisão e despedaçar nossas algemas. Somente Jesus pode nos oferecer perdão verdadeiro e felicidade eterna. Buscar o perdão noutra fonte é como cavar uma cisterna rachada, que não tem retém as águas. A vida está em Jesus. A salvação é uma dádiva de Jesus. O perdão só pode ser encontrado em Jesus. A felicidade é um presente de Jesus.

QUEM NÃO ESCUTA CONSELHO, ESCUTA COITADO

O que despreza a palavra a ela se apenhora, mas o que teme o mandamento será galardoado.
(Provérbios 13:13)

Há um ditado que diz: "Quem não escuta conselho, escuta coitado". Quem zomba da instrução pagará por ela e pagará caro. Quem despreza conselhos traz sobre si destruição, pois é na multidão de conselhos que há a sabedoria. Quem não aprende com amor em casa, aprenderá com dor na rua. Quem não escuta a voz da sabedoria, receberá a chibata da disciplina. Quem não abre os ouvidos para escutar conselhos, oferece as costas para o chicote do juízo. A obediência é o caminho da bem-aventurança. Traz doçura para a alma, descanso para o coração e sucesso para a vida. Somos livres quando obedecemos e não quando transgredimos os mandamentos. Somos livres para dirigir nosso carro quando obedecemos às leis de trânsito. Somos livres como cidadãos quando cumprimos os preceitos da lei. Um trem é livre para transportar em segurança os passageiros quando corre sobre os trilhos. Assim, também, somos livres para vivermos uma vida feliz e vitoriosa quando cumprimos os mandamentos. Os que guardam os mandamentos é que serão galardoados.

A FELICIDADE DE UMA FAMÍLIA UNIDA

Eis como será abençoado o homem que teme ao Senhor!
(Salmos 128:4)

Não há felicidade verdadeira sem a bem-aventurança da família. Não podemos construir nossa felicidade pessoal sobre os escombros da família. Não podemos nutrir nossa alegria com a tristeza da nossa casa. Os Salmos 127 e 128 falam dos quatro estágios da família: a família que se fundamenta em Deus; a família que recebe os filhos como herança de Deus; a família que continua unida ao redor de uma mesa, desfrutando do fruto do seu trabalho; e a família que se multiplica, deixando para as gerações pósteras uma descendência santa. Não podemos construir nossa felicidade sobre as ruínas de um lar fracassado. Nenhum sucesso compensa o fracasso da família. O maior patrimônio que possuímos é a nossa família. Um casamento feliz vale mais do que fortunas. Uma família unida vale mais do que riquezas. A herança do Senhor não são coisas, mas os filhos. Por isso, o maior investimento que podemos fazer para o futuro é valorizar nossa família. O homem feliz é aquele que dedica o melhor do seu tempo para sua família. O homem feliz é aquele que tem espaço na sua agenda para cultivar relacionamentos profundos dentro do lar. O homem feliz é aquele que vê sua esposa como uma oliveira frutífera e seus filhos, como rebentos, ao redor da mesa.

CUIDADO COM SUAS AMIZADES

Quem anda com os sábios será sábio, mas o
companheiro dos insensatos se tornará mau.
(Provérbios 13:20)

Há um ditador popular que diz: "Dize-me com quem andas, e dir-te-ei quem és". Esse adágio é verdadeiro. Nossas amizades dizem muito a nosso respeito. Aproximamo-nos daqueles que se parecem conosco. Refletimos aqueles com quem andamos. Se andarmos com pessoas íntegras, honestas e piedosas, vamos refletir o caráter delas em nossa vida e seremos bem-aventurados. Porém, se nos unirmos a pessoas insensatas, perversas e más, acabaremos comprometidos com essas mesmas atitudes e transtornaremos nossa vida. Por isso, a Palavra de Deus nos exorta: "Filho meu, se os pecadores querem seduzir-te, não o consintas. Se disserem: Vem conosco, embosquemo-nos para derramar sangue, espreitemos, ainda que sem motivo, os inocentes; traguemo-los vivos, como o abismo, e inteiros, como os que descem à cova; acharemos toda sorte de bens preciosos; encheremos de despojos a nossa casa; lança a tua sorte entre nós; teremos todos uma só bolsa. Filho meu, não te ponhas a caminho com eles; guarda das suas veredas os pés; porque os seus pés correm para o mal e se apressam a derramar sangue".

PARA QUEM VOCÊ DEIXARÁ HERANÇA?

O homem de bem deixa herança aos filhos de seus filhos,
mas a riqueza do pecador é depositada para o justo.
(Provérbios 13:22)

A Bíblia diz que os pais entesouram para os filhos. Esse é um princípio que rege todas as culturas. O texto em tela, porém, vai além e diz que o homem de bem deixa herança não apenas para os filhos, mas também para os netos. É diferente, entretanto, o destino da riqueza do pecador. Ele ajunta seus bens com grande sofreguidão, e não poucas vezes até de forma desonesta, mas esses dividendos serão depositados para o justo. O pecador não apenas deixará de usufruir plenamente esses valores, mas não os deixará como herança para seus filhos e netos. Aqueles que, com ganância, ajuntam campo a campo e casa a casa e se assentam acumulam bens mal adquiridos jamais se aquecem nem jamais se fartam. Eles têm tudo, mas não sentem satisfação em nada. Eles acumulam bens, mas essas riquezas não lhes proporcionam felicidade nem segurança. Aqueles que eles entesouram com tanta gana, vasa pelos dedos e escapa de suas mãos. Por buscarem em primeiro lugar a riqueza e amarem o dinheiro mais do que a Deus, atormentam sua alma com muitos flagelos, e ainda não deixam sua herança para sua futura geração.

NÃO DUVIDE, CREIA!

Mas Jesus, sem acudir a tais palavras, disse ao chefe da sinagoga: Não temas, crê somente.
(Marcos 5:36)

A dúvida é inimiga da fé. Aquele que duvida é inconstante como as ondas do mar. A fé é a certeza de coisas que se esperam e a convicção de fatos que se não veem. A fé vê o invisível, toca o intangível e toma posse do impossível. Tudo é possível ao que crê. A incredulidade agiganta os problemas e apequena Deus. A incredulidade atrai a derrota e afasta a vitória. Pela fé, porém, vencemos o mundo! O pecador é salvo pela fé; o justo vive pela fé, caminha de fé em fé e vence pela fé. Jesus diz para os discípulos atordoados diante da tempestade no mar da Galileia: "Por que sois assim tímidos, por que é que não tendes fé?". Jesus disse para Marta: "Se creres verás a glória de Deus". Jesus disse para Jairo, chefe da sinagoga, que acabara de receber a notícia da morte de sua única filha: "Não temas, crê somente". Quando Jesus está conosco não precisamos nos alarmar diante das grandes tragédias da vida. Quando Jesus caminha conosco, o solo da ressurreição silencia o coral da morte. Quando Jesus intervém em nossa vida, a morte não tem mais a última palavra. Não somos chamados a duvidar, mas a crer. A dúvida produz tormento; a fé, descanso; a dúvida transtorna a alma, a fé traz bonança; a dúvida nos empurra para a vala da incredulidade, a fé nos eleva para as alturas da confiança. A dúvida nos deixa ao sabor das tempestades, a fé nos leva ao porto seguro da salvação.

DISCIPLINA, UM ATO DE AMOR

O que retém a vara aborrece a seu filho, mas
o que o ama, cedo, o disciplina.
(Provérbios 13:24)

Disciplina não é punição nem castigo, mas um ato responsável de amor. Os filhos precisam de limites. Precisam saber o que é certo e errado. Precisam ter balizas claras e princípios firmes. Os pais não podem premiar a desobediência nem ser coniventes com o pecado dos filhos. Os pais não podem ser omissos diante da rebeldia dos filhos. Quem se nega a disciplinar seu filho não o ama. O pai que ama o filho com responsabilidade não hesita em discipliná-lo. A disciplina, também precisa ser aplicada no tempo certo. Uma planta tenra facilmente pode ser envergada, mas depois que ela cresce, engrossa o caule e se torna uma árvore frondosa é impossível dobrá-la. Precisamos corrigir nossos filhos desde a mais tenra idade. Precisamos inculpar neles a verdade de Deus desde a meninice. Precisamos ensiná-los não o caminho que eles querem andar nem o caminho que precisam andar. A ordem de Deus é ensiná-los no caminho, servindo-lhes de exemplo. A ausência de disciplina desemboca em insubmissão. Mas a disciplina aplicada com amor e integridade produz os frutos pacíficos da justiça.

PAIXÃO NÃO É AMOR

E ele lhe disse: Por que tanto emagreces de dia para dia, ó filho do rei? Não mo dirás? Então, lhe disse Amnon: Amo Tamar, irmã de Absalão, meu irmão.
(2Samuel 13:4)

Todos os dias os jornais estampam manchetes de crimes passionais. Pessoas que matam em nome do amor. Matam porque foram traídas. Matam porque foram violentadas. Matam por um ciúme doentio. A família de Davi enfrentou também esse drama. Amnon, filho mais velho de Davi, achou-se perdidamente apaixonado por sua irmã Tamar, a ponto de descair-lhe o semblante. O sentimento que Amnon nutria pela irmã não era amor, mas paixão, pois o amor não é egoísta nem visa seus interesses. O amor não é egocentralizado, mas outrocentralizado. A paixão é um sentimento avassalador, egoísta, mortal. Davi, como pai de Amnon nada percebeu, mas Jonadabe, primo de Amnon, sendo mui sagaz, não apenas arrancou de Amnon o segredo, mas deu-lhe orientações que o empurraram para a morte. Amnon armou um laço para sua irmã e a atraiu a seu quarto como uma presa indefesa e acabou violentando-a para sentir náuseas por ela imediatamente. Isso levou Absalão, irmão de Tamar, sentir um ódio velado por Amnon e arquitetar e executar sua morte, dois anos depois. Muitas pessoas ainda perecem por causa da paixão doentia. Muitos jovens tiram sua própria vida por esse sentimento avassalador. A paixão não é amor. Este é benigno e não arde em ciúmes, mas a paixão é um vulcão que cospe lavas de fogo e produz tormento e morte. É uma avalanche que arrasta a própria vida para o abismo da perdição. Cuidado com a paixão. Ela é como um fogo de palha: num momento fulminante; noutro, apenas cinzas.

FOME INSACIÁVEL

O justo tem o bastante para satisfazer o seu apetite,
mas o estômago dos perversos passa fome.
(Provérbios 13:25)

A fome do corpo pode ser mitigada com um prato de comida, mas a fome da alma não se satisfaz com o pão da terra. Os prazeres desta vida e as riquezas deste mundo não satisfazem nossa alma. Temos um vazio no coração com o formato de Deus e nada nem ninguém pode preencher esse vazio senão Deus. Os dons de Deus não substituem a Deus. As dádivas não substituem o doador. A bênção não é um substituto do abençoador. Só Deus pode nos satisfazer. O justo não é desamparado nem sua descendência mendiga o pão. O justo tem pão com fartura e desfruta de todas as iguarias da mesa do Pai. Ele tem o bastante para satisfazer o seu apetite, mas alimenta-se do Pão vivo que desceu do céu. O estômago do perverso, porém, passa fome e sua alma definha de inanição espiritual. O ímpio alimenta-se de pó. Mesmo que ele jogue para dentro da sua alma as mais diversas aventuras, não encontra nelas nenhum prazer. O ímpio constrói casas, mas não se sente seguro nem feliz nelas. Ele planta vinhas, mas não se delicia com o vinho delas. Ele assenta-se ao redor de lautos banquetes, mas seu estômago não se sacia com nenhuma dessas iguarias. Na verdade, a fome do perverso é insaciável, pois ele não conhece a Deus, o único que pode satisfazer nossa alma.

A PAZ PARA ENFRENTAR A ENFERMIDADE

Então, ele me disse: A minha graça te basta; porque o meu poder se aperfeiçoa na fraqueza...
(2Coríntios 12:9)

A enfermidade enfraquece nosso corpo e dobra nosso espírito. Provoca sofrimento físico e golpeia nosso orgulho. O apóstolo Paulo ficou doente quando estava fazendo sua primeira viagem missionária (Gálatas 4:13-15). Chamou essa doença de espinho na carne (2Coríntios 12:7).

Essa enfermidade trouxe-lhe grande sofrimento. Ao mesmo tempo que Deus usou sua enfermidade para torná-lo humilde, Satanás usou a mesma enfermidade para lhe esbofetear. Paulo então rogou a Deus três vezes para remover o espinho de sua carne, mas Deus em vez de curar sua enfermidade, deu-lhe graça para suportá-la, dizendo-lhe que seu poder se aperfeiçoa na fraqueza. A enfermidade de Paulo tornou-o completamente dependente de Deus. Impediu que ele se ensoberbecesse diante da grandeza das revelações. Mesmo acicatado por esses espinhos pontiagudos, manteve-se resoluto em seu ministério, levando a boa nova do evangelho aos mais longínquos rincões do império. O mesmo Deus que cura é também o Deus que consola. O mesmo Deus que permite a enfermidade é também o Deus que a instrumentaliza para o nosso bem. O mesmo Deus que coloca seu tesouro em um frágil vaso de barro é também o Deus que traz glória ao seu santo nome pelo nosso santificado sofrimento.

A LÍNGUA, CHICOTE DA ALMA

Está na boca do insensato a vara para a sua própria soberba, mas os lábios do prudente o preservarão.
(Provérbios 14:3)

O insensato é aquele que fala muito, não comunica nada e se complica todo. O insensato tropeça na própria língua. A língua do tolo é o chicote que açoita sua própria vida empapuçada de soberba. O soberbo é aquele que pensa que é melhor do que os outros e o insensato é aquele que, além de pensar, ainda fala isso publicamente. Como Deus não tolera o soberbo e declara guerra aos altivos de coração, permite que a língua dos insensatos dê a eles a coça que merecem. Diferente do insensato é o prudente, cujos lábios o preservam de situações perigosas e de constrangimentos desnecessários. O sábio não ostenta poder, conhecimento ou grandeza. O sábio não humilha o próxima, antes o trata com respeito e dignidade, considerando o outro superior a si mesmo. Enquanto a língua do insensato é um chicote que o açoita, a língua do prudente desarma as ciladas tramadas contra ele. Da boca do sábio fluem palavras de vida, e não sementes de morte. Da boca do sábio prorrompem palavras de consolo para o coração, e não tormento para a alma. O prudente é alguém cuja vida é uma bênção para os outros; o insensato é alguém que não consegue poupar nem a si mesmo de suas loucuras.

A FAMÍLIA DE JESUS, O SALVADOR

Não é este o carpinteiro, filho de Maria, irmão de Tiago, José, Judas e Simão? E não vivem aqui entre nós suas irmãs?
(Marcos 6:3)

Jesus foi perfeitamente homem sem deixar de ser perfeitamente Deus. Foi em tudo semelhante a nós, exceto no pecado. Foi o filho primogênito de Maria e não seu unigênito (Lucas 2:7). Maria casou-se com José e este não a conheceu até Jesus nascer (Mateus 1:25). Depois, esse casal teve um relacionamento normal de marido e mulher. Maria teve outros filhos e filhas e os irmãos de Jesus foram chamados pelo nome: Tiago, José, Judas e Simão (Marcos 6:3). Os irmãos de Jesus só passaram a crer nele depois de sua ressurreição. Mesmo convivendo com ele, não discerniram sua natureza divina. Certa feita, resolveram prendê-lo, pois julgavam que estivesse fora de si. Depois que Jesus retornou ao céu, Maria e os irmãos de Jesus juntaram-se aos demais discípulos no cenáculo, para buscarem a promessa do Pai, o derramamento do Espírito Santo (Atos 1:14). Então, no dia do Pentecostes, todos ficaram cheios do Espírito Santo e começaram a falar as grandezas de Deus. Tiago, irmão de Jesus, tornou-se líder da igreja de Jerusalém e escreveu a epístola de Tiago. Judas, irmão de Jesus, escreveu a menor carta do Novo Testamento. A última aparição de Maria no Novo Testamento é encontrada em Atos 1:14. Segundo a tradição, ela mudou-se mais tarde para Éfeso, onde morreu. O que é mais importante é que se você receber a Cristo como seu Salvador, você fará parte da família de Deus (João 1:12)

O PERIGO DAS MÁS COMPANHIAS

Foge da presença do homem insensato, porque nele
não divisarás lábios de conhecimento.
(Provérbios 14:7)

Há um ditado popular que diz: "Dize-me com quem andas e dir-te-ei quem és". Quem anda com o tolo, tolo se torna. Porém, quem anda com os sábios aprende a sabedoria e encontra a felicidade. Assim como não podemos colher figos de espinheiros nem bons frutos de uma árvore má, também não podemos encontrar conhecimento na presença do homem insensato. A orientação de Deus não é filtrar aquilo que o tolo fala para buscarmos alguma coisa boa, mas fugir de sua presença. A única forma de nos livrarmos da influência maléfica das palavras do tolo é mantermo-nos longe dele. O primeiro degrau da felicidade é nos afastarmos do conselho dos ímpios, do caminho dos pecadores e da roda dos escarnecedores. Só depois encontraremos deleite na meditação da Palavra de Deus. Não podemos permanecer em más companhias e ao mesmo tempo deleitarmo-nos na presença de Deus. Não podemos viver no pecado e ao mesmo tempo ter prazer na leitura da Bíblia. Dwight Moody certa feita disse para seus ouvintes: "A Bíblia afastará vocês do pecado ou o pecado afastará vocês da Bíblia".

PERDOAR É LEMBRAR SEM SENTIR DOR

E o Senhor daquele servo, compadeceu-se,
mandou-o embora e perdoou-lhe a dívida.
(Mateus 18:27)

C. S. Lewis disse, com razão, que é mais fácil falar sobre perdão do que perdoar. O perdão é uma necessidade imperativa para você ter saúde emocional. Não somos uma pessoa perfeita, não viemos de uma família perfeita e não temos um cônjuge perfeito. Logo, temos queixas uns dos outros. Decepcionamos as pessoas e as pessoas nos decepcionam. Por isso, o perdão é vital para termos relacionamentos saudáveis na família, na igreja e no trabalho. Quem não perdoa não pode orar, ofertar nem ser perdoado. Quem não perdoa adoece física, emocional e espiritualmente. Quem não perdoa é entregue aos verdugos da consciência, aos flageladores da alma. Quem não perdoa é escravo da mágoa. Quem não perdoa não tem paz. O perdão é uma questão de bom senso. Guardar mágoa é como beber um copo de veneno pensando que o outro é quem vai morrer. A mágoa é uma espécie de autofagia. Nutrir amargura no coração é conviver o tempo todo com a pessoa com quem menos gostaríamos de nos relacionar. Quem guarda mágoa torna-se prisioneiro da pessoa desafeta. O perdão não é fácil, mas é necessário. O perdão é a assepsia da alma, a faxina da mente, a alforria do coração. O perdão cura, liberta e transforma. O perdão é maior do que o ódio. O perdão triunfa sobre a sede de vingança. Perdoar é zerar a conta, é não cobrar mais a dívida. Perdoar é lembrar sem sentir dor.

ALEGRIA INDIZÍVEL E CHEIA DE GLÓRIA

A quem não havendo visto, amais; no qual, não vendo agora, mas crendo, exultais com alegria indizível e cheia de glória.
(1Pedro 1:8)

O apóstolo Pedro escreveu aos crentes dispersos e forasteiros da Ásia Menor. Era um tempo de grande sofrimento. As perseguições patrocinadas pelo imperador Nero já haviam começado. Os crentes enfrentavam variadas perseguições. Porém, no meio desse fogo de prova, os crentes deveriam se alegrar na salvação com alegria indizível e cheia de glória. O mundo anseia por alegria. As pessoas investem dinheiro procurando comprar a alegria. Mas onde está a alegria? Nas aventuras sexuais? Nas bebidas requintadas? Nos banquetes fartos? Nas vestes caras? No luxo extremado? Nas riquezas deste mundo? Muitas pessoas experimentam todas essas coisas e ainda são muito infelizes. Há outras pessoas, entretanto, que desprovidas dessas coisas, desfrutam de uma alegria indizível e cheia de glória. A verdadeira alegria é mais do que um sentimento. É mais do que uma emoção. A verdadeira alegria é uma pessoa, é Jesus. Aqueles que o conhecem e desfrutam sua salvação, experimentam uma felicidade maiúscula e superlativa. Aqueles que tomam posse da salvação e nutrem na alma uma esperança viva desfrutam da alegria que não pode ser comunicada com palavras, uma alegria gloriosa. Você é uma pessoa feliz? Você conhece essa alegria indizível e cheia de glória? Tem usufruído dessa alegria? Tem se fartado nesse banquete de Deus? Agora mesmo você pode tomar posse dessa alegria. Ela é uma iguaria deliciosa no farto banquete da graça.

NÃO SE ENVOLVA EM ENCRENCAS

O sábio é cauteloso e desvia-se do mal, mas o insensato encoleriza-se e dá-se por seguro.
(Provérbios 14:16)

Há pessoas que atraem problemas, envolvem-se facilmente em discussões tolas e perdem a calma, a compostura e a razão. O insensato encoleriza-se e dá-se por seguro. O tolo é impetuoso e irresponsável. É descuidado e age sem pensar. É arrogante e confia em si mesmo. Envolve-se com frequência em encrencas que lhe custam a honra, a paz e até a própria vida. Muito diferente é a atitude do sábio. Ele desvia os seus pés do mal. Quem tem juízo toma cuidado, a fim de não se meter em dificuldades. Os jornais destacam todos os dias os muitos crimes que acontecem no campo e na cidade. Quando se vai fazer um diagnóstico desses desatinos, percebe-se que a maioria tem o mesmo pano de fundo: embriaguez, drogas e promiscuidade. Precisamos ter cautela para nos afastarmos de más companhias. Precisamos ter sabedoria para nos ausentarmos de lugares e ambientes que são um laço para a nossa alma. Precisamos ter coragem para fugirmos das paixões da carne. O caminho da felicidade não é a aventura pecaminosa, mas a santidade. A bem-aventurança não está nas taças dos prazeres do mundo, mas na intimidade do Senhor.

DEUS ODEIA O DIVÓRCIO

Porque o Senhor, Deus de Israel, diz que odeia o repúdio...
(Malaquias 2:16)

O divórcio é a apostasia do amor, a quebra da aliança conjugal, a negação do compromisso firmado diante de Deus e dos homens. Deus instituiu o casamento e não o divórcio. O casamento é ordenança divina; o divórcio apenas permissão. O casamento é fruto do amor; o divórcio da dureza do coração. Deus ama o casamento e odeia o divórcio. Hoje o divórcio está em alta porque o casamento está em baixa. Fala-se muito em divórcio, mas se conhece pouco o que significa casamento. Quando os fariseus interrogaram a Jesus se era lícito ao marido repudiar sua mulher por qualquer motivo, Jesus levou-os de volta às Escrituras, para relembrá-los os preceitos divinos desde a criação: "Por isso, deixa o homem seu pai e sua mãe, se une à sua mulher, tornando-se os dois uma só carne". Jesus disse mais: "E o que Deus uniu, não o separe o homem". O casamento é heterossexual, monogâmico, monossomático e indissolúvel. Só existem duas cláusulas de exceção para o divórcio: infidelidade conjugal (Mateus 19:9) e abandono irreconciliável (1Coríntios 7:15).

O divórcio, embora seja permitido nessas duas situações, não é compulsório. Quem paga o preço mais alto do divórcio são os filhos. A dor da separação dos pais pode tornar-se uma ferida incurável no coração dos filhos, deixando sequelas irreparáveis para as gerações pósteras.

PAZ DE ESPÍRITO, O ELIXIR DA VIDA

O ânimo sereno é a vida do corpo, mas a inveja é a podridão dos ossos.
(Provérbios 14:30)

Uma pessoa invejosa é aquela que se perturba com o sucesso dos outros. Ela não se alegra com o que tem, mas se entristece pelo que o outro tem. Um invejoso nunca é feliz, porque está buscando sempre aquilo que não lhe pertence. Um invejoso nunca é grato, pois está querendo ser o que é outro. Um invejoso nunca tem paz porque sua mesquinhez é como um câncer que lhe destrói os ossos. A Organização Mundial de Saúde afirma que mais de cinquenta por cento das pessoas que passam pelos hospitais são vítimas de doenças com fundo emocional. Quando a alma está inquieta, o corpo padece. Quando a mente não descansa, o corpo se agita. A paz de espírito é um bem precioso. Essa paz não está em coisas nem se compra na farmácia. A paz de espírito dá saúde ao corpo. Um coração em paz dá vida ao corpo. Um coração tranquilo é a vida do corpo. Mas como alcançar essa tão cobiçada paz de espírito? Através de medição transcendental? Buscando a fuga perigosa das drogas? Entrando pelos labirintos do misticismo? Não, mil vezes não. A paz de espírito é resultado da graça de Deus em nossa vida. Somente aqueles que foram reconciliados com Deus por meio de Cristo têm paz com Deus e desfrutam da paz de Deus.

CORAÇÃO ALEGRE, ROSTO FELIZ

O coração alegre aformoseia o rosto, mas com a
tristeza do coração o espírito se abate.
(Provérbios 15:13)

A Organização Mundial de Saúde afirma que mais de cinquenta por cento das doenças têm um pano de fundo emocional. As emoções refletem na saúde física. Muitas doenças são decorrentes da ansiedade. Muitos males que afloram no corpo, procedem de um coração triste. Um coração angustiado resulta num espírito abatido, pois a tristeza deixa a pessoa oprimida. Nenhum cosmético pode dar mais formosura ao rosto do que um coração alegre. Nenhuma cirurgia plástica pode corrigir melhor a forma do rosto do que a paz interior. Essa paz de espírito não se alcança com meditação transcendental. Essa alegria do coração não se compra em farmácias. Poderemos vestir roupas de grife, andar em carros importados e morar em verdadeiros palacetes e, ainda assim, ter um coração triste, um rosto abatido e um espírito oprimido. Essa alegria do coração não está em coisas, mas em Deus. Ele é a fonte da verdadeira alegria. É na presença de Deus que há plenitude de alegria e delícias perpetuamente. Jesus veio para nos dar vida e vida em abundância. Somente vivendo em Cristo poderemos ter um coração alegre e um rosto feliz.

A RESTAURAÇÃO DO CAÍDO

Ora, o Deus de toda a graça... vos há de aperfeiçoar, firmar, fortificar e fundamentar.
(1Pedro 5:10)

Pedro negou a Jesus e desistiu de ser discípulo, mas Jesus não desistiu de Pedro. O que Jesus fez para restaurá-lo? Primeiro, Jesus tomou a decisão de procurar Pedro. A ovelha perdida não volta para o aprisco sozinha. Aqueles que tropeçam e caem não se restauram sozinhos de suas quedas vergonhosas. Jesus nos ensina a ir ao encontro dos caídos. Precisamos tomar a iniciativa. Não é a ovelha ferida que procura o pastor, mas o pastor que vai em busca da ovelha perdida. Jesus não apenas nos ensinou essa verdade, ele também a praticou, dando-nos o exemplo. Segundo, Jesus tomou a decisão de não esmagar Pedro. Talvez o que Pedro mais esperasse fosse uma reprimenda severa de Jesus. Pedro havia prometido ir com Jesus até a morte, mesmo que os outros discípulos o abandonassem. Sua arrogância tornou-se notória. Pensando ser mais forte do que os outros, tornou-se mais fraco. Sua autoestima estava no pó. Ele se sentia o pior dos homens. Jesus, então vem a ele, não para esmagá-lo como uma cana quebrada. Ao contrário, prepara-lhe uma refeição, conversa com ele com discrição e faz-lhe perguntas endereçadas ao coração. Jesus abriu-lhe o caminho da cura e da restauração. É assim que Jesus faz com você também. Hoje mesmo Ele o convida a voltar-se para Ele em arrependimento e fé.

BOCA FECHADA NÃO ENTRA MOSQUITO

O coração do justo medita o que há de responder, mas
a boca dos perversos transborda maldades.
(Provérbios 15:28)

Há um ditado popular que diz: "Boca fechada não entra mosquito". Falar sem pensar é consumada tolice. Responder antes de ouvir é estultícia. Proferir palavras torpes e desandar a boca para espalhar impropérios e maldades é perversidade sem tamanho. Esse não pode ser o caminho do justo. Uma pessoa que teme a Deus reflete antes de falar, sabe o que vai falar e como vai falar. Sua língua não é fonte de maldades, mas canal de bênção para as pessoas. Suas palavras não são espadas que ferem, mas bálsamo que consola e restaura. Uma pessoa íntegra gasta tempo pensando no que falar e em como falar. Suas palavras são verdadeiras. São boas e oportunas. Transmitem graça aos que ouvem. Trazem edificação. Jesus nos deu o exemplo. Suas palavras eram espírito e vida. Sempre que abria a boca, as pessoas eram edificadas, consoladas e restauradas. As palavras têm um grande poder, tanto para edificar como para destruir; tanto para levantar como para derrubar. Precisamos, por isso, ser mordomos responsáveis da nossa palavra. Nossa língua precisa ser remédio para os enfermos, tônico para os fracos, refrigério para os cansados e alívio para os oprimidos.

COMO RECONCILIAR-SE COM OS INIMIGOS

Sendo o caminho dos homens agradável ao Senhor,
este reconcilia com eles os seus inimigos.
(Provérbios 16:7)

O décimo sexto presidente americano, o estadista Abraão Lincoln, dizia que a única maneira sensata de lidar com um inimigo era fazer dele um amigo. Mas como essa façanha poderia acontecer? Salomão responde: Se a nossa maneira de viver agrada a Deus, Ele transforma os nossos inimigos em amigos. Foi assim com o patriarca Isaque. Quando ele habitou na terra de Gerar, semeou naquela terra e colheu a cento por um. Ficou riquíssimo e prosperou abundantemente. Reabriu poços antigos e cavou novos poços. Os filisteus, por inveja, entulharam seus poços. Mas Isaque, em vez de brigar com os inimigos, continuou cavando novos poços. Os pastores de Gerar contenderam com ele por causa desses poços, mas Isaque não ficou agarrado nessas contendas. Caminhou para frente e por onde ia, cavava novos poços. Foi expulso da terra de Gerar, mas não deixou que a amargura dominasse seu coração. Ao contrário, continuou buscando novas fontes. Deus apareceu a Isaque e prometeu abençoá-lo e multiplicar sua descendência. Seus inimigos, sabendo que ele era um abençoado de Deus, o procuraram e se reconciliaram com ele. É assim que Deus faz ainda hoje. Quando nossos caminhos agradam ao Senhor, este reconcilia com ele seus inimigos.

O PODER TERAPÊUTICO DA AFETIVIDADE

Então, houve grande pranto entre todos, e, abraçando afetuosamente a Paulo, o beijavam.
(Atos 20:38)

O apóstolo Paulo estava se despedindo dos presbíteros de Éfeso no porto de Mileto. Naquele encontro, o veterano apóstolo dá suas últimas instruções aos líderes da igreja. Relembra a eles como fora seu procedimento entre eles e os exorta a cuidarem do rebanho de Deus com fidelidade. Depois, despede-se desses anciãos e viaja rumo a Jerusalém. Nessa despedida houve abraços, beijos e lágrimas. Havia entre aqueles homens profunda amizade, cálida comunhão e sincera afetividade. Embora fossem homens maduros, não hesitaram em externar suas emoções. Não represaram na alma seus sentimentos nem reprimiram seus gestos de amor. O amor precisa ser demonstrado. A afetividade precisa transbordar em nossas atitudes. Gente precisa de Deus, mas gente precisa de gente. A afetividade é essencial para vivermos de forma saudável. Certa feita, uma mulher me disse na porta da igreja: "Pastor, eu valorizo muito o seu abraço depois do culto, pois é o único abraço que recebo na semana". Doutra feita, um membro da igreja me ligou para dizer que estava indo para uma igreja mais próxima de sua casa, pois isso seria mais cômodo para ela. Disse-lhe ao telefone: "O problema é que você é uma pessoa tão amada e especial para nós, que não podemos abrir mão de você". Essa mulher desatou a chorar do outro lado da linha e confessou: "Pastor, eu não queria sair da igreja, só precisa ouvir isso do senhor". Demonstre amor! Fale para as pessoas que você as ama. Mostre a elas quão importantes elas são para você. Isso tem um poder terapêutico!

A DIREÇÃO DE DEUS É MELHOR

O coração do homem traça o seu caminho,
mas o Senhor lhe dirige os passos.
(Provérbios 16:9)

Nós somos pessoas limitadas tanto no conhecimento como no poder. Não sabemos todas as coisas nem podemos todas as coisas. Traçamos planos, mas nem sempre podemos executá-los. Estabelecemos alvos, mas nem sempre os atingimos. Almejamos coisas, mas nem sempre as conquistamos. Na verdade, a pessoa faz os seus planos, mas quem dirige a sua vida é Deus. Em seu coração o homem planeja o seu caminho, mas é o Senhor quem determina seus passos. A atitude mais sensata é submetermos nossos planos a Deus; ou melhor, buscar o conhecimento da santa, perfeita e agradável vontade de Deus para nossa vida. A direção de Deus é sempre melhor do que a nossa. Ele conhece as dobras do futuro e tem todo o poder para nos conduzir em triunfo, mesmo em meio às grandes dificuldades da vida. Deus está conosco sempre. Sua bondade e sua misericórdia nos acompanham todos os dias da nossa vida. Ele nos toma pela mão direita, guia-nos com seu conselho eterno e depois nos recebe na glória. Sua direção é sábia e segura. Ele jamais nos desvia da rota da santidade, pois suas veredas são caminhos de justiça. Quando Deus caminha conosco, marchamos resolutos rumo à glória.

MEMÓRIAS QUE TRAZEM ESPERANÇA

Quero trazer à memória o que me pode dar esperança.
(Lamentações 3:21)

Jeremias foi testemunha ocular da destruição de Jerusalém. Viu a cidade sendo cercada pelos inimigos e saqueada de suas riquezas. Viu o templo sendo queimado e o povo passado ao fio da espada. Houve pranto e dor; gemidos e lamentos. Os velhos eram pisados pelas botas dos soldados caldeus e as crianças arrastadas como lama nas ruas. As jovens eram forçadas e as mães choravam pelos seus filhos. O quadro era de total desolação. O profeta chorou amargamente essa realidade sofrida. Chegou, porém, um momento que ele resolveu estancar no peito sua dor. Deixou de alimentar sua alma de absinto e buscou nos arquivos da memória aquilo que poderia lhe dar esperança. Jeremias tomou a decisão de recomeçar. Aqueles que alimentam sua alma apenas de lembranças amargas adoecem. Aqueles que não se libertam do passado e não colocam o pé na estrada do recomeço acabam sendo vencidos pela mágoa. Como Jeremias, é importante tomar uma decisão: Trazer à nossa memória o que nos pode dar esperança. A única esperança que temos é a mesma que consolou Jeremias: "As misericórdias do Senhor são a causa de não sermos consumidos, porque as suas misericórdias não têm fim; renovam-se cada manhã. Grande é a tua fidelidade. A minha porção é o Senhor, diz a minha alma; portanto, esperarei nele" (Lamentações 3:22-24).

O PERIGO DO DESTEMPERO EMOCIONAL

O furor do rei são uns mensageiros de morte,
mas o homem sábio o apazigua.
(Provérbios 16:14)

Se a furor de uma pessoa é uma fagulha que se alastra e provoca devastação por onde passa, imagine o furor do rei! O furor do rei é mais do que uma fagulha; é um incêndio, um fogaréu que leva morte e destruição em suas asas. É um grande perigo ter domínio sobre os outros sem ter domínio próprio. É ameaçador estar sob a autoridade de alguém que não tem controle emocional, pois esse destempero é como um vulcão que cospe suas lavas de fogo e espalha a morte por todos os lados. A sensatez nos ensina a não jogarmos lenha na fogueira, mas a colocarmos água na fervura. Em vez de provocarmos a fúria do rei, devemos apaziguá-lo. Não é o homem raivoso e destemperado emocionalmente, que prevalece na vida, mas os pacificadores. Esses herdarão a terra. A mansidão não é falta de força nem ausência de poder, mas poder sob controle. O manso é aquele que embora tenha motivos para reagir com violência, reage com brandura. Em vez provocar a ira, busca a reconciliação. O homem sábio não é aquele que vive entrando em confusão, travando discussões tolas e comprando brigas desnecessárias, mas aquele que guarda a si mesmo da mágoa e torna-se agente da paz.

SOFRIMENTO, PRELÚDIO DA GLÓRIA

Porque para mim tenho por certo que os sofrimentos do tempo presente não podem ser comparados com a glória a ser revelada em nós.
(Romanos 8:18)

A caminhada para a glória passa pela cruz. O céu é o nosso destino, mas o caminho é estreito e a porta, apertada. John Bunyan em seu famoso livro *O Peregrino* descreve a caminhada do cristão rumo ao paraíso. Nessa jornada há despenhadeiros escorregadios, rios caudalosos, pântanos lodacentos e pinguelas estreitas. A estrada é crivada de espinhos e cercada de inimigos perigosos. É impossível fazer essa jornada sem enfrentar o sofrimento. Vivemos num mundo hostil. Aqui sofremos, choramos e sangramos. Aqui passamos por aflições. Importa que entremos no reino através de muitas tribulações. Não estamos em casa neste mundo. Aqui não é nossa pátria. Somos peregrinos e estrangeiros. O mundo nos odeia. O diabo nos persegue. Nossa natureza caída ainda nos humilha. Deus, então, nos ensina pelo sofrimento. O sofrimento não vem para nos destruir, mas para nos santificar e fortalecer. O deserto não é um acidente de percurso, mas uma agenda de Deus. O deserto é a escola superior do Espírito Santo, onde Deus nos treina. No deserto, Deus nos humilha e nos prova; mas do deserto saímos fortalecidos e vitoriosos. O sofrimento é o prelúdio da glória. Aqui há lágrimas e dor, mas quando cruzarmos os umbrais da eternidade, Deus enxugará dos nossos olhos toda a lágrima e a dor não mais existirá. Quando olhamos para o presente à luz do futuro, então, nossa leve momentânea tribulação produz para nós eterno peso de glória.

CORAÇÃO SÁBIO, PALAVRAS DOCES

O sábio de coração é chamado prudente,
e a doçura no falar aumenta o saber.
(Provérbios 16:21)

O coração é a fonte; a língua é rio que corre a partir dessa fonte. O coração é o laboratório e a língua a vitrine que expõe o que se produz nesse laboratório. Há uma profunda e estreita conexão entre o coração e a língua. A língua fala aquilo de que o coração está cheio. Uma pessoa sábia de coração é prudente, pois não fala sem refletir. Suas palavras são sempre oportunas e terapêuticas. Falam para edificar e abençoar. Sua língua é fonte de conhecimento e terapia para os aflitos. O sábio é conhecido não apenas pelo que fala, mas também como fala. Ele não apenas fala a verdade, mas a verdade em amor. Há muitas pessoas cuja língua é carregada de veneno. Suas palavras ferem mais do que espada, destroem mais do que fogo. A Bíblia fala de Nabal, marido de Abigail. Ele era duro no trato e ninguém podia falar-lhe. Era um homem incomunicável. Por outro lado, a Palavra de Deus também nos fala de Jesus, cujas palavras são espírito e vida. Ouvi-lo é matricular-se na escola superior do Espírito Santo e aprender as mais importantes lições da vida. Precisamos nos assentar aos pés de Jesus para termos um coração sábio e uma palavra doce.

EMBRIAGUEZ, VERGONHA PARA A FAMÍLIA

E não vos embriagueis com vinho, no qual há dissolução...
(Efésios 5:18)

Estou farto de ver homens tombados nas sarjetas, vencidos pelo álcool. Estou cansado de ver mulheres sofridas, carentes, humilhadas, ir aos antros do vício, buscar seu cônjuge trôpego e coberto de vômito para trazê-lo para casa. Estou triste de tanto ver filhos que choram por ver seus pais se arrastando na lama por causa desse vício maldito ou de pais verem seus filhos prisioneiros da dependência química. O álcool é o maior ladrão de cérebros do mundo, o maior causador de acidentes, crimes passionais, separações dolorosas e famílias destruídas. Aqueles que agem sob sua influência lotam as cadeias e suas vítimas povoam os cemitérios. A Bíblia fala de Nabal, um homem rico, porém insensato (1Samuel 25:1-38).

Entregue à embriaguez, fazia festa de rei sem ser rei. Movido pelo álcool tornou-se duro no trato e incomunicável. Embalado pela avareza, tornou-se mesquinho. Sua embriaguez roubou-lhe a lucidez e custou-lhe a vida. Há muitos lares ainda hoje machucados e feridos pelos efeitos nocivos do álcool. Há muitos casamentos destruídos por causa da embriaguez. Há muitos filhos revoltados e cheios de vergonha por verem seus pais prisioneiros desse vício degradante. Há muitos jovens cativos do álcool, encurtando seus dias e lançando sua alma num abismo de dor e angústia. Em vez de sermos cheios de álcool, devemos ser cheios do Espírito. A embriaguez produz dissolução e morte, mas a plenitude do Espírito produz comunhão, adoração e gratidão.

A CURA PELA PALAVRA

Palavras agradáveis são como favo de mel: doces
para a alma e medicina para o corpo.
(Provérbios 16:24)

As palavras agradáveis são terapêuticas. Fazem bem para a alma e para o corpo. Curam emocional e fisicamente. Um favo de mel renova as forças e dá brilho aos olhos. Palavras agradáveis levantam os abatidos, curam os aflitos, consolam os tristes e tonificam a alma daqueles que estão angustiados. Uma palavra boa, oportuna, que transmite graça ao que a ouve é medicina para o corpo. É um tratamento intensivo para os enfermos que a recebem. Nossa língua precisa estar a serviço da cura e não do adoecimento. Precisamos ser agentes do bem e não executores do mal. Nossas palavras precisam transportar esperança e não desespero. Precisam ser veículos de vida e não condutores de morte. Precisam ser medicina para o corpo e não veneno que destrói a vida. Jesus usou de maneira singular a cura pela palavra. Sempre que alguém se aproximava dele machucado pela vida e buscando socorro saía com o coração aliviado e com a alma liberta. Suas palavras eram bálsamo para os aflitos, tônico para os fracos, gotas de esperança para os cansados e luz de vida para os que andavam sem rumo. Precisamos aprender com Jesus. Nossas palavras podem dar sabor como o mel e podem curar como o remédio. Podem trazer deleite e restauração, cura e alegria.

O GRITO SILENCIOSO DOS QUE NÃO NASCERAM

Não matarás.
(Êxodo 20:13)

O aborto é uma vergonhosa e dramática realidade em nossos dias. Milhões de seres humanos são sacrificados no sacrário do ventre materno. A vasta maioria deles, por razões torpes. O útero materno é o berço da vida, o lugar mais sagrado, onde a vida se forma e se desenvolve. Ali, os membros do corpo surgem, crescem e amadurecem para o nascimento. O cérebro, com toda a sua complexidade, tem suas conexões. O coração pulsa, o sangue corre nas veias, os músculos se articulam. Mesmo na fase mais primitiva desse processo, quando o óvulo fecundado não pode ser ainda visto a olho nu, a vida está lá com toda a sua potencialidade. O aborto, portanto, é a interrupção de uma vida, é assassinato, e assassinato com crueldade. Mata-se não um inimigo, mas o fruto do ventre. Mata-se não alguém que pode defender-se, mas um ser indefeso, encurralado no ventre materno. Mata-se não por acidente, mas de forma intencional e deliberada. Mata-se sugando esse ser tenro como se fosse uma verruga indesejada; mata-se envenenando esse nascituro como se fosse uma erva daninha; mata-se esquartejando esse bebê ainda em formação, como se fosse o ser mais abominável da terra; mata-se um ser indefeso, que ao esperar afeto e cuidado, é surpreendido pela mais brutal violência. O grito silencioso daqueles que foram mortos no cadafalso do ventre não pode ser ouvido na terra; mas esse grito ecoa nos ouvidos de Deus, lá no céu!

O PERIGO DO HOMEM DEPRAVADO

O homem depravado cava o mal, e nos seus lábios há como que fogo ardente.
(Provérbios 16:27)

Um indivíduo depravado é um perigo. Sua vida é uma cova de morte, sua língua é uma fagulha ardente, sua companhia é um perigo constante. O homem depravado é um criador de encrencas. Por onde passa deixa um rastro doloroso de traumas, dores e feridas. Seus pensamentos são maus, suas palavras são veneno, suas ações suas malignas e suas reações são avassaladoras. O homem depravado não apenas pratica o mal; mas também anda atrás do mal. Ele procura o mal até achá-lo. Ele cava o mal como se estivesse procurando ouro. Cavar é um trabalho que exige esforço e perseverança. O homem depravado, mesmo sofrendo as consequências de sua busca insana e mesmo sabendo que sua descoberta infeliz provoca muito sofrimento em outras pessoas, não desiste dessa atividade inglória. E mais: quando abre a boca, seus lábios proferem palavras que amaldiçoam. Sua língua é mais peçonhenta do que o veneno de um escorpião. Sua língua é um fogo devastador, que incendeia e mata. Não podemos nos associar ao homem depravado. Não devemos andar por suas veredas nem nos assentar à sua mesa. Antes, o nosso prazer deve estar em Deus e na sua lei. Devemos nos deleitar nas coisas que são lá do alto, onde Cristo vive!

DEPRESSÃO, A MASMORRA DA ALMA

Tira a minha alma do cárcere, para que eu dê graças ao teu nome...
(Salmos 142:7)

A depressão é uma doença que atinge mais de dez por cento da população mundial. É a principal causa do suicídio e a razão de muitas outras doenças graves. A depressão enfia seus tentáculos em todo tipo de gente, sem se importar com a cor de sua pele, o grau de sua cultura ou as cifras de sua conta bancária. A depressão é como vestir uma roupa de madeira. É como um parasita que suga nossas energias e rouba nossos sonhos. É como engolir seu próprio funeral duas vezes por dia. A depressão é como um corredor sem janelas, como um túnel sem luz, como um poço sem respiradouro. As pessoas que enfrentam esse drama, muitas vezes, perdem o entusiasmo pela vida e flertam com a morte. Não que elas queiram morrer; mas é que a vida se torna um fardo tão pesado, que eles preferem morrer. A morte, contudo, não alivia essa dor que pulsa na alma. Por isso, é preciso dizer em alto e bom som que há solução para o problema da depressão. Seu ciclo vai passar. A luz vai voltar a brilhar. A carranca da morte vai ser desfeita e a vida vai sorrir novamente. O Salmista orou: "Senhor tira a minha alma do cárcere". Por mais escura que seja essa masmorra e por mais fortes que sejam os grilhões, Deus é poderoso para iluminá-la e para quebrar nossas cadeias. Em Deus encontramos alívio para a dor que assola nosso peito, libertação para os dramas que afligem a nossa alma, cura para a depressão. Jesus veio para nos dar vida e vida em abundância!

CUIDADO COM O HOMEM VIOLENTO

O homem violento alicia o seu companheiro e
guia-o por um caminho que não é bom.
(Provérbios 16:29)

O homem violento tem um forte poder de sedução. Ele tem uma imensa capacidade de aliciar as pessoas. Viver em sua companhia é um risco. Cultivar amizade com gente desse gênero é colocar os pés numa estrada perigosa e navegar por mares revoltos. A atitude mais sensata é desviar-se do caminho do homem violento. Não dá para andar com uma pessoa com esse perfil sem receber os respingos de suas atitudes perigosas. Ser conduzido por um homem violento é ser guiado por um mau caminho. É envolver-se com encrencas perigosas. É flertar com o perigo e comprometer-se com tragédias mortais. A Palavra de Deus é assaz oportuna, quando alerta: "Filho meu, se os pecadores querem seduzir-te, não o consintas. Se disserem: Vem conosco, embosquemo-nos para derramar sangue, espreitemos, ainda que sem motivo, os inocentes; traguemo-los vivos, como o abismo, e inteiros, com os que descem à cova; acharemos toda sorte de bens preciosos; encheremos de despojos a nossa casa; lança a tua sorte entre nós; teremos todos uma só bolsa. Filho meu, não te ponhas a caminho com eles; guarda das suas veredas os pés; porque os seus pés correm para o mal e se apressam a derramar sangue".

PORNOGRAFIA, UM VÍCIO DEGRADANTE

Porquanto Deus não nos chamou para a impureza,
e sim para a santificação.
(1Tessalonicenses 4:7)

A pornografia é a deturpação e a banalização do sexo. A pornografia é a maior inimiga do sexo. O uso errado do sexo mina-o, esvazia-o, destrói-o. O sexo é bom, puro, santo e deleitoso, mas a pornografia torna-o sujo, impuro e indecoroso. Fomos criados com desejo sexual e com a capacidade de dar e receber prazer sexual. Mas o sexo é um privilégio para ser desfrutado com segurança e prazer no casamento. Antes do casamento, a prática do sexo é fornicação e os que andam por esse caminho estão debaixo da ira de Deus. Fora do casamento, a prática do sexo é adultério e só aqueles que querem se destruir cometem tal loucura. Mas no casamento o sexo é uma ordenança divina. A relação sexual entre marido e mulher precisa ser sem mácula. A santidade do sexo não é contrária ao seu pleno prazer, mas sua condição indispensável. Aqueles que navegam pelos pântanos imundos de sites pornográficos e alimentam sua mente com a impureza destroem sua própria alma. Aqueles que buscam a autossatisfação sexual adoecem a mente e tornam-se prisioneiros de um vício degradante. Somente pelo poder do Espírito podemos ter uma vida sexual pura e santa. Somente assim poderemos triunfar sobre a armadilha da pornografia.

CUIDADO COM A ARMADILHA DA SEDUÇÃO

Quem fecha os olhos imagina o mal, e,
quando morde os lábios, o executa.
(Provérbios 16:30)

Os olhos são as janelas da alma. Por eles entram a luz da bondade ou as sombras espessas da maldade. Aqueles que sorriem sedutoramente e piscam os olhos maliciosamente têm más intenções. Muitas aventuras loucas e paixões crepitantes começaram com esse tipo de riso maroto, com um piscar de olhos sedutor, e terminam com lágrimas amargas e com feridas incuráveis. Muitas jovens inocentes caíram na rede da sedução de conquistadores irresponsáveis e arruinaram sua reputação e destruíram seus sonhos. Muitas mulheres destruíram sua vida porque se encantaram com uns galanteios falsos de espertalhões aproveitadores. Muitas mulheres casadas jogaram sua honra na lama, traíram seu cônjuge e quebraram a aliança conjugal porque foram apanhadas nessa rede mortal da sedução. Há pessoas que são surpreendidas pela falta; mas há outras que maquinam o mal. Há aqueles que escorregam e caem por falta de vigilância, mas há outros que incubam o mal no coração e buscam uma ocasião para executá-lo. Precisamos ter os olhos bem abertos e a mente bem aguçada para vermos essas armadilhas e fugirmos delas. O segredo da vitória contra a sedução não é resistirmos a ela, mas fugirmos dela. Dialogar com o tentador já o primeiro degrau da queda.

RIOS DE ÁGUA VIVA!

... se alguém tem sede, venha a mim e beba.
(João 7:37)

Jerusalém estava em festa. Era a Festa dos Tabernáculos. O povo vinha de todas as partes da nação e vivia em cabanas durante uma semana, relembrando a jornada dos quarenta anos pelo deserto e agradecendo a Deus pela sua providência. Ao mesmo tempo, o povo nutria a esperança da chegada do Messias, o Pão vivo que desceu do céu, a fonte da água da vida. Havia uma cerimônia todos os dias, quando o sacerdote tirava água do poço de Siloé e a derramava sobre o altar do templo. Com isso, eles aguardavam o cumprimento da promessa acerca do Messias que lhes traria água da vida. Foi no clímax dessa festa que Jesus se levantou e disse: "Se alguém tem sede venha a mim e beba, quem crer em mim, como diz a Escritura, rios de água viva fluirão do seu interior" (João 7:37,38). Há aqui um convite e uma promessa. Um convite pessoal e universal. Um convite para uma experiência individual com Cristo. Um convite condicional, dirigido àqueles que têm sede. Quem atende ao convite, recebe a promessa. A promessa de uma vida pura e abundante. Jesus não fala de águas paradas e lodacentas, mas de água viva. Ele não fala de uma porção limitada, mas de rios de água viva. A vida que Cristo oferece é abundante, maiúscula e superlativa. Como se recebe essa vida? Crendo em Cristo, como diz a Escritura. Não é crer em Cristo como diz a igreja, mas como diz a Escritura!

ENVELHEÇA COM HONRA

Coroa de honra são as cãs, quando se acham no caminho da justiça.
(Provérbios 16:31)

O homem já começa envelhecer quando nasce. O tempo é um senhor implacável. Não tira férias nem desaparece de cena. O tempo vai esculpindo em nosso rosto rugas profundas. Vai nos deixando com as pernas bambas, com os joelhos trôpegos, com os olhos embaçados e com as mãos descaídas. Alguém já disse que cada fio de cabelo branco que surge em nossa cabeça é a morte nos chamando para um duelo. Quando somos jovens, os anos se arrastam, mas quando dobramos o cabo da boa esperança e velejamos para o cabo das tormentas, os anos correm. A grande questão da vida não é envelhecer, mas como envelhecer. Há pessoas para quem a velhice é um peso insuportável. Tornam-se pessoas amargas e ranzinzas. Por outro lado, há pessoas que desfrutam de uma ditosa velhice, saboreando o melhor da vida. Uma vida longa é a recompensa de vida íntegra. Os cabelos grisalhos são como coroas de honra para aqueles que trilharam pelas veredas da justiça. A Palavra de Deus fala que os velhos cheios do Espírito têm sonhos. Aqueles que andam com Deus, mesmo na velhice, têm verdor e produzem abundantes frutos. Envelhecer com honra é uma bênção. Legar à sociedade uma descendência bem-aventurada é um sublime privilégio.

PÓ ONTEM, HOJE E AMANHÃ

No suor do rosto comerás o teu pão, até que tornes à terra, pois dela foste formado; porque tu és pó e ao pós tornarás.
(Gênesis 3:19)

O homem foi feito do pó, é pó e retornará ao pó. Entender o pó que fomos é fácil, basta olhar para trás e ver que Deus formou o homem do pó da terra (Gênesis 2:7). Entender o pó que seremos também é fácil, basta olhar a sentença de Deus ao homem depois do pecado: "... até que tornes à terra..." (Gênesis 3:19). Então, Deus reduz o homem ao pó (Salmos 90:3). As sepulturas estão cheias de pó e as lápides cobertas de pó. O pó que fomos na criação e o pó que seremos na morte é por demais óbvio e salta aos olhos. Porém, como entender o pó que somos? O que pó anda, corre, chora, ri, vai, vem e passa? É que se fomos pó e tornaremos a ser pó, então, somos pó, porque o homem não é o que é, é o que foi e o que há de ser. Só Deus é o que é. Só Deus tem vida em si mesmo. O homem não é o que é, mas o que foi e o que há de ser. Porque foi pó e porque tornará a ser pó, então, é pó. O que levanta o pó é o vento. Sopra o vento e o pó corre, voa, entra e sai. Cessa o vento e o pó cai na rua, no campo, em casa, no hospital. Deus soprou no homem pó e o pó passou a ser alma vivente. Quando o sopro de Deus, o espírito, se retira do homem, este volta ao pó. O homem vivo é pó levantado; o homem morto é pó caído. Vivo ou morto, porém, o homem é pó. Pó ontem, pó hoje, pó amanhã.

PARA DEUS NÃO HÁ IMPOSSÍVEIS

Jesus, fitando neles o olhar, disse-lhes: Isto é impossível aos homens, mas para Deus tudo é possível.
(Mateus 19:26)

O homem é um ser contingente e limitado. Esbarra-se vez ou outra com impossibilidades intransponíveis. Deus não é assim. Ele pode tudo quanto Ele quer. Nossas causas perdidas podem ser vitoriosas quando as colocamos em suas mãos. Nossos sonhos, mesmo que sepultados na cova das impossibilidades, podem tornar-se realidade, quando a mão de Deus intervém. Deus levanta o caído, ergue do pó o desvalido e faz com que a mulher estéril seja alegre mãe de filhos. Não desista de esperar uma intervenção extraordinária de Deus em sua vida. Seus impossíveis podem tornar-se realidade, mediante o agir soberano e sobrenatural de Deus. Ana, mulher de Elcana, era estéril. Seu ventre era um deserto. Sua chance de engravidar era zero. Ana, porém, não aceitou a decretação da derrota. Apresentou sua causa diante de Deus. Chorou abundantemente e derramou sua alma perante o Senhor. Clamou por um milagre. Mesmo enfrentando vários assassinos de sonhos, sabia que a última palavra não era da medicina, mas de Deus. No auge de sua angústia, fez um voto dizendo que se Deus lhe desse um filho, devolvê-lo-ia ao Senhor. Deus ouviu sua oração, e Ana concebeu e deu à luz a Samuel, o maior profeta, sacerdote e juiz de Israel, o homem que trouxe de volta a nação apóstata para a presença do Senhor. Não há impossíveis para Deus. Não há causa perdida quando a colocamos aos pés do Senhor. Nunca desista de seus sonhos. Com Deus, eles podem se tornar realidade!

CHORE, MAS CHORE AOS PÉS DO SENHOR

Quando Maria chegou ao lugar onde estava Jesus, ao vê-lo, lançou-se-lhe aos pés [...]. Jesus, vendo-a chorar...
(João 11:32,33)

O homem nasce chorando, passa pelos vales de lágrimas e encerra seus dias entre lágrimas. A vida não é indolor. Choramos por nós, pelos nossos familiares e amigos. Choramos também por causa dos nossos inimigos. Temperamos até mesmo as alegrias da vida com nossas lágrimas. Mas o melhor lugar para derramar nossas lágrimas é aos pés do Senhor Jesus. Devemos fazer como Maria, irmã de Marta e Lázaro. Ela assentou-se aos pés de Jesus para aprender, para chorar e para agradecer. Aos pés de Jesus encontramos consolo para nossa angústia e alívio para nossas dores. Há muitas pessoas que choram tarde demais, como Esaú, e não lavam nessas lágrimas o coração com sincero arrependimento. Jesus disse que bem-aventurados são os que choram, porque serão consolados. Não são felizes aqueles que fazem os outros chorarem. Não são felizes aqueles que choram pela consequência de seu pecado. Mas felizes são aqueles que choram pelos seus pecados e reconhecem que o pecado é maligníssimo aos olhos de Deus. Os grandes homens de Deus foram homens de lágrimas. Davi chorou pelos seus pecados e chorou ao ver que os pecadores estavam endurecidos à voz de Deus. Neemias chorou ao saber da ruína de Jerusalém. Paulo chorou ao ver a incredulidade de seu povo. Nós também devemos chorar pelas nossas mazelas e chorar pelos pecados do mundo. Devemos chorar até aquele dia, quando Deus enxugará dos nossos olhos toda lágrima!

O PODER DO DOMÍNIO PRÓPRIO

Melhor é o longânimo do que o herói de guerra, e o que domina o seu espírito, do que o que toma uma cidade.
(Provérbios 16:32)

A pessoa mais difícil de lidar na vida é aquela que vemos diante do espelho. É mais fácil dominar os outros do que dominar a nós mesmos. É mais fácil ser valente diante dos homens do que ser manso de coração. É mais fácil liderar um exército na conquista de uma cidade do que colocar guarda na porta dos nossos lábios e manter sob controle o nosso próprio espírito. Não é forte aquele que se esbraveja e brande a espada para ferir, mas aquele que tendo poder de acioná-la prefere a paz em vez da guerra. Não é forte aquele que esmaga o próximo e prevalece sobre ele, mas aquele que, embora tenha oportunidade de tripudiar sobre o outro, resolve socorrê-lo. Não é forte aquele que paga o mal com o mal, mas quem vence o mal com o bem. Não é forte aquele que derrama sangue e faz justiça com as próprias mãos, mas quem perdoa seus inimigos. Não é forte aquele que desanda a boca para falar impropérios contra seus desafetos, mas quem abençoa aqueles que lhe maldizem. O domínio próprio, porém, não é fruto de uma personalidade dócil. Não é algo natural. É fruto do Espírito Santo. Não somos naturalmente mansos; ao contrário, nossa natureza é beligerante. Não somos naturalmente controlados; ao contrário, nosso autocontrole é fruto do domínio de Deus sobre nós.

UMA MESA NO DESERTO

Então, Jesus tomou os pães e, tendo dado graças, distribui-o entre eles; e também igualmente os peixes, quanto queriam.
(João 6:11)

Os discípulos estavam de férias. Estavam muito cansados e foram para um lugar deserto para renovarem suas forças. Mas, quando chegaram, uma multidão já havia descoberto o plano e já estava lá aguardando Jesus. Ao ver aquela numerosa multidão, Jesus sentiu compaixão dela, porque as pessoas estavam exaustas e eram como ovelhas sem pastor. Além das férias frustradas, Jesus ainda diz a seus discípulos: "Dai-lhes vós mesmos de comer". Os discípulos olhando as circunstâncias pelos óculos da razão, disseram: o lugar é ermo e, além disso, não temos dinheiro. No meio da multidão havia um garoto prevenido. Trazia consigo cinco pães e dois peixinhos. Jesus tomou aquela pequena provisão, ergueu os olhos aos céus e deu graças. Imediatamente cestos e mais cestos cheios de pães e peixes estavam sendo multiplicados e toda a multidão comeu e se fartou, sobejando ainda doze cestos. Jesus ainda faz milagres. Nas suas mãos o nosso pouco pode alimentar uma multidão. Ele ainda alimenta os famintos. Jesus é o Pão da Vida, a provisão divina para a nossa alma e só Ele pode saciar a fome do nosso coração. O que você tem em suas mãos? Deus usou o cajado de Moisés para libertar Israel do cativeiro. Usou a funda de Davi para derrubar o gigante Golias. Usou as duas pequenas moedas doadas pela viúva para ensinar sobre ofertas e usou os cinco pães e dos dois peixinhos para alimentar uma multidão.

SORTE NÃO, PROVIDÊNCIA!

A sorte se lança no regaço, mas do Senhor procede toda decisão.
(Provérbios 16:33)

Os homens lançam sortes, acreditam em coincidências e buscam respostas místicas para decifrarem os intrincados segredos da vida. Alguns pensam que podem manipular os acontecimentos e outros entendem que precisam se curvar ao destino estabelecido pela própria natureza. Precisamos entender, porém, que não somos regidos por um destino cego nem por mecanismos mágicos. Não cremos em sorte nem em azar. Não cremos em determinismo nem em misticismo. Nossa vida não é governada por astros nem por forças ocultas. O soberano Deus que criou o universo está assentado na sala de comando do universo. Ele tem as rédeas da nossa história em suas onipotentes mãos. Nada foge ao seu conhecimento nem escapa do seu controle. Nem um pardal pode ser derrubado ao chão sem que Ele permita. Nem um fio de cabelo da nossa cabeça pode ser tocado sem Ele autorize. É do Senhor que procede toda a decisão sobre nossa vida. Ele está trabalhando em nosso favor. Ele trabalha para aqueles que nele esperam. Ele está montando um mosaico de nossa vida e escrevendo um lindo poema. Nós somos o poema de Deus. Fomos criados para refletir a beleza do criador. Fomos salvos para anunciar a graça do salvador. Seremos levados para a glória para desfrutarmos plenamente da intimidade do Senhor.

PAZ DE ESPÍRITO, A MELHOR FESTA

Melhor é um bocado seco e tranquilidade do que
a casa farta de carnes e contendas.
(Provérbios 17:1)

A sociedade valoriza muito a riqueza e o requinte, mas investe muito pouco em relacionamentos. As pessoas conseguem aumentar seus bens, mas não conseguem melhorar sua comunicação. Adquirem bens de consumo, mas não têm prazer de usufruí-los. Fazem banquetes colossais, mas não têm alegria para saboreá-los. É melhor comer um pedaço de pão seco, tendo paz de espírito, do que ter um banquete numa casa cheia de brigas. A felicidade não é resultado da riqueza, mas da paz de espírito. As pessoas mais felizes não são aquelas que mais têm, nem aquelas que se assentam ao redor dos banquetes mais requintados, mas aquelas celebram o amor, a amizade e o afeto, apesar da pobreza. Precisamos investir mais em pessoas do que em coisas. Precisamos valorizar mais relacionamentos do que conforto. Precisamos dar mais atenção aos sentimentos que nutrimos no coração do que ao alimento que colocamos no estômago. A tranquilidade é um banquete mais saboroso do que a mesa farta de carnes. A paz de espírito não é apenas um componente da festa, mas é a melhor festa. É melhor ter paz no coração do que dinheiro no bolso. É melhor ter tranquilidade na alma do que carnes nobres no estômago.

O *CHECK-UP* DIVINO

O crisol prova a prata, e o forno, o ouro;
mas aos corações prova o Senhor.
(Provérbios 17:3)

O coração do homem é um país distante, povoado por muitos, compreendido por poucos. Alcançamos as alturas excelsas das conquistas mais esplêndidas. Dominamos o espaço sideral. Chegamos à lua e fizemos pesquisas interplanetárias. Mergulhamos nos segredos da ciência e agilizamos de forma exponencial o processo da comunicação. Viramos o universo pelo avesso diagnosticando suas entranhas, mas não conseguimos entender nosso próprio coração. Não conhecemos a nós mesmos. Não sondamos a nós mesmos. Não administramos as cogitações que brotam do nosso próprio interior. Nosso coração é enganoso e desesperadamente corrupto. Jesus disse que é do coração que procedem os maus desígnios, como a prostituição, os furtos, os homicídios, os adultérios, a avareza, as malícias, o dolo, a lascívia, a inveja, a blasfêmia, a soberba e a loucura. Só Deus pode nos examinar e nos conhecer. Assim como o crisol prova a prata e o forno o ouro, assim, só Deus pode provar quem realmente somos. O salmista depois de falar da onisciência, onipresença e onipotência de Deus, orou e disse: "Sonda-me, ó Deus, e conhece o meu coração, prova-me e conhece os meus pensamentos; vê se há em mim algum caminho mal e guia-me pelo caminho eterno".

NÃO SE ALEGRE COM A DESGRAÇA ALHEIA

O que escarnece do pobre insulta ao que o criou; o que se alegra da calamidade não ficará impune.
(Provérbios 17.5)

Não socorrer o pobre na sua necessidade é um pecado de omissão. Mas escarnecer do pobre por causa da sua miséria é um insulto a Deus. Encolher a mão e deixar de ajudar o necessitado é falta de amor. Mas tripudiar sobre o pobre por causa de sua desdita é crueldade. Quem maltrata o pobre afronta não apenas o pobre, mas insulta também a Deus. O Senhor concede riquezas a uns para que estes sejam generosos com os pobres. Deixar de dar pão ao que tem fome é como sonegar pão ao próprio Jesus, enquanto dar de comer ao faminto é como colocar um banquete diante do próprio Salvador. Há pessoas tão más, que além de escarnecerem do pobre, ainda se alegram com calamidade que se abate sobre o próximo. Esse prazer mórbido de ver os outros sofrendo provoca a ira de Deus. O profeta Obadias fala desse sentimento mesquinho que dominou os Edomitas. Quando Jerusalém foi sitiada e invadida por Nabucodonosor, os edomitas olharam com prazer o seu mal e lançaram mão de seus bens no dia da sua calamidade. E quando os judeus, tentavam escapar, os edomitas paravam nas encruzilhadas para exterminá-los. Isso foi mau aos olhos de Deus e os edomitas não ficaram impunes.

O PRIVILÉGIO DE TER NETOS

Coroa dos velhos são os filhos dos filhos; e a glória dos filhos são os pais.
(Provérbios 17:6)

Os netos são filhos duas vezes. Se os filhos são herança de Deus, os netos são uma dupla herança. Aqueles que podem ver os filhos dos filhos são considerados abençoados por Deus e bem-aventurados na vida. Os avós curtem mais os netos do que os pais curtem os filhos. Na verdade, os netos são a coroa dos velhos, a glória dos avós. Por outro lado, a glória dos filhos são os pais, pois assim como os avós se orgulham dos netos, os filhos se orgulham dos pais. A família, assim, torna-se a fonte das grandes alegrias da vida. A relação de filhos e pais, avós e netos constitui-se numa rede linda de afeto e celebração. O lar torna-se palco das maiores venturas da vida. É nesse território sagrado que se canta as músicas mais alegres e se derrama as lágrimas mais quentes. É nesse solo bendito que plantamos a semente da amizade mais pura, do afeto mais nobre, do amor mais acendrado. É no lar que cultivamos os relacionamentos mais importantes, alimentamos os sonhos mais lindos e colhemos os frutos mais doces. É uma experiência sublime nascer, crescer, casar, ter filhos, educá-los, vê-los se encaminhando na vida e, mais tarde, segurar nos braços os filhos dos filhos. É glorioso saber que nossa descendência florescerá na terra e será uma bênção para a sociedade.

NÃO PAGUE O BEM COM O MAL

Quanto àquele que paga o bem com o mal,
não se apartará o mal da sua casa.
(Provérbios 17:13)

Alguém já disse que pagar o bem com o mal é demoníaco, pagar o bem com o bem é humano, mas pagar o mal com o bem é divino. Salomão não está falando aqui de ação, mas de reação. Não se trata de iniciar uma ação na direção de alguém, mas de reagir a uma ação direcionada a nós. O caso é que alguém pensou em nós, planejou o melhor para nós e fez o máximo bem a nós. Como vamos retribuir tanta bondade? Como vamos reagir a essa ação tão generosa? A atitude que todos esperam de nós é pagarmos o bem com o bem. Porém, alguns indivíduos mesmo sendo alvos do bem, retribuem com o mal. Mesmo sendo abraçados, respondem com pontapés. Mesmo sendo abençoados respondem com injúrias e maldições. Jesus andou por toda a parte fazendo o bem. Curou os enfermos, levantou os paralíticos, purificou os leprosos, ressuscitou os mortos e anunciou o reino de Deus aos pobres. Como a multidão retribuiu tanta generosidade? Clamaram por seu sangue. Gritaram com sede de sangue diante de Pilatos: "Crucifica-o, crucifica-o". Aqueles que pagam o bem com o mal receberão o mal sobre si mesmos. Aqueles que promovem a violência serão vítimas da violência. Aqueles que transtornam a casa dos outros verão sua casa transtornada.

BRIGAR É PERDA NA CERTA

Como o abrir-se da represa, assim é o começo da contenda; desiste, pois, antes que haja rixas.
(Provérbios 17:14)

A discussão é o portal de entrada para uma briga, e uma briga é o campo aceso de batalha, de onde todos saem feridos, com o sabor amargo da derrota. O simples fato de você entrar numa contenda já é derrota na certa. Entrar numa confusão é arranjar encrencas para sua própria vida. É provocar em você mesmo muitos desgastes. É usar o azorrague em suas próprias costas. O começo de uma contenda é como a primeira rachadura de uma represa. Se essa rachadura não for tratada devidamente, pode provocar o rompimento da represa e causar uma avassaladora inundação. A atitude mais sensata é desistir da contenda antes que ela se torne uma rixa. Há muitas inimizades que desembocaram em tragédias e mortes. Há muitas brigas que resultaram em derramamento de sangue. Há muitas discussões que acabaram em verdadeiras guerras e o saldo final desse embate é um desgaste enorme, com mágoas profundas e perdas para todos. Não vale a pena entrar em confusão. Brigar não compensa. Uma pessoa de bom senso põe um ponto final na discussão antes que as coisas piorem. Devemos ser pacificadores em vez de promotores de contendas. Devemos perdoar em vez de guardar mágoa. Devemos tapar brechas em vez de cavar abismos nos relacionamentos.

O VALOR DE UM AMIGO VERDADEIRO

Em todo tempo ama o amigo, e na angústia se faz o irmão.
(Provérbios 17:17)

Escasseiam-se os exemplos nobres da verdadeira amizade. Nem todas as pessoas que desfrutam da nossa intimidade são nossos amigos verdadeiros. A Bíblia fala de Jonadabe, um jovem que frequentava a casa dos filhos do rei Davi e deu um conselho desastroso para Amnon, culminando em grandes tragédias para a família do rei. Há amigos nocivos, que são agentes de morte e não embaixadores da vida. Há amigos utilitaristas que só se aproximam de você para conseguir algum proveito pessoal. Há amigos de boteco que apenas alugam seus ouvidos para conversas tolas e indecorosas. O verdadeiro amigo é aquele que está ao seu lado na hora mais escura da sua vida. É aquele que chega quando todos já foram embora. O amigo ama sempre e na desventura ele se torna um irmão. Uma das declarações mais lindas de amor que encontramos na Bíblia é de Rute para Noemi, ou seja, de uma nora para sua sogra, sendo esta viúva, estrangeira, pobre, velha e sem qualquer condição de oferecer qualquer retribuição. Jesus é o nosso exemplo mais excelente acerca da verdadeira amizade. Ele já não nos chama servos, mas nos trata como amigos. Ele não apenas nos falou sobre sua amizade, mas demonstrou-nos seu amor, dando sua vida por nós.

O BOM HUMOR, UM SANTO REMÉDIO

O coração alegre é bom remédio, mas o espírito abatido faz secar os ossos.
(Provérbios 17:22)

Os sentimentos que você abriga em seu coração refletem diretamente em sua saúde. O bom humor é um santo remédio. Um coração feliz aformoseia o rosto, fortalece o corpo e balsamiza a alma com o óleo da alegria. A paz interior é a melhor espécie de medicina preventiva. Nosso corpo é o painel da nossa alma. Quando estamos angustiados refletimos isso em nosso semblante. Um coração triste acaba produzindo um corpo doente, enquanto um coração alegre é remédio eficaz que cura os grandes males da vida. Se a alegria previne contra muitas doenças, o espírito abatido é a causa de muitos males. O espírito abatido faz secar os ossos. Faz murchar sua vida de dentro para fora. Destrói seu vigor, sua paz e sua vontade de viver. Há muitas pessoas que perderam a motivação para viver. Vegetam. Passam pela vida sem viço, sem poesia, sem entusiasmo. Olham para a vida com lentes escuras. Entoam sempre o cântico fúnebre de suas desventuras. Choram sempre, com profundo pesar, suas mágoas. Curtem sempre com total desalento suas dores. Capitulam sempre ao pessimismo incorrigível. Por terem um espírito abatido, veem seus ossos secando, seu vigor estiolando e sua alegria desvanecendo. O caminho da cura não é o abatimento de alma, mas a alegria do coração.

NÃO ACEITE SUBORNO

O perverso aceita suborno secretamente, para perverter as veredas da justiça.
(Provérbios 17:23)

A sociedade brasileira vive a cultura do suborno. Assistimos, com frequência perturbadora, políticos inescrupulosos fazendo conchavos vergonhosos com empresas cheias de ganância e vazias de ética, oferecendo a essas empresas vantagens em licitações públicas. Esses ladrões de colarinho branco recebem somas vultuosas, a título de suborno, para favorecer empresários desonestos, dando-lhes informações e oportunidades privilegiadas, a fim de se apropriarem indebitamente dos suados recursos públicos que deveriam promover o progresso da nação e bem do povo. Aqueles que aceitam suborno, e muitas vezes, se escondem atrás de togas sagradas e títulos honoríficos, não passam de indivíduos perversos e maus, gente de quem deveríamos ter vergonha, pois fazem da vida uma corrida desenfreada para perverter as veredas da justiça. Não poderemos construir uma grande nação sem integridade. Não poderemos erguer as colunas de uma pátria honrada sem trabalho honesto. Precisamos dar um basta nessa política hedonista do "levar vantagem em tudo". Se quisermos ver nossa nação seguir pelos trilhos do progresso, precisaremos andar na verdade, promover a justiça e praticar aquilo que é bom. Isso é o que Deus requer de nós.

A ELOQUÊNCIA DO SILÊNCIO

Até o estulto, quando se cala, é tido por sábio,
e o que cerra os lábios, por sábio.
(Provérbios 17:28)

É mais fácil falar do que ficar em silêncio. É mais fácil esbravejar do que cerrar os lábios. Falar muito é sinal de insensatez. Quem fala sem refletir matricula-se na escola dos tolos. Quem fala do que não conhece como se conhecesse recebe o troféu de campeão da estultícia. Os homens não podem auscultar nossos sentimentos nem julgar nossos pensamentos, mas podem pesar nossas palavras e julgar nossas ações. Quando nos calamos somos considerados sábios. Dificilmente nos arrependemos daquilo que não falamos, mas mui frequentemente ficamos envergonhados com nossas palavras. A Bíblia nos ensina a sermos prontos para ouvir, mas tardios para falar. Devemos colocar guarda na porta dos nossos lábios. Precisamos filtrar o que falamos. Se nossas palavras não forem verdadeiras e oportunas, não merecem ser ditas. Se nossas palavras não transmitirem graça aos que ouvem, não devem ser pronunciadas. Se a nossa voz não for uma expressão da voz de Deus, é melhor cerrarmos os nossos lábios. Se a nossa língua não for bálsamo para os aflitos, é melhor nos cobrirmos com o manto do silêncio. A eloquência do silêncio é melhor do que o barulho de palavras vazias.

LÍNGUA DESCONTROLADA, AÇOITES NA CERTA

Os lábios do insensato entram em contenda,
e por açoites brada a sua boca.
(Provérbios 18:6)

Um indivíduo que não tem domínio sobre sua língua também não tem controle sobre suas atitudes. Quem não domina a língua não domina o corpo. O insensato vive entrando em confusão e criando contendas. Onde chega, promove uma intriga. É causador de verdadeiras guerras dentro do lar, no trabalho e até na igreja. Quando o tolo abre a boca, fere não apenas quem está à sua volta, mas também atrai confusão para si mesmo. Quando o insensato abre a boca para brigar com alguém, o que está pedindo é uma surra. As palavras do tolo são como açoites que afligem seus lombos. Uma pessoa descontrolada emocionalmente, que fala sem refletir, agride as pessoas, quebra relacionamentos e promove inimizades. Uma língua sem freios atrai castigo. Uma pessoa desbocada é um barril de pólvora, provoca explosões e destruição à sua volta. A Bíblia fala de Doegue, o fofoqueiro. Esse homem, por ter a língua solta, induziu o rei Saul a cometer uma chacina na cidade de Nobe. Inocentes foram mortos, famílias foram trucidadas e um banho de sangue foi derramado por causa do veneno destilado pela boca desse homem insensato. Mas Doegue não saiu ileso dessa deplorável história. O rei Saul o forçou a matar os próprios homens que acusou. Doegue foi chicoteado pela sua própria língua, pois além do fofoqueiro, tornou-se também assassino.

A BÍBLIA, O LIVRO DOS LIVROS

Santifica-os na verdade; a tua palavra é a verdade.
(João 17:17)

A Bíblia é o livro dos livros, o livro mais distribuído, mais lido, mais pregado e mais amado no mundo. A Bíblia é a biblioteca do Espírito Santo, inspirada por Deus, escrita pelos homens, concebida no céu, nascida na terra, odiada pelo inferno, pregada pela igreja, perseguida pelo mundo e crida pelos fiéis. A Bíblia é a palavra viva do Deus vivo. É inerrante, infalível e suficiente. É mais preciosa do que o ouro e mais doce do que o mel. Três provas de sua veracidade podem ser aduzidas. A primeira é sua unidade na diversidade. Foi escrita num período de um mil e seiscentos anos. Escrita por mais de quarenta escritores de lugares diferentes, de culturas diferentes e em línguas diferentes. Inobstante, há plena harmonia em seu conteúdo e unidade em seu pensamento. A segunda é o cumprimento das profecias. A Bíblia é um livro profético. Abre as cortinas do futuro e escreve a história antes dela acontecer. Todas as profecias acerca da primeira vinda de Jesus se cumpriram literal e cabalmente. Nenhuma delas caiu em descrédito. As profecias da segunda vinda de Cristo estão se cumprindo com precisão rigorosa. A Palavra de Deus não pode falhar. Sua mensagem é digna de inteira aceitação. A terceira é seu poder transformador. A Palavra de Deus é espírito e vida. Ela tem um poder inerente. Ela é viva e eficaz. É como uma espada de dois gumes que penetra o mais profundo da alma humana. Sua mensagem é poderosa e transformadora.

ESCUTE PARA DEPOIS FALAR

Responder antes de ouvir é estultícia e vergonha.
(Provérbios 18:13)

A Palavra de Deus nos ensina a sermos prontos para ouvir e tardios para falar. Falar muito e ouvir pouco é um sinal de tolice. Responder antes de ouvir, então, é passar vexame na certa. Não podemos falar daquilo que não entendemos. Não podemos responder sem ouvir sequer a pergunta. Uma pessoa sábia pensa antes de abrir a boca e avalia as palavras antes de proferi-las. Uma pessoa sensata rumina a pergunta antes de dar a resposta. Avalia e pesa cada palavra antes de enunciá-la. O apóstolo Pedro não seguiu esse padrão. Era um homem de sangue quente. Falava sem pensar e, muitas vezes, falava sem entender o que estava falando. Por ter uma necessidade quase irresistível de falar sempre, tropeçava em suas próprias palavras e envolvia-se em grandes encrencas. Na casa do sumo sacerdote, afirmou três vezes que não conhecia a Jesus, e isso depois de declarar que estava pronto a ser preso com Ele e até mesmo a morrer por Ele. Pedro fazia afirmações intempestivas e dava respostas sem nenhum sentido. Era um homem contraditório, que num momento fazia declarações audaciosas para em seguida recuar e demonstrar uma covardia vergonhosa. Falar do vazio da cabeça e da plenitude da emoção pode ser um enorme perigo. O caminho da sabedoria é ouvir mais e falar menos, é pensar mais e discutir menos, é abrir mais os ouvidos para abrir menos a boca.

NA DOENÇA, TENHA ESPERANÇA

O espírito firme sustém o homem na sua doença, mas o espírito abatido quem o pode suportar?
(Provérbios 18:14)

Nossa atitude diante dos dramas da vida tem uma conexão muito estreita com nossa saúde física. A vontade de viver mantém a vida de um doente, mas se ele desanima, não existe mais esperança. Quem entrega os pontos e joga a toalha, quem perde a esperança e não luta mais para sobreviver é vencido pela enfermidade. Nossas emoções têm um peso decisivo quando se trata de enfrentar a doença. Não basta usar os recursos medicamentosos. Precisamos alimentar nossa alma com o tônico da esperança. Precisamos tirar os nossos olhos das circunstâncias e colocá-los naquele que está no controle das circunstâncias. Nossos pés podem estar no vale, mas nosso coração deve estar no plano. Mesmo passando por vales áridos, Deus pode transformá-los em mananciais. O choro pode durar uma noite, mas a alegria vem pela manhã. Aqueles que se entregam ao desânimo, porém, fazem do lamento a sinfonia da vida. Perdem as forças, atrofiam-se emocionalmente e são dominados por sentimento irremediável de fracasso. Na doença, precisamos colocar nossos olhos em Deus, pois a última palavra não é da ciência, mas daquele que nos criou, nos sustenta e pode intervir em nossa vida, redimindo-nos da cova da morte.

NÃO OFENDA A SEU IRMÃO

O irmão ofendido resiste mais do que uma fortaleza,
suas contendas são ferrolhos dum castelo.
(Provérbios 18:19)

Não é uma atitude sensata ferir uma pessoa, pois um homem ofendido em sua honra torna-se uma fortaleza inexpugnável. Suas contendas são mais fortes do que os ferrolhos dum castelo. Quando Tito Vespasiano invadiu Jerusalém no ano 70 d.C. e a devastou, cerca de três mil judeus fugiram e se refugiaram na fortaleza de Massada, nas proximidades do Mar Morto. Depois de verem seu povo sendo massacrado, seu templo incendiado, esses judeus tornaram-se verdadeiros gigantes para se defenderem no alto dessa fortaleza construída por Herodes, o Grande. Quando os romanos tentavam se aproximar, eles jogavam pedras lá de cima. Estavam feridos em seu orgulho e em sua honra, e como um só homem eles lutaram bravamente até o dia em que sem esperança de salvamento, resolveram que um suicídio coletivo seria melhor do que cair nas mãos dos romanos para serem desonrados e mortos à espada. Não podemos ferir as pessoas. Não podemos agredi-las com palavras e atitudes. Não temos o direito de humilhá-las. Todo o ser humano deve ser respeitado. Devemos tratar a todos com dignidade e amor. Pois uma pessoa ferida resiste como uma fortaleza e suas contendas são tão fortes como os ferrolhos de um palácio.

O CAJADO DO DIVINO PASTOR

O Senhor é o meu pastor; nada me faltará.
(Salmos 23:1)

Davi era um pastor e conhecia as ovelhas e suas necessidades. Nenhuma figura pode ser mais sugestiva do que essa. A ovelha é um animal míope, teimoso e indefeso. Deixada à sua própria sorte não pode sobreviver ao ataque das bestas feras. Davi olha para o Senhor e vê nele o divino pastor. Três resultados decorrem de termos o Senhor como nosso pastor. Primeiro, o suprimento das necessidades (Salmos 23:1-3). A ovelha do divino pastor tem descanso e provisão. Tem alívio e direção. Segundo, a companhia na adversidade (Salmos 23:4,5). A ovelha do divino pastor tem companhia e proteção. Tem vitória, honra e alegria. Terceiro, a comunhão para a eternidade (Salmos 23:6). A ovelha do divino pastor é acompanhada ao longo da jornada pela bondade e a misericórdia e recebida na glória, na Casa do Senhor, para desfrutar do gozo eterno. As ovelhas sem pastor vivem exaustas e cansadas. Não têm provisão nem direção. Andam famintas e errantes pelos descaminhos da vida. Caminham para a morte. Mas aqueles que têm Jesus como seu bom, grande e supremo pastor desfrutam da farta provisão agora e na eternidade. As ovelhas sem pastor caem nos abismos e são apanhadas pelas feras e destruídas. Mas as ovelhas de Cristo são consoladas nos vales escuros, são amparadas nas horas de fraqueza e são sustentadas no deserto. As ovelhas sem pastor vivem sem graça e apartam-se da misericórdia, mas as ovelhas de Cristo têm companhia divina na história e bem-aventurança eterna.

O PODER DA COMUNICAÇÃO

A morte e a vida estão no poder da língua; o que bem a utiliza come do seu fruto.
(Provérbios 18:21)

Nós podemos dar vida ou matar um relacionamento dependendo da maneira como nos comunicamos. A vida do relacionamento conjugal, bem como de todos os outros relacionamentos interpessoais depende da maneira como lidamos com a comunicação. A comunicação é o oxigênio dos relacionamentos. Certa feita, um jovem espertalhão quis colocar numa enrascada um sábio ancião que vivia em sua vila. O velho sempre tinha respostas sábias para todos os dilemas que lhe eram apresentados. O jovem, então, disse para si mesmo: "Eu vou levar um pássaro bem pequeno nas minhas mãos e vou perguntar ao velho se o pássaro está vivo ou está morto. Se ele disser que o pássaro está morto eu abro a mão e deixo o pássaro voar. Se falar que está vivo, eu aperto as mãos, esmago o pássaro e o apresento morto. De qualquer forma esse velho estará encrencado comigo", pensou o jovem. Ao se aproximar do ancião, o jovem o desafiou nestes termos: "O Senhor é muito sábio e sempre tem respostas certas para todos os dilemas, então, me responda: o pássaro que está dentro das minhas mãos, está vivo ou está morto?" O velho olhou para ele, e disse: "Jovem, o pássaro está vivo ou está morto, só depende de você". Sua comunicação dentro da sua casa, no seu casamento, no seu trabalho, na sua escola ou na sua igreja está vivo ou está morto, só depende de você, pois a morte e vida estão no poder da língua.

A INTEGRIDADE VALE MAIS DO QUE DINHEIRO

Melhor é o pobre que anda na sua integridade,
do que o perverso de lábios e tolo.
(Provérbios 19:1)

Estamos vivendo uma colossal crise de integridade em nossa nação. Essa crise desfila na passarela diante dos olhos perplexos de toda a nação. Está presente no Palácio da Alvorada, em Brasília, e nas choupanas mais pobres dos bolsões de miséria de nossa nação. Está presente na suprema corte e no poder executivo e legislativo. A ausência de integridade enfiou sua cunha maldita no comércio, na indústria e até mesmo na igreja. As famílias estão sendo assoladas por essa crise de integridade. Vivemos numa espécie de torpor ideológico e numa vergonhosa inversão de valores. As pessoas valorizam mais o ter do que o ser. Coisas valem mais do que pessoas. Nessa sociedade hedonista, os homens aplaudem a indecência e escarnecem da virtude, enaltecem o vício e fazem chacota dos valores morais absolutos. Precisamos levantar nossa voz para dizer que é melhor ser pobre e honesto do que mentiroso e tolo. É melhor ter uma consciência tranquila do que dinheiro desonesto no bolso. É melhor comer um prato de hortaliça com paz na alma do que viver se refestelando em banquetes requintados, mas com o coração perturbado pela culpa. É melhor ser pobre honesto do que ser rico desonesto. A integridade vale mais do que dinheiro. O caráter é mais importante do que performance. O que somos vale mais do que o que temos.

A PRESSA É INIMIGA DA PERFEIÇÃO

Não é bom proceder sem refletir, e peca quem é precipitado.
(Provérbios 19:2)

Há um ditado popular que diz: "O apressado come cru". Quem investe tempo em planejamento, trabalha menos e com mais e melhores resultados. Li certa feita que os japoneses gastam onze meses planejando algo e um mês para executá-lo; os brasileiros gastam um mês no planejamento e onze meses na execução. Fazer antes de planejar ou realizar um projeto sem cuidadoso planejamento é laborar em erro e semear para o fracasso. Quem não planeja direito, planeja fracassar. O tempo gasto em amolar o machado não é tempo perdido. Quem começa construir uma casa sem antes ter uma planta? Quem vai à guerra sem antes calcular o seu custo? Quem começa um projeto sem antes avaliar suas vantagens e perigos? Agir sem pensar não é bom. A pressa é inimiga da perfeição. Um empreendedor, via de regra, faz duas perguntas antes de começar qualquer negócio: Quanto eu vou ganhar se fechar esse negócio? Quanto eu vou perder de deixar de fechar esse negócio? Tomar decisões sem reflexão é uma insensatez. Falar antes de pensar é tolice. Entrar num negócio sem avaliar as oportunidades e os riscos é pavimentar o caminho do fracasso. Mas, investir o melhor do seu tempo no planejamento é sinal de prudência, pois a pressa é inimiga da perfeição. Não seja tolo, seja sábio!

AMIGOS INTERESSEIROS

As riquezas multiplicam os amigos; mas, ao pobre, o seu próprio amigo o deixa.
(Provérbios 19:4)

Há amigos e amigos. Há amigos de verdade e amigos de fachada. Amigos do peito e amigos que nos apunhalam pelas costas. Há amigos que nos amam e amigos que amam o que temos. Há amigos que estão ao nosso lado no dia da fartura e amigos que nos abandonam na hora da escassez. Esses amigos de plantão não são amigos verdadeiros, mas apenas aproveitadores. Esses amigos utilitaristas que rasgam os lábios em palavras sedosas, tecendo-nos elogios bajuladores, afastar-se-ão de nós ao sinal da primeira crise. Os ricos conseguem muitos amigos dessa categoria. Esses lobos com peles de ovelhas, mascarados de amigos, estão sempre buscando alguma vantagem pessoal. Estão sempre tecendo ao rico os mais distintos elogios, mas ao mesmo tempo maquinando no coração uma oportunidade para tirar algum proveito. O pobre não consegue granjear esse tipo de amizade. Ainda bem! Diz o ditado popular que é melhor viver só do que mal acompanhado. O amigo verdadeiro ama em todo tempo. Ele é mais achegado do que irmão. Não nos deixa na hora da crise nem nos abandona na hora da aflição. Jesus é o maior exemplo de amigo. Ele deixou a glória e desceu até nós. Amou-nos não por causa de nossa riqueza, mas apesar da nossa pobreza. Deu sua vida por nós não por causa dos nossos méritos, mas apesar dos nossos deméritos. Você é um amigo verdadeiro? Você tem amigos verdadeiros?

ESPOSA PRUDENTE, PRESENTE DE DEUS

A casa e os bens vêm como herança dos pais;
mas do Senhor, a esposa prudente.
(Provérbios 19:14)

Os pais entesouram para os filhos. Eles não fazem nenhum favor aos filhos quando deixam para eles seus bens. Isso é uma questão legal. É o que exige a lei. A casa e os bens vêm como herança dos pais. Mas, se o homem pode herdar dos seus pais casa e dinheiro, só Deus pode dar a ele uma esposa prudente. Uma esposa sensata é um presente de Deus. Essa mulher vale mais do que finas joias. Ela faz bem ao seu marido todos os dias da sua vida e edifica a sua casa com inteligência. A palavra da sabedoria e da bondade está em sua língua. É uma amiga, conselheira e aliviadora de tensões. É como uma oliveira ao redor da mesa. Tem beleza e belos frutos. Agora, se a esposa prudente vem do Senhor, então, os jovens deveriam depender mais de Deus para o casamento. Deveriam orar mais e buscar mais a vontade de Deus. Muitos casamentos são feitos apressadamente, sem reflexão e sem oração. Decisões são tomadas e alianças são firmadas sem que a vontade de Deus seja consultada. Muitos casamentos naufragam porque os jovens fecham os olhos durante o namoro e depois os abrem para descobrir que fizeram uma escolha insensata. Alguém já disse, e com razão, que se não pedirmos a Deus nosso cônjuge, o diabo nos dará um.

CUIDADO COM PESSOAS DE ESTOPIM CURTO

Homem de grande ira tem de sofrer o dano; porque, se tu o livrares, virás ainda a fazê-lo de novo.
(Provérbios 19:19)

O destempero emocional é como o rompimento de uma represa, provoca inundações e grande devastação. Um indivíduo que não tem domínio próprio, que está sempre demonstrando explosões de ira, jogando estilhaços nas pessoas à sua volta, não pode ficar sem sofrer os danos de sua atitude insensata. Proteger tais pessoas é apenas dar mais combustível a elas para repetir suas loucuras. É encorajá-las a seguir pelo mesmo caminho de morte. A Palavra de Deus fala de Caim, irmão de Abel. Seu coração estava cheio de ira. Deus o repreendeu e o alertou acerca dos perigos desse sentimento. Cabia-lhe dominar esse ímpeto furioso. Caim tapou os ouvidos à repreensão e o resultado foi que planejou e executou a morte de seu irmão, para depois tentar evadir-se da responsabilidade. Caim, porém, foi apanhado pelas próprias cordas de seu pecado. Toda sua história foi carimbada pelas loucas consequências de seu temperamento desgovernado. Não tente blindar as pessoas de mau gênio. Não tente proteger aqueles que, como um vulcão em erupção, lançam de si lavas inflamadas que espalham sofrimento à sua volta. Tais pessoas precisam sofrer as consequências de seus atos para não serem encorajadas a prosseguir nesse caminho de loucura.

O TEMOR DO SENHOR, FONTE DE VIDA

O temor do Senhor conduz à vida; aquele que o tem ficará satisfeito, e mal nenhum o visitará.
(Provérbios 19:23)

O temor do Senhor tem duas vertentes. A primeira delas fala que devemos ter medo daquele que é o Juiz de vivos e de mortos; daquele que tem poder para lançar no fogo do inferno tanto o corpo como a alma. A segunda vertente é que o temor fala de reverência diante daquele que tem em suas onipotentes mãos o nosso destino. O temor do Senhor é não apenas o princípio da sabedoria, mas também a fonte da vida. O temor do Senhor é um freio moral em nossa vida. Quem teme a Deus não teme desagradar aos homens maus. Quem teme a Deus não se imiscui com o pecado. Quem teme a Deus foge dos esquemas perniciosos do mundo. Quem teme a Deus deleita-se nele e protege sua própria alma de muitos flagelos. Quem teme a Deus terá uma vida longa, feliz e vitoriosa. Quem teme a Deus pode descansar em paz, livre de problemas. Estão absolutamente equivocados aqueles que imaginam que viver com Deus é entrar num beco estreito, sem liberdade, sem alegria, privado da verdadeira felicidade. Deus não é um xerife cósmico que nos mantém no cabresto, para fazer amargar nossa vida. Deus é a fonte de todo o bem. É na presença dele que existe plenitude de alegria e somente em sua destra que há delícias perpetuamente. É quando tememos a Deus que saboreamos as deliciosas iguarias da sua mesa e bebemos as taças da verdadeira felicidade.

CUIDADO COM O VÍCIO DA BEBIDA

O vinho é escarnecedor, e a bebida forte, alvoroçadora;
todo aquele que por eles é vencido não é sábio.
(Provérbios 20:1)

A bebida alcoólica tem sido um carrasco para milhões de pessoas no mundo. Na verdade, o álcool aprisiona pessoas, humilhando-as e mantendo-as sob algemas. O álcool é um ladrão de cérebros. Tira a lucidez e traz transtornos mentais e emocionais. O álcool é responsável por mais da metade dos acidentes de carro e o causador de mais de cinquenta por cento dos assassinatos. As cadeias estão lotadas de seus escravos e os cemitérios cheios de suas vítimas. O álcool vicia e degrada. Aqueles que são dominados pela bebida alcoólica vivem perturbados e perturbam a ordem social. São um pesadelo para a família e uma desgraça para a sociedade. Discussões tolas, brigas desnecessárias e crimes hediondos são cometidos por pessoas dominadas pela bebida. O escravo da bebida nunca é sábio. Aqueles que se entregam aos encantos do vinho e bebem espalhafatosamente acabam vencidos pelo vício. Alguém já disse que o vinho é formado pela mistura do sangue de quatro animais: pavão, leão, macaco e porco. Quando o homem começa a beber sente-se como um pavão, a mais bela das criaturas. Depois, ruge como um leão, demonstrando sua força. O passo seguinte é fazer peraltices como um macaco. Finalmente, chafurda-se na lama como um porco. Fuja da bebida alcoólica. Sua dependência pode custar-lhe a vida.

NÃO EXALTE A VOCÊ MESMO

Muitos proclamam a sua própria benignidade;
mas o homem fidedigno, quem o achará?
(Provérbios 20:6)

O autoelogio não soa bem. A Bíblia nos ensina a não fazermos propaganda das nossas próprias obras. Jesus exortou: "Quando, pois, deres esmola, não toques trombeta diante de ti, como fazem os hipócritas, nas sinagogas e nas ruas, para serem glorificados pelos homens. Ao dares a esmola, ignore a tua mão esquerda o que faz a tua mão direita; para que a tua esmola fique em secreto; e o teu Pai, que vê em secreto, te recompensará". O fariseu que entrou no templo para orar e fez da sua oração um discurso de autoexaltação, considerando-se superior ao publicano, foi rejeitado por Deus. Não é aprovado aquele que a si mesmo se louva. Não sejam os nossos lábios que nos promovam. Muitos proclamam a sua própria benignidade, mas é raro encontrar uma pessoa realmente fiel. Todos dizem que são bons e fiéis, mas tente achar alguém que realmente seja! As pessoas verdadeiramente fiéis reconhecem seus pecados e choram por eles. As pessoas dignas têm consciência de sua indignidade. Quanto mais perto da luz estamos, mais vemos as manchas do nosso caráter. Quanto mais perto de Deus, mais reconhecemos que somos pecadores. Quanto mais obras praticamos, mais sabemos que somos servos inúteis.

O TEMOR DAS MÁS NOTÍCIAS

Mas Jesus, sem acudir a tais palavras, disse ao chefe da sinagoga: Não temas, crê somente.
(Marcos 5:36)

Jairo era líder de uma sinagoga. Homem respeitado entre seu povo. Homem piedoso e de vida irrepreensível. Um dia, uma enfermidade impiedosa colocou suas mãos geladas sobre sua filha única, de apenas doze anos. O dinheiro de Jairo não pôde socorrê-la. O prestígio religioso de Jairo não pôde reverter a situação. O chefe da sinagoga, então, correu ao encontro de Jesus e suplicou ao Mestre para ir com ele à sua casa. Seu caso é urgente. Sua dor é imensa. Seu problema é humanamente insolúvel. Mas Jairo entendeu que se Jesus impusesse as mãos sobre sua filha, ela seria curada. Quando estavam a caminho, chegou um emissário da casa de Jairo e lhe disse: "Não incomodes mais o Mestre, sua filha morreu". Essa má notícia fuzilou o coração de Jairo. A causa difícil, tornara-se agora impossível. Jesus, porém, disse a Jairo: "Não temas, crê somente". Quando Jesus caminha conosco, não precisamos ter medo de más notícias. Quando Jesus caminha conosco, nossas causas perdidas têm solução. Quando Jesus caminha conosco, a fé pode triunfar sobre o medo. Quando Jesus caminha conosco, a morte não tem a última palavra. Quando Jesus caminha conosco, o choro é substituído pela alegria. Quando Jesus caminha conosco, o solo da ressurreição prevalece sobre o coral da morte.

O MAIOR LEGADO DE UM PAI

O justo anda na sua integridade; felizes lhe são os filhos depois dele.
(Provérbios 20:7)

Um homem justo prova sua integridade não com palavras, mas com a vida. O exemplo vale mais do que o discurso. O mundo está cheio de palavras vazias, mas vazio de exemplos dignos de serem imitados. Há muitos pais que deixam polpudas riquezas materiais para os filhos, mas também legam a eles um caráter disforme, uma personalidade doentia, um nome sujo e uma reputação duvidosa. A maior herança que um pai pode deixar para seus filhos é sua integridade. Os filhos devem ter orgulho dos pais não tanto pelo patrimônio material que granjearam, mas pelo caráter impoluto que tiveram. Não tanto pelos bens que acumularam, mas pelo nome honrado que ostentaram. A honra não se compra no mercado. Não se adquire caráter com ouro. Ninguém edifica uma família feliz com riquezas materiais, se essas riquezas foram mal adquiridas. O dinheiro acumulado sem honestidade é maldição e não bênção. Traz tormento e não felicidade. É causa de vergonha para os filhos e não de contentamento. É motivo de opróbrio na terra e não de alegria no céu. Nenhum sucesso financeiro compensa o fracasso da honra. Nenhuma herança é mais importante para os filhos do que a dignidade dos pais. É melhor ser um pai pobre e íntegro do que ser um pai rico e desonesto.

HONESTIDADE NOS NEGÓCIOS

Dois pesos e duas medidas, uns e outras são abomináveis ao Senhor.
(Provérbios 20:10)

Deus se importa com as transações comerciais. Está atento ao que acontece no comércio e na indústria. Seus olhos investigam aquelas espertezas de comerciantes desonestos que tentam levar vantagem, usando dois pesos e duas medidas. Na verdade, o Senhor detesta quem usa medidas e pesos desonestos. Pesos adulterados e medidas falsificadas são coisas que o Senhor abomina. Diminuir o peso e encurtar as medidas para enganar o consumidor são atitudes indignas e desonestas. Tanto a exploração no comércio como o lucro exagerado devem merecer nosso repúdio. Entrar por esse caminho do lucro fácil, do roubo disfarçado e do enriquecimento ilícito é colocar os pés numa rota de desastre. É confrontar a justiça divina. Deus abomina a desonestidade. Ele é Deus de justiça e de verdade. A mentira e a trapaça procedem do maligno. São abomináveis ao Senhor. Num país onde a exploração e a lei do levar vantagem fazem parte da cultura, precisamos insistir no princípio da integridade. Vender produtos falsificados como se fossem genuínos é uma fraude. Vender um produto inferior com padrão de qualidade é um engano. Não entregar ao consumidor o que ele pagou é roubo. É uma quebra do oitavo mandamento: "Não furtarás".

OLHOS ABERTOS, OUVIDOS ATENTOS

O ouvido que ouve e o olho que vê, o Senhor os fez, tanto um como o outro.
(Provérbios 20:12)

Nosso corpo é uma obra extraordinária e exponencial do criador. Somos a obra prima de Deus. Temos cerca de sessenta trilhões de células vivas em nosso corpo e cada uma delas cerca de um metro e setenta centímetros de fita DNA. Em cada célula estão gravados e computadorizados todos os nossos dados genéticos. Cada órgão do nosso corpo tem uma função. Deus nos deu olhos para ver e ouvidos para ouvir. John Wilson, um dos maiores oftalmólogos do mundo, disse que temos dentro de cada olho mais de sessenta milhões de fios duplos encapados. Somos uma máquina viva absolutamente sofisticada. Somos um milagre de Deus no palco do mundo. Somos um troféu do poder do criador. Se Deus colocou em nós olhos e ouvidos, devemos desenvolver a habilidade de olhar direito e de ouvir com atenção. Muitos olham e não veem. Outros escutam, mas não entendem. Há aqueles que olham apenas com impureza e outros que escutam apenas o que lhes polui a alma. Devemos olhar com olhos de santidade e ouvir apenas aquilo que nos edifica. Na verdade, somos mordomos de Deus. Nosso corpo foi comprado por Deus e devemos glorificar a Deus em nosso corpo. Um dia prestaremos contas ao Senhor do que vimos e ouvimos.

FUJA DO MEXERIQUEIRO

O mexeriqueiro revela o segredo; portanto, não te metas com quem muito abre os lábios.
(Provérbios 20:19)

O mexeriqueiro não é um amigo verdadeiro. Quem não sabe guardar segredos não é uma pessoa confiável. Um indivíduo que se deleita em espalhar informações que maculam a honra do próximo torna-se uma companhia perigosa. Devemos nos manter longe de quem fala demais. A língua do mexeriqueiro é carregada de veneno. Sua língua é pior do que a peçonha de uma víbora, pois o veneno da víbora foi colocado nela pelo criador, mas o veneno da língua do mexeriqueiro foi colocado pelo diabo. O veneno da víbora pode tornar-se remédio, mas o veneno da língua do mexeriqueiro mata. A boca do mexeriqueiro é uma cova de morte, é uma fagulha que provoca incêndios devastadores, é uma fonte poluída que lança de si lodo e lama. O amigo não expõe seu companheiro, mas protege-o. O amor cobre multidão de pecados em vez de expô-los. Não há forma mais degradante de autoexaltação do que diminuir os outros. Não há forma mais vil de autopromoção do que espalhar os segredos dos outros com o propósito de expô-los à execração pública. A atitude mais segura é nos desviarmos do mexeriqueiro. Sua companhia é uma ameaça; sua língua, uma destruição.

TRATE BEM A SEUS PAIS

A quem amaldiçoa a seu pai ou a sua mãe, apagar-se-lhe-á
a lâmpada nas mais densas trevas.
(Provérbios 20:20)

Honrar pai e mãe é uma lei universal e um importante mandamento da lei de Deus. Se o amor a Deus e ao próximo é o maior de todos os mandamentos; se esse amor é a essência da lei divina; e se o amor ao próximo é a prova do amor a Deus, então honrar pai e mãe é o primeiro dever de um homem, pois não há ninguém mais próximo de nós do que aqueles que nos geraram. Honrar pai e mãe não é apenas um mandamento da lei de Deus, mas também o primeiro mandamento com promessa. Filhos obedientes alegram os pais e recebem a promessa de uma vida longa e feliz. Longevidade e bem-aventurança são bênçãos destinadas aos filhos obedientes. Porém, filhos ingratos, rebeldes e desafeiçoados transtornam a vida dos pais e transtornam a si mesmos. Filhos que gritam com os pais, desrespeitam os pais e agridem os pais com palavras e atitudes vivem em densas trevas. Filhos que abandonam os pais à sua própria sorte e não cuidam deles na velhice e ainda desandam a boca para assacar contra eles suas maldições são filhos governados pelo príncipe das trevas. O sábio Salomão é enfático em dizer que a vida do filho que amaldiçoa pai e mãe terminará como uma lâmpada que se apaga na escuridão. A luz de sua vida se extinguirá inexoravelmente.

PASSANDO A TOCHA

O que ouvimos e aprendemos, o que nos contaram nossos pais, não o encobriremos a seus filhos; contaremos à vindoura geração os louvores do Senhor, e o seu poder, e as maravilhas que fez.
(Salmos 78:3,4)

A cada três gerações a igreja pode entrar num processo de apostasia. A geração que nasceu no Egito morreu no deserto. A geração que nasceu no deserto entrou na terra prometida. A próxima geração não conhecia mais a Deus. Aquilo que aprendemos dos nossos pais não pode ficar retido em nós. Aquilo que ouvimos e aprendemos não pode ser sonegado aos nossos filhos. Precisamos contar à vindoura geração as maravilhas divinas e o poder libertador do nosso Deus. Estamos numa corrida de revezamento. Se falharmos em passar essa tocha à próxima geração, teremos fracassado em nossa missão. Cabe aos pais ensinar seus filhos para que estes ensinem à futura geração. Precisamos amar a Deus de todo o nosso coração e inculcar nos nossos filhos essas mesmas verdades. Mais importante do que dar aos nossos filhos conforto e riquezas é ensinar a eles o caminho da salvação. Mais importante do que terem sucesso neste mundo é apresentar a eles o Deus vivo. Precisamos conhecer a Deus e torná-lo conhecido. Viver e proclamar. Experimentar e compartilhar. Nossos filhos precisam não apenas ouvir de nós grandes ensinamentos, mas também ver em nós um testemunho irrepreensível.

A VINGANÇA PERTENCE AO SENHOR

Não digas: Vingar-me-ei do mal; espera pelo Senhor, e ele te livrará.
(Provérbios 20:22)

Todos nós, mais cedo ou mais tarde, vamos ter que lidar com o problema da mágoa. Não vivemos num mundo perfeito nem somos perfeitos. Nosso coração algumas vezes é fulminado por setas venenosas. Palavras encharcadas de ironia e maldade são lançadas sobre nós como torpedos mortíferos. Homens maus, com maus desígnios se levantam contra nós para nos ferir. O que vamos fazer? Como vamos reagir? Retribuir o mal com o mal não vai aliviar nossa dor. A vingança não cura as feridas abertas em nossa alma. A retaliação não terapeutiza nosso espírito atribulado. O único que tem competência para julgar retamente e vingar na medida certa é o Senhor. Não temos o direito de tomar em nossas mãos aquilo que é atribuição exclusiva do Senhor. A Palavra de Deus é categórica: "Não vos vingueis a vós mesmos, amados, mas dai lugar à ira; porque está escrito: A mim me pertence a vingança; eu é que retribuirei, diz o Senhor". Devemos entregar nossas causas a Deus. Ele é o nosso defensor. Não precisamos levantar nossas mãos contra aqueles que nos fazem o mal. Precisamos apenas confiar em Deus, sabendo que Ele tem cuidado de nós. Nosso papel não é exercer vingança contra nossos inimigos, mas orar por eles e perdoá-los.

AS FERIDAS DOEM, MAS ENSINAM

Os vergões das feridas purificam do mal, e os açoites, o mais íntimo do corpo.
(Provérbios 20:30)

Quem não aprende com a dor, não aprende de forma nenhuma. As feridas rasgam não apenas nossa carne, mas também abrem sulcos em nossa alma. As mesmas feridas que doem também curam. Ao mesmo tempo que sangram em nosso corpo, também fazem uma assepsia em nosso íntimo. Os castigos curam nossa maldade e melhoram nosso caráter. Os açoites limpam as profundezas do nosso ser. A disciplina no momento que é aplicada não é motivo de alegria, mas de pesar; mas depois produz fruto pacífico e promove a justiça. Ao mesmo tempo que essas feridas arrancam lágrimas em nossos olhos, lavam o nosso interior. Os vergões das feridas purificam do mal e os açoites purificam o mais íntimo do corpo. Aprendemos mais no sofrimento do que nos dias de festa. É no vale da dor que somos matriculados na escola do quebrantamento. É na bigorna do sofrimento que somos moldados à imagem de Cristo. É na prensa de azeite, no Getsêmani da vida, onde suamos sangue e choramos copiosamente, que experimentamos o consolo que excede todo o entendimento e nos levantamos para triunfar nas maiores batalhas da vida. Deus não nos fere sem causa. Deus não desperdiça sofrimento na vida de seus filhos. Nossa leve e momentânea tribulação produzirá para nós eterno peso de glória, acima de toda comparação!

O CULTO QUE AGRADA A DEUS

Exercitar justiça e juízo é mais aceitável ao Senhor do que sacrifício.
(Provérbios 21:3)

Os homens sempre pensaram que poderiam agradar a Deus com a abundância de seus sacrifícios. Sempre levaram suas ofertas ao altar imaginando que aquilo que impressiona os homens também impressiona Deus. Porém, o Senhor não se deixa enganar. Ele se agrada mais de obediência do que de sacrifícios. Exercitar justiça e juízo é mais aceitável aos seus olhos do que apresentar-lhe milhares de oferendas. Fazer o que é direito e justo é mais agradável a Deus do que lhe oferecer sacrifícios. Antes de Deus receber a oferta, Ele precisa aceitar o ofertante. Não pode existir um abismo entre a vida do ofertante e a sua oferta. A Palavra de Deus diz que Deus rejeitou Caim e sua oferta. Porque a vida de Caim estava errada, sua oferta não foi aceita. Quando o ofertante está com a vida errada, seu sacrifício torna-se abominável para Deus. Muitas vezes, o povo de Israel tentou comprar Deus com suas ofertas. A vida estava toda errada, mas queriam impressionar a Deus com a abundância de seus sacrifícios. Pela boca do profeta Miquéias, Deus disse ao povo: "Ele te declarou, ó homem, o que é bom e que é o que o Senhor pede de ti: que pratiques a justiça, e ames a misericórdia, e andes humildemente com o teu Deus".

CUIDADO COM A MULHER RIXOSA

Melhor é morar no canto do eirado do que junto
com a mulher rixosa na mesma casa.
(Provérbios 21:9)

A mulher rixosa é aquela que fala sem parar e briga por qualquer motivo. Trata-se daquela mulher que está de mal com a vida e deixa todos constrangidos à sua volta. Essa mulher é um tormento para o marido em vez de ser uma aliviadora de tensões. Ela faz mal a seu marido todos os dias da sua vida em vez de fazer bem a ele. Por ser insensata, destrói sua própria casa em vez de edificá-la. Longe de ser auxiliadora idônea, é uma rival que compete com o marido. É um peso na vida do marido em vez de ajudá-lo. Longe de ser uma confidente confiável, tem a língua solta e gosta de espalhar contendas. Longe de ser uma amiga compreensiva é como vinagre na ferida, que gera mais sofrimento do que alívio. A solidão é melhor do que a companhia da mulher rixosa. É melhor morar no fundo do quintal do que dentro de casa com uma mulher briguenta. É melhor viver sozinho, num canto, no sótão da casa, do que dormindo na mesma cama com uma mulher amarga com a vida, cuja língua só prefere palavras de animosidade. O casamento que foi criado por Deus para ser uma fonte de prazer, torna-se um tormento. O casamento que foi planejado para ser um jardim engrinaldado de flores, converte-se num deserto árido e inóspito.

OUÇA O POBRE E DEUS O OUVIRÁ

O que tapa o ouvido ao clamor do pobre
também clamará e não será ouvido.
(Provérbios 21:13)

O amor não é um sentimento, mas uma ação. Amar apenas de palavras não passa de palavrório vazio. O amor é conhecido não pelo que diz, mas pelo que faz. Não podemos amar apenas de palavras. Nosso amor deve ser traduzido em gestos de bondade. A necessidade dos pobres é um grito contínuo aos nossos ouvidos. Quem socorre ao pobre é feliz. A alma generosa prospera. Quem dá ao pobre, a Deus empresta. A Bíblia diz que o que dá ao pobre não terá falta, mas o que dele esconde os olhos será cumulado de maldições. Jesus falou sobre o homem rico que se vestia de púrpura e todos os dias regalava-se em banquetes finos. À sua porta jazia Lázaro, um mendigo, cujo corpo estava coberto de feridas. Esse mendigo faminto desejava fartar-se das migalhas que caíam da mesa do rico, mas nem isso ele recebia. O rico estava tão ocupado com os seus convidados e com o seu conforto que não tinha tempo nem disposição de ouvir o clamor do pobre. Quando acordou para a realidade, já era tarde demais. No inferno, estando em tormentos, clamou por socorro, mas não foi atendido. Fez súplicas, mas elas não foram respondidas. O tempo de fazer o bem é agora. Amanhã pode ser tarde demais. O tempo de ajudar os necessitados é agora. Amanhã a oportunidade poderá ter passado. Aquele, porém, que abre o coração, as mãos e o bolso para ajudar o pobre clamará ao Senhor e sua voz será ouvida!

A BOEMIA LEVA À POBREZA

Quem ama os prazeres empobrecerá, quem ama
o vinho e o azeite jamais enriquecerá.
(Provérbios 21:17)

Aqueles que são esbanjadores e gostam da vida boêmia, bebendo todas as taças dos prazeres, curtindo a vida com vinhos caros e banquetes requintados ficarão pobres. A riqueza é fruto do trabalho e não da boemia. A riqueza vem como resultado da modéstia e não da ostentação. Aqueles que se rendem à bebedeira e comilança jamais enriquecerão. A exortação da Palavra de Deus é categórica: "Não estejas entre os bebedores de vinho nem entre os comilões de carne. Porque o beberrão e o comilão caem em pobreza; e a sonolência vestirá de trapos o homem". O profeta Amós deu o seu brado de alerta contra essas pessoas que se entregavam aos deleites da vida, dormindo em camas de marfim e se espreguiçando sobre o leito, cantando ao som da lira e bebendo vinho, ungindo-se com o melhor dos perfumes, mas se esquecendo da miséria do povo à sua volta. Mesmo que tenhamos provisão com fartura em nossa casa, não é sensato amar os prazeres, entregando-nos a esses deleites. Precisamos viver uma vida mais simples, para ajudar as pessoas em suas necessidades. Precisamos deleitar-nos em Deus mais do que nos dons de Deus. Precisamos amar a Deus, servir às pessoas e usar as coisas, em vez de esquecer-nos de Deus, usar as pessoas e amar as coisas.

O CULTO QUE NÃO AGRADA A DEUS

O sacrifício dos perversos já é abominação; quanto mais oferecendo-o com intenção maligna!
(Provérbios 21:26)

O culto que agrada a Deus tem duas marcas bem distintas: ele é verdadeiro e sincero. Deve ser oferecido a Deus em espírito e em verdade. Não basta ser um culto verdadeiro, precisa ser de todo o coração. Não basta ser sincero, é preciso ser bíblico. O culto é bíblico ou anátema. Não podemos adorar a Deus do nosso jeito, segundo as inclinações do nosso coração. Deus estabeleceu a forma correta como deve ser adorado. O culto divino é prescrito pelo próprio Deus. Não temos liberdade de acrescentar nem de retirar nenhum elemento do culto. A adoração não pode ser separada do adorador. O culto não pode ser divorciado da vida. Antes de Deus aceitar nossa oferta, Ele precisa aceitar nossa vida. É por isso que o sacrifício dos perversos é abominação para Deus. O Senhor se compraz mais na obediência do que em sacrifícios. Requer mais misericórdia do que holocaustos. Trazer oferendas a Deus com a vida errada e com as motivações erradas é tentar subornar aquele que é santo e justo. Isso é consumada loucura, pois ninguém pode enganar aquele que sonda os corações. Deus não se impressiona com a quantidade das nossas ofertas nem com a eloquência das nossas palavras. Ele requer verdade no íntimo.

A VITÓRIA VEM DE DEUS

O cavalo prepara-se para o dia da batalha,
mas a vitória vem do Senhor.
(Provérbios 21:31)

Nós travamos muitas batalhas na vida. Há guerras reais e guerras fictícias. Há guerras visíveis e guerras invisíveis. Guerras inevitáveis e guerras que nós mesmos criamos. O homem com sua destreza faz planos e traça estratégias. Forma exércitos e equipa-os com as mais sofisticadas tecnologias de guerra. Sai a campo e trava as pelejas mais encarniçadas. Porém, a vitória não é resultado do braço humano nem da força dos cavalos. A vitória não vem da terra, mas do céu; não procede do homem, mas de Deus. O homem pode fazer planos, mas é de Deus que vem a resposta. O homem pode treinar exércitos, mas é Deus quem dá a vitória. O homem pode reunir poderoso arsenal, mas é Deus quem abre o caminho do triunfo. Davi entendeu isso quando lutou contra o gigante Golias. Aquele homem insolente afrontou o exército de Israel e desafiou os soldados de Saul durante quarenta dias. Humilhou o povo de Deus e escarneceu do seu Deus. Davi, porém, correu de encontro ao gigante filisteu, dizendo: "Tu vens contra mim com espada, e com lança, e com escudo; eu, porém, vou contra ti em nome do Senhor dos Exércitos, o Deus dos Exércitos de Israel, a quem tens afrontado. Hoje mesmo, o Senhor te entregará nas minhas mãos e toda a terra saberá que há Deus em Israel, pois o Senhor salva não com espada, nem com lança; porque do Senhor é guerra".

O MISTÉRIO DO POBRE E O MINISTÉRIO DO RICO

O rico e o pobre se encontram; a um e a outro faz o Senhor.
(Provérbios 22:2)

Deus não faz acepção de pessoas. Ele é o criador tanto do rico quanto do pobre. Ele ama tanto o rico como o pobre. Ele faz tanto um como o outro. A grande questão é: por que Deus, na sua soberania, faz o rico e de igual forma, o pobre? O propósito de Deus é que diante do mistério do pobre, o rico exerça um ministério de misericórdia. O rico é bem-aventurado quando socorre o aflito, pois mais bem-aventurado é dar do que receber. O pobre, ao receber a ajuda do rico, glorifica a Deus por sua vida e pelo socorro recebido. Assim, ambos, tanto o rico como o pobre, exaltam a Deus por sua generosa providência. O apóstolo Paulo, ensinou a igreja de Corinto nestes termos: "Completai, agora, a obra começada, para que, assim a leveis a termo, segundo as vossas posses. Porque, se há boa vontade, será aceita conforme o que o homem tem e não segundo o que ele não tem. Porque não é para que os outros tenham alívio, e vós, sobrecarga; mas para que haja igualdade, suprindo a vossa abundância, no presente, a falta daqueles, de modo que a abundância daqueles venha a suprir a vossa falta, e, assim, haja igualdade, como está escrito: O que muito colheu não teve demais; e o que pouco, não teve falta".

CUIDADO COM OS EMPRÉSTIMOS

O rico domina sobre o pobre, e o que toma
emprestado é servo do que empresta.
(Provérbios 22:7)

A dependência financeira gera escravidão. A dívida é uma espécie de coleira que mantém o endividado prisioneiro. É por isso que os ricos mandam nos pobres, pois são os ricos que detêm o poder econômico e quem toma emprestado fica refém de quem empresta. A agiotagem é uma prática criminosa. É uma forma injusta e iníqua de se aproveitar da miséria do pobre, emprestando-lhe dinheiro na hora do aperto, com altas taxas de juros, para depois mantê-lo como refém. Muitos ricos inescrupulosos e avarentos, movidos por uma ganância insaciável, aproveitam o sufoco do pobre para emprestar-lhe dinheiro em condições desfavoráveis, apenas para lhe tomar, com violência, seus poucos bens. No tempo de Neemias, governador de Jerusalém, os ricos que emprestaram dinheiro aos pobres já haviam tomado suas terras, vinhas, casas e até mesmo escravizado seus filhos para quitar uma dívida impagável. O profeta Miquéias denuncia essa mesma forma de opressão, dizendo que, em seu tempo, muitos ricos estavam comendo a carne dos pobres. Uma pessoa sábia é controlada em seus negócios e não cede à pressão nem à sedução do consumismo. Não se aventura em dívidas que crescem como cogumelo, pois sabe que o que toma emprestado é servo do que empresta.

UM PROFUNDO CONTRASTE

Pois o Senhor conhece o caminho dos justos,
mas o caminho do ímpio perecerá.
(Salmos 1:6)

O rei Davi faz um profundo contraste entre o ímpio e o justo. Enquanto o ímpio é como uma palha que o vento dispersa, o justo é como uma árvore plantada junto à fonte. Enquanto o ímpio está seco espiritualmente, o justo tem verdor mesmo nos tempos de sequidão. Enquanto o ímpio não tem frutos que agradam a Deus, o justo produz frutos na estação certa. Enquanto o ímpio não tem estabilidade e é jogado de um lado para o outro pelo vendaval, o justo tem suas raízes firmadas no solo da fidelidade de Deus. Enquanto o ímpio tem suas obras reprovadas por Deus, o justo tem sucesso em tudo quanto faz. Enquanto o ímpio busca a roda dos escarnecedores, o justo se deleita na lei do Senhor. Enquanto o ímpio não terá assento na assembleia dos santos nem prevalecerá no juízo, o justo será conduzido por Deus na história e recebido na glória. Enquanto o caminho do ímpio perecerá, o caminho do justo é conhecido por Deus. É tempo de você refletir sobre sua vida. Quem é você? Onde está o seu prazer? Onde está o seu tesouro? Em qual dessas duas molduras você pode colocar sua fotografia? Lembre-se: o ímpio pode parecer feliz, mas seu fim é trágico. Mas, o justo, mesmo passando por provas na vida, é bem-aventurado!

VOCÊ É ALGUÉM MUITO ESPECIAL

Graças te dou, visto que por modo assombrosamente maravilhoso me formaste...
(Salmos 139:14)

Você não é fruto do acaso. Sua vida foi planejada por Deus. Ele pensou em você antes da fundação do mundo. Mesmo que seus pais não tenham planejado seu nascimento, Deus planejou. Sua concepção foi um acontecimento extraordinário. Milhões de espermatozoides faziam a corrida da vida, mas só um ganhou a corrida para fertilizar o óvulo e por isso você é essa pessoa singular. Não existe ninguém igual a você. Deus teceu você de forma assombrosamente maravilhosa no ventre da sua mãe. Deus viu sua substância ainda informe. Antes de seus ossos serem formados, Deus já conhecia você. Ele viu seu coração bater pela primeira vez. Assistiu sua gestação e alegrou-se com seu nascimento. O amor de Deus sempre esteve sobre sua vida. Ele jamais desistiu de amar você e atrair você para Ele com cordas de amor. O amor de Deus por você não foi escrito com letras de fogo nas nuvens, mas demonstrado na cruz, quando Deus entregou seu Filho Unigênito para morrer pelos seus pecados. Deus não poupou seu próprio Filho, antes por você o entregou para que você pudesse ter vida e vida em abundância. Ainda que o mundo inteiro despreze você, saiba que Deus ama você e provou esse amor de forma superlativa.

JESUS É A NOSSA PAZ

Porque ele [Jesus] é a nossa paz...
(Efésios 2:14)

A paz não é ausência de problema, é confiança no meio da tempestade. A paz é o triunfo da fé sobre a ansiedade. É a confiança plena de que Deus está no controle da situação, mesmo que as rédeas da nossa história não estejam em nossas mãos. A paz não é um porto seguro aonde se chega, mas a maneira como navegamos no mar revolto da vida. A paz não é apenas um sentimento, mas sobretudo, uma pessoa, uma pessoa divina. Nossa paz é Jesus. Por meio de Cristo temos paz com Deus, pois nele fomos reconciliados com Deus. Em Cristo nós temos a paz de Deus, a paz que excede todo o entendimento. Paz com Deus tem a ver com relacionamento. Paz de Deus tem a ver com sentimento. A paz de Deus é resultado da paz com Deus. Quando nosso relacionamento está certo com Deus, então, experimentamos a paz de Deus. Essa paz coexiste com a dor, é misturada com as lágrimas e sobrevive diante da morte. Essa é a paz que excede todo o entendimento. Essa paz o mundo não conhece, não pode dar nem pode tirar. Essa é a paz vinda do céu, a paz que emana do trono de Deus, fruto do Espírito Santo. Você conhece essa paz? Já desfruta dessa paz? Tem sido inundado por ela? Essa paz está à sua disposição agora mesmo. É só entregar sua vida ao Senhor Jesus!

O ESPÍRITO SANTO, O NOSSO CONSOLADOR

E eu rogarei ao Pai, e ele vos dará outro Consolador,
a fim de que esteja para sempre convosco.
(João 14:16)

A vida é uma jornada cheia de tempestades. É uma viagem por mares revoltos. Nessa aventura singramos as águas turbulentas do mar da vida, cruzamos desertos tórridos, subimos montanhas íngremes, descemos vales escuros e atravessamos pinguelas estreitas. São muitos os perigos, enormes as aflições, dramáticos os problemas que enfrentamos nessa caminhada. A vida não é indolor. Mas nessa estrada juncada de espinhos não caminhamos sozinhos. Temos um consolador. Jesus, nosso Redentor, morreu na cruz pelos nossos pecados e ressuscitou para a nossa justificação. Venceu o diabo e desbaratou o inferno. Triunfou sobre a morte e deu-nos vitória sobre o pecado. Voltou ao céu e enviou o Espírito Santo para estar para sempre conosco. Ele é o Espírito de Cristo, que veio para exaltar o Filho de Deus. Ele é o Espírito da verdade, que veio para nos ensinar e nos fazer lembrar tudo o que Cristo nos ensinou. Ele é o outro consolador, aquele que nos refrigera a alma, nos alegra o coração e nos faz cantar, mesmo no vale do sofrimento. O consolo não vem de dentro, vem de cima. Não vem do homem, vem de Deus. Não vem da terra, vem do céu. Não é resultado de autoajuda, mas da ajuda do alto!

A LEI DO SENHOR RESTAURA A ALMA

A lei do Senhor é perfeita e restaura a alma...
(Salmos 19:7)

Os céus manifestam a glória de Deus e o firmamento anuncia as obras de suas mãos. Vemos no esplendor do universo o seu poder e na obra da criação a sua majestade. Deus deixou suas digitais impressas na criação. A vastidão dos mundos estelares, as galáxias com seus múltiplos sóis e estrelas são uma prova da grandeza insondável do criador. Se a natureza, porém, proclama uma mensagem aos olhos, a lei do Senhor anuncia uma mensagem aos ouvidos. Se a criação anuncia o poder de Deus, sua lei fala-nos de sua graça. A lei do Senhor é fonte de consolo, porque ela é perfeita e restaura a alma. Os corações mais atribulados encontram na Palavra de Deus uma fonte de refrigério. Os que andam errantes veem nela uma luz a lhes clarear o caminho. Os que jazem mergulhados nas sombras espessas da confusão mental recebem da Palavra verdadeira sabedoria. Por intermédio da Palavra encontramos vida, pois ela é espírito e vida. Encontramos libertação, pois Jesus disse: "Conhecereis a verdade, e a verdade vos libertará". Por intermédio da Palavra somos sondados por Deus, pois na medida em que a lemos, ela nos investiga. Através da Palavra somos santificados, pois Jesus em sua oração, afirmou: "Santifica-os na verdade, a tua Palavra é a verdade". Dwight L. Moody, disse com razão: "A Palavra o afastará do pecado ou o pecado o afastará da Palavra".

A FELICIDADE, UM APRENDIZADO CONSTANTE

... porque aprendi a viver contente em toda e qualquer situação.
(Filipenses 4:11)

O apóstolo Paulo estava preso em Roma. Estava no corredor da morte, na antessala do martírio, com os pés na sepultura e com a cabeça na guilhotina de Roma. Estava velho e trazia no corpo as marcas de Cristo. Passava por provações e privações. Mas, longe de viver amargurado com a vida, disse: "Eu aprendi a viver contente em toda e qualquer situação". A felicidade não é uma realidade que está fora de nós, mas uma atitude que está dentro de nós. Há pessoas que têm tudo, mas não possuem nada. Há ricos pobres e pobres ricos. Há indivíduos que estão encerrados em cadeias, mas seus corações vivem no paraíso. Há outros que pisam tapetes aveludados, mas sua alma vive no tormento do inferno. A felicidade não é uma coisa automática. É um aprendizado. Somos felizes quando nossa fonte de prazer está em Deus e não nas coisas. Quando nossa alma encontra deleite no provedor e não na provisão. Deus e não coisas é o manancial da nossa felicidade. Você já se matriculou nessa escola do contentamento? Já aprendeu o dever de casa? A escola da vida é diferente da escola convencional. Esta primeira dá a lição e depois a prova; a escola da vida primeiro dá a prova e depois ensina a lição.

O PESAR DO LUTO

Então, Jó se levantou, rasgou o seu manto, rapou a cabeça e lançou-se em terra e adorou.
(Jó 1:20)

O luto é a dor mais aguda que assola a nossa alma. Não existe nenhuma família que escape desse drama. Não é fácil ser privado do convívio de alguém que amamos. Não é fácil enterrar um ente querido ou um amigo do peito. Não é fácil lidar com o luto. Já passei várias vezes por esse vale de dor e sombras. Já perdi meus pais, três irmãos e sobrinhos. Sofri amargamente. Passei noites indormidas e madrugas insones. Molhei meu travesseiro e solucei na solidão do meu quarto. A dor do luto dói na alma, aperta o peito, esmaga o coração, arranca lágrimas dos olhos. Jesus chorou no túmulo de Lázaro e os servos de Deus panteavam seus mortos. Porém, há consolo para os que choram. Aqueles que estão em Cristo têm uma viva esperança, pois sabem que Jesus já venceu a morte. Ele matou a morte e arrancou seu aguilhão. Agora a morte não tem mais a última palavra. Jesus é a ressurreição e a vida. Aqueles que nele creem nunca morrerão eternamente. Agora, choramos a dor da saudade, mas não o sentimento da perda. Perdemos aqueles que não sabemos onde estão. Quando enterramos nossos mortos, sabemos onde eles estão. Eles estão no céu com Jesus. Para os filhos de Deus morrer é deixar o corpo e habitar com o Senhor. É partir para estar com Cristo, o que é incomparavelmente melhor. Os que morrem no Senhor são bem-aventurados!

UM HOMEM RESTAURADO POR JESUS

Depois de terem comido, perguntou Jesus a Simão Pedro:
Simão, filho de João, amas-me mais do que estes outros?
(João 21:15)

Pedro desfrutou de especial comunhão com Jesus. Em três momentos especiais (Transfiguração, ressurreição da filha de Jairo e Getsêmani), Pedro fez parte com Tiago e João do grupo mais íntimo de Jesus. Porém, essa estreita relação não impediu Pedro de cair vergonhosamente e negar covardemente a Jesus por três vezes. Pedro chegou a praguejar, afirmando com todas as letras que não conhecia a Jesus de Nazaré. O Senhor, então, olhou para Pedro e este, arrependido, desatou a chorar. Enquanto Jesus foi levado nas caladas da noite ao sinédrio para ser julgado, Pedro com o rosto empapuçado de lágrimas saiu correndo pelo meio dos olivais, com a alma coberta de dor. Na manhã seguinte, Jesus foi levado ao pretório, julgado e condenado à morte. O Filho de Deus foi levado ao Gólgota e crucificado, mas Pedro nem sequer apareceu por lá. Sentiu-se arrasado. Pensou em desistir de tudo. No terceiro dia, Jesus ressuscitou e mandou um recado a Pedro: queria encontrá-lo na Galileia. Pedro retornou à sua terra com o coração apreensivo. Jesus vai ao seu encontro e, longe de humilhá-lo, perguntou-lhe: "Simão, filho de João tu me amas?". Pedro respondeu: "Sim, Senhor, tu sabes que te amo". Pedro foi perdoado, restaurado e reconduzido ao ministério. Raiava um tempo novo em sua vida. Hoje, também, Jesus pode restaurar você. Volte-se para Ele, arrependido, e encontre nele uma fonte de cura, alegria e liberdade.

UM HOMEM USADO POR JESUS

... apascenta os meus cordeiros.
(João 1:15b)

Pedro não apenas foi restaurado por Jesus, mas também foi comissionado a pastorear o rebanho de Jesus. Revestido com o poder do Espírito Santo, esse pusilânime pescador tornou-se um intrépido pregador. Aquele que negara a Jesus diante de uma servente, na casa do sumo sacerdote, enfrentava agora as autoridades de Jerusalém com coragem desassombrada. Aquele que fugira na escuridão da noite, agora, peitava a multidão e a acusava de ter matado o autor da vida. Aquele que estava trancado no cenáculo com medo dos judeus, agora, proclama com ousadia a ressurreição de Jesus e via milhares de pessoas se rendendo aos pés do Salvador. Pedro foi chamado por Jesus, restaurado por Jesus e instrumentalizado por Jesus. Tornou-se um grande pregador. Abriu a porta do reino com a chave do evangelho tanto para os judeus como para os gentios. Pregou aos ouvidos e aos olhos. Pregou as grandes doutrinas da graça e fez grandes maravilhas. As pessoas ouviram sua voz e viram suas obras. Tornou-se um grande líder, uma das colunas da igreja de Jerusalém. Tornou-se um grande escritor. Suas duas cartas são verdadeiros memoriais da graça de Deus, encorajando o povo de Deus disperso pelo mundo a enfrentar o sofrimento com inabalável confiança em Cristo.

CONDENADA PELOS HOMENS, PERDOADA POR JESUS

... então lhe disse Jesus: Nem eu tampouco de condeno; vai e não peques mais.
(João 8:11)

Jesus revela o amor de Deus à mulher apanhada em flagrante adultério (João 8:1-11). Os acusadores santarrões, mesmo torcendo a lei, falavam em nome da lei para condenar. A mulher não tinha a seu favor nenhum elemento que pudesse lhe trazer esperança. A única coisa que podia esperar dessa vergonhosa cena era a morte inevitável e dolorosa. Jesus, porém, não age por pressão da multidão sangue-sedenta nem se deixa enganar pelas artimanhas humanas. O reto juiz discerniu os propósitos malignos que governavam os acusadores. Em vez de expor a pecadora a uma situação ainda mais humilhante, Jesus levantou a ponta do véu e alfinetou a consciência dos acusadores, dizendo que aqueles que estavam isentos de pecado poderiam começar o apedrejamento. Nesse ínterim, Jesus escreveu com o dedo no chão. Talvez em letras garrafais pontuasse os pecados ocultos dos acusadores implacáveis. Talvez trouxesse à plena luz da manhã as iniquidades ocultas daqueles que estavam prontos a condenar. Depois que todos os acusadores se afastaram, envergonhados pelos seus próprios pecados, Jesus, sem desculpar o adultério da mulher, mas abrindo-lhe uma fonte de esperança, perguntou-lhe: "Mulher, onde estão os teus acusadores? Eles não te condenaram? Eu também não te condeno. Vai e não peques mais". Agora mesmo Jesus, pode também, perdoar os seus pecados.

O COLAPSO DA INFIDELIDADE

Digno de honra entre todos seja o matrimônio, bem como o leito sem mácula; porque Deus julgará os impuros e adúlteros.
(Hebreus 13:4)

Os fundamentos da nossa sociedade estão sendo destruídos. Os valores morais estão sendo invertidos. Aplaudimos hoje o que deveria merecer nossa mais contundente reprovação. A infidelidade conjugal deixou de ser uma exceção nesta sociedade decadente. Hoje, mais de cinquenta por cento dos casais são infiéis ao seu cônjuge até a idade dos quarenta anos. Isso é um atentado contra o casamento e sinaliza um colapso na família. Os valores morais absolutos estão sendo tripudiados na mídia e nas cortes judiciais. As verdades que sustentaram, como coluna, a sociedade ao longo dos séculos estão sendo escarnecidas nas ruas e ridicularizadas em nossas casas de leis. O casamento tornou-se apenas uma experiência passageira. Troca-se de cônjuge como se troca de roupa. A sociedade aplaude o conceito equivocado de que "o amor é eterno enquanto dura". A infidelidade conjugal é vista como uma conquista e não como um sinal de decadência. É incentivada em vez de ser combatida. Os frutos da infidelidade conjugal, porém, são desastrosos. O fim dessa linha é a vergonha e a morte. Os adúlteros não herdarão o reino de Deus. Quem comete adultério está fora de si e, somente aqueles que querem se destruir cometem tal loucura.

A FELICIDADE DO CHORO

Bem-aventurados os que choram, porque serão consolados.
(Mateus 5:4)

Isso parece contraditório e paradoxal. Jesus está dizendo que felizes são os infelizes, felizes são os que choram e não os que rasgam a cara em sonoras gargalhadas. É claro que Jesus não está exaltando o espírito amargo, crítico, abatido, murmurador. Você é feliz quando chora pelos seus pecados, quando chora pelas suas fraquezas, quando bate no peito e lamenta seus próprios erros em vez de apontar os erros dos outros. Não são felizes aqueles que fazem os outros chorar. Não são felizes aqueles que abrem feridas na vida dos outros. Felizes são aqueles que choram por si mesmos, que choram pelas suas próprias mazelas e se entristecem pelas suas próprias falhas. Jesus disse que os que choram são muito felizes, porque eles serão consolados. O consolo de quem chora pelos seus próprios pecados vem do próprio Deus. Quando confessamos nossos pecados, Deus nos perdoa, Deus nos purifica, Deus nos restaura e nos oferece uma nova chance de recomeçar. Você tem chorado pelos seus pecados? Você tem derramado suas lágrimas aos pés do Salvador? Você tem encontrado no Senhor Jesus a fonte do perdão e do consolo? Faça isso agora mesmo e você será feliz, muito feliz.

O DESERTO DA AMARGURA

... por todos estavam em amargura, cada um por causa de seus filhos e de suas filhas...
(1Samuel 30:6)

A vida não é um mar de rosas. Nem sempre cruzamos campos marchetados de flores. Atravessamos desertos causticantes, vales profundos e caminhos crivados de espinhos. Muitas pessoas tornam-se amargas em virtude das tempestades da vida. A Bíblia fala sobre Noemi, cujo nome significa "alegria". Essa mulher saiu de Belém, a casa do pão, num tempo de fome e foi para Moabe. Ali perdeu seu marido e seus dois filhos. Procurando sobrevivência, encontrou a morte. Ficou só num país estrangeiro. Quando voltou para sua terra, sua alma estava ensopada de amargura. Mudou de nome. Chamou a si mesma de Mara, cujo significado é amargura. Levantou um monumento permanente à sua dor. Atribuiu a Deus toda sua desventura. Noemi não sabia que através dessa providência carrancuda, Deus estava escrevendo um dos mais belos episódios da história. Noemi tornou-se avó do rei Davi e Rute, sua nora, a ancestral do próprio Messias. Quando as circunstâncias da sua vida estiverem sombrias, lembre-se que o último capítulo da sua vida ainda não foi escrito. Deus ainda está trabalhando em você. Você é o poema de Deus. Deus está esculpindo em você a beleza de Cristo. Está cinzelando você e transformando você em alguém semelhante ao Rei da glória. Não deixe seu coração azedar. A vida é bela, é dádiva de Deus. Alegre-se nele!

O ALTO PREÇO DA REDENÇÃO

...fostes resgatados [...] pelo precioso sangue, como de cordeiro sem defeito e sem mácula, o sangue de Cristo.
(1Pedro 1:18,19)

Sua redenção não foi uma decisão de última hora. Antes mesmo de Deus lançar os fundamentos da terra, espalhar as estrelas no firmamento e criar o vasto universo, Deus já havia colocado o seu coração em você. O amor de Deus por você é eterno, imutável e sacrificial. O preço por seu resgate foi o sangue de Cristo, o Cordeiro imaculado de Deus. A morte de Cristo na cruz foi a maior missão resgate do mundo. Esse resgate não foi pago ao diabo, mas ao próprio Deus. O Senhor vindicou sua própria justiça violada e providenciou o próprio sacrifício substituto para que pudéssemos ser libertos do cativeiro da escravidão. Deus nos redimiu não mediante ouro e prata (metais nobres).

Ele resgatou-nos pelo precioso sangue de Cristo, o Cordeiro sem defeito e sem mácula. Deus deu tudo para resgatar-nos. Deu seu Filho. Deu a si mesmo. Normalmente pensamos em Deus primeiro como criador e depois como redentor. Mas Pedro nos apresenta Deus primeiro como redentor, depois como criador: "conhecido, com efeito, antes da fundação do mundo, porém manifestado no fim dos tempos, por amos de vós" (1Pedro 1:20). Deus pagou o mais alto preço por você, o preço de sangue, o sangue do seu Filho. Portanto, você tem um alto valor para Deus. Ele investiu tudo para ter você para Ele, a fim de que você se deleite nele.

A AGONIA DA DOR

Se eu falar, a minha dor não cessa, se me calar, qual é o meu alívio?
(Jó 16:6)

A dor é a experiência mais comum da vida. Há dores físicas e emocionais. Há dor que atinge o corpo e dor que assola a alma. Um dos retratos mais dramáticos dessa amarga experiência é a família do patriarca Jó. Essa família passou pelo terrível drama da dor. Jó era um homem rico e um pai exemplar. Sua vida estava certa com Deus e com os homens. Deus testificou de sua integridade, mas Satanás questionou suas motivações. Deus permitiu a Satanás tocar em seus bens, em sua família e em sua saúde. Deus, então, constituiu Jó em seu advogado e Satanás tirou de Jó seus bens, seus filhos e sua saúde. Jó foi à falência. Perdeu seus dez filhos num único acidente e enterrou todos eles no mesmo dia. Assolado por uma dor indescritível, prostrou-se, adorou a Deus e diz: "O Senhor Deus deu, o Senhor Deus tomou, bendito seja o nome do Senhor". O sofrimento de Jó não parava aí. Foi afligido também por uma doença terrível. Seu corpo ficou chagado. Sua pele necrosou sobre os ossos pontiagudos. Perdeu o apoio da mulher e ainda recebeu injustas acusações dos amigos. Nesse mar revolto de dor, Jó não blasfemou contra Deus. Ao fim, o Senhor restaurou sua sorte e devolveu-lhe o dobro de tudo quanto possuíra. O Deus de Jó é também o seu Deus. Espera nele e sua restauração brotará sem detença!

LAR, LUGAR DE RESTAURAÇÃO

Acima de tudo, porém, tende amor intenso uns para com os outros, porque o amor cobre multidão de pecados.
(1Pedro 4:8)

O lar não deve ser um campo de batalha que mata os seus feridos, mas um hospital que cura os seus enfermos. A família é o lugar onde aqueles que caíram podem se levantar. É o cenário onde o perdão triunfa sobre a mágoa e a reconciliação prevalece sobre a hostilidade. Vemos hoje com tristeza muitas famílias em crise, muitos casamentos desfeitos, muitos lares destroçados. Assistimos, com lágrimas nos olhos, pais se revoltando contra os filhos e filhos matando seus pais. Constatamos com profunda dor uma inversão de valores na família: coisas substituindo relacionamentos e a avareza destronando o amor. Não podemos concordar com essa marcha inglória. Precisamos colocar o pé no freio e impedir essa corrida galopante rumo ao desastre. O lar não pode ser o território da mágoa e da indiferença; das brigas raivosas ou do silêncio gelado. O lar precisa ser um paraíso na terra, um jardim no deserto e uma antessala do céu. O lar precisa ser um canteiro fértil onde floresça o amor que cura e restaura, que perdoa e esquece, que abençoa e celebra. O lar é o lugar onde os perdidos são encontrados e os que estavam mortos em seus delitos e pecados recebem vida e restauração. O lar é o lugar onde choramos nossas dores e celebramos nossas vitórias. O lar é o lugar onde somos amados não apenas por causa das nossas vitórias, mas apesar dos nossos fracassos.

NÃO É O AMBIENTE QUE FAZ VOCÊ

Disse o povo a Josué: Ao Senhor, nosso Deus,
serviremos e obedeceremos à sua voz.
(Josué 24:24)

Josué foi um dos espias de Israel que avistou a terra prometida e confiou que Deus a entregaria em suas mãos. Dentre aquela vasta multidão que saiu do Egito, apenas Josué e Calebe entraram na terra prometida. Josué foi o sucessor de Moisés e foi ele quem teve o privilégio de introduzir o povo na terra prometida. Aquela terra era habitada por povos pagãos, que adoravam a muitos deuses. Esses deuses eram uma ameaça para Israel. Nesse momento, Josué disse ao povo: "Escolhei, hoje, a quem sirvais: se aos deuses a quem serviram vossos pais [...] ou aos deuses dos amorreus em cuja terra habitais. Eu e a minha casa serviremos ao Senhor". Não é o ambiente que faz você; é você quem faz o ambiente. Josué tomou a decisão de servir a Deus com sua família num reduto politeísta. Você também pode servir a Deus mesmo que em sua escola você seja o único aluno crente, mesmo que em sua empresa você seja a única pessoa temente a Deus. Você não precisa se conformar ao ambiente à sua volta, você pode transformá-lo! John Locke estava equivocado quando disse que o homem é produto do meio. O povo de Deus é sal da terra e luz do mundo. Em vez de ser influenciado, é influenciador!

A PRISÃO DO VÍCIO VIRTUAL

... portas a dentro, em minha casa, terei coração sincero.
Não porei coisa injusta diante dos meus olhos...
(Salmos 101:2,3)

O pecado pode transformar uma coisa boa em algo pernicioso. Exemplo disso é o vício virtual. Milhões de pessoas vivem prisioneiras do computador e são dependentes da internet. Mergulham num mundo fantasioso e perdem todas as conexões com a vida real. Conversam horas a fio com um desconhecido numa sala virtual, mas não conseguem sentar à mesa com a família para tomar uma refeição. A internet é uma bênção; abre-nos largas avenidas de conhecimento. Mas, também, é uma maldição, pois todo o esgoto da iniquidade está disponível aos internautas. Muitos navegam pelas águas turvas da pornografia e naufragam nesse pântano lodacento. As redes sociais são uma bênção, abrindo-nos ricos canais de comunicação e de proclamação das mensagens do reino de Deus. Mas, também, são uma maldição, pois o mau uso desse instrumento tem levado milhões de pessoas à infidelidade conjugal e às aventuras mais perniciosas. O vício virtual é um drama para a família contemporânea. Conheço famílias que se comunicam dentro de casa pelo telefone celular ou pelo *MSN*. Acabou o diálogo. Morreu a comunicação. Transformamos um veículo de comunicação para sepultar o diálogo dentro da família. Precisamos usar esses recursos da tecnologia com discernimento e bom senso.

O HOMEM, A IMAGEM DE DEUS

Criou Deus, pois, o homem à sua imagem, à imagem
de Deus o criou; homem e mulher os criou.
(Gênesis 1:27)

Deus criou o homem à sua imagem e semelhança. O pecado, porém, desfigurou essa imagem. O pecado atingiu todo o nosso ser, corpo e alma, razão, emoção e vontade. O pecado não destruiu por completo a imagem de Deus em nós, mas a deformou. Somos como uma poça de água turva. A lua com toda a sua beleza ainda está refletindo, mas não conseguimos ver essa imagem refletida; não porque a lua não esteja brilhando, mas porque a água está suja. O homem criado por Deus e caído em pecado, é agora restaurado. Essa restauração, porém, não é autoproduzida. Ela não vem do próprio homem, vem de Deus. É Deus mesmo quem tomou a iniciativa de restaurar sua imagem em nós. E como Deus fez isso? Enviando seu Filho ao mundo! Ele é a imagem expressa de Deus. Nele habita corporalmente toda a plenitude da divindade. Em Cristo temos perdão, redenção e restauração. Por meio de Cristo somos feitos filhos de Deus e herdeiros de Deus. A imagem de Deus criada e deformada pelo pecado é restaurada por Cristo. Pela operação da graça, nascemos de novo, nascemos de cima, nascemos do Espírito e somos coparticipantes da natureza divina. A glória e a honra perdidas na queda são agora restauradas na redenção!

O DRAMA DAS DROGAS

... e não sirvamos o pecado como escravos.
(Romanos 6:6)

A "cracolândia", na cidade de São Paulo, o maior centro urbano da América do Sul, é um retrato repulsivo do drama das drogas. Homens e mulheres, jovens e adolescentes vivem perambulando nesse espaço, destruídos por esse vício maldito e mortal. A repressão da lei e a ação da polícia não conseguem debelar esse câncer social. No século da liberdade, nossa juventude está escravizada pelas drogas. Mais de noventa por cento dos municípios brasileiros estão assolados pela influência avassaladora do crack. Já existem até marchas pelas nossas cidades em defesa da liberação da maconha, porta de entrada para as outras drogas mais pesadas. Milhões de lares estão desesperados por ver seus filhos rendidos à escravidão do vício. São milhões de jovens que abortaram seus sonhos e jogaram sua vida no calabouço do vício. Esses jovens são o tormento dos pais. Muitos deles acabam morrendo precocemente. Traficantes armados até os dentes controlam setores da cidade e espalham a morte pelas nossas ruas. Esquemas de corrupção, com interesses inconfessos, dão cobertura a essa estrutura de morte. Esses agentes do mal seduzem crianças e adolescentes nas portas das escolas e apanham muitos deles para sua rede mortífera. Precisamos ligar o sinal de alerta e mobilizar-nos para frear essa onda de morte. Família, Igreja e Estado precisam dar as mãos nessa cruzada em favor da família.

O HOMEM, ESSE DESCONHECIDO

Que é o homem, que dele te lembres?
(Salmos 8:4)

Alex Carrell escreveu um livro com este título: "O homem, esse desconhecido". O homem conhece o mundo ao seu redor, mas não conhece a si mesmo. Explora o espaço sideral, mas não viaja pelos labirintos da sua alma. Investiga os segredos da ciência, mas não ausculta seu próprio coração. A pergunta do salmista ainda ecoa nos nossos ouvidos: "Que é o homem?" (Salmos 8:4). O rei Davi, respondeu a essa pergunta de forma magistral: "Fizeste-o [...] por um pouco menor do que Deus, e de glória e de honra o coroaste. Deste lhe domínio sobre as obras da tua mão e sob seus pés tudo lhe puseste" (Salmos 8:5,6). O homem foi criado por Deus e criado para ser o gestor da criação. A origem do homem está ancorada em Deus e seu propósito é ser corregente de Deus, como mordomo da criação. O homem não veio à existência por geração espontânea nem por um processo evolutivo de milhões e milhões de anos. Nossa origem não está ligada aos símios; nossa gênese está ligada a Deus. O homem é a coroa da criação de Deus. Somos um ser físico e espiritual. Temos um corpo e uma alma. Nenhum outro ser tem essa característica. Os anjos são espíritos, mas não têm corpos. Os animais têm corpos, mas não têm espírito. Temos corpo e espírito. Somos a imagem de Deus criada.

FILHOS, MOTIVO DA NOSSA FELICIDADE

Feliz o homem que enche deles [filhos] a sua aljava.
(Salmos 127:5)

No dia 27 de fevereiro de 2012 o Brasil ficou chocado com o assassinato do grande líder cristão, escritor, cientista político e professor universitário Robson Cavalcanti e sua esposa pelo próprio filho adotivo, na cidade de Olinda, Pernambuco. Infelizmente, muitos filhos têm sido os carrascos dos próprios pais. Esse, porém, não é o projeto de Deus. O salmista diz que os filhos são herança de Deus e feliz é o homem que enche deles a sua aljava. Nossa herança não é o dinheiro, mas os filhos. Nossa felicidade não está nas coisas, mas nos filhos. Os filhos são presentes de Deus. Eles são filhos da promessa. Não geramos filhos para nós, mas para Deus. Não geramos filhos para a morte, mas para a vida. Nossos filhos devem ser coroas de glória nas mãos do Senhor. Devem ser vasos de honra, colunas do santuário do Altíssimo. Nossos filhos devem viver para realizar os sonhos de Deus mais do que os nossos sonhos. Eles devem ser mais filhos de Deus do que nossos filhos. Nossos filhos são uma bênção e não um problema; são o poema de Deus e não um pesadelo para nossa alma. São como flechas nas mãos do guerreiro e não um estorvo na jornada da vida. Devemos amar nossos filhos e criá-los na disciplina e na admoestação do Senhor. Devemos ensiná-los no caminho em que devem andar e inculcar neles a verdade de Deus. Então, serão o deleite da nossa alma e não a amargura do nosso coração.

JUSTIFICAÇÃO, ATO DE DEUS

Justificados, pois, mediante a fé, temos paz com Deus, por meio de nosso Senhor Jesus Cristo.
(Romanos 5:1)

A doutrina da justificação pela fé é o coração da Bíblia. Quando essa verdade é proclamada com fidelidade, a igreja mantém-se de pé; quando é negada ou distorcida, a igreja cai. Qual é o significado da justificação? A justificação é um ato legal de Deus e não um processo experimental. É realizada no tribunal de Deus e não no nosso coração. É completa e final e não possui graus. O menor crente está tão justificado como o crente mais piedoso. Paulo nos ensina quatro verdades importantes sobre a justificação no versículo em epígrafe. Primeira, o autor da justificação. É Deus quem nos justifica e nos justifica não com base em nossos méritos, mas por causa dos méritos de Cristo. Segunda, o instrumento da justificação. Somos justificados mediante a fé e não com base em nossas obras. Se a obra de Cristo é causa meritória, a fé é a causa instrumental da nossa justificação. Terceira, o fruto da justificação. Temos paz com Deus. Somos reconciliados com Deus e renascemos para dentro da família de Deus. Quarta, o agente da justificação. Todas as essas bênçãos espirituais nos são concedidas por meio de nosso Senhor Jesus Cristo. Cristo é a nossa justiça. Ele é a nossa paz. Nele temos copiosa redenção. Você já foi justificado? Você já tem o selo do Espírito Santo em sua vida? Tem a certeza de que seu nome está escrito no livro da vida? Já tomou posse da vida eterna? Já desfruta da alegria indizível da salvação?

A PLENITUDE DE DEUS

... para que sejais tomados de toda a plenitude de Deus.
(Efésios 3:19)

A mais ousada oração de Paulo é feita quando estava preso em Roma. O velho apóstolo teve a ousadia de pedir a Deus para que os crentes de Éfeso fossem tomados de toda a plenitude de Deus. Embora sejamos frágeis vasos de barro, podemos ser habitados pela plenitude do Deus Pai, Deus Filho e Deus Espírito Santo. A grande pergunta é: Quem é Deus? Deus é transcendente. Nem o céu dos céus pode contê-lo. Ele é maior do que tudo que Ele criou. Os astrônomos dizem que o universo tem mais de dez bilhões de anos-luz de diâmetro. Isso significa que se conseguíssemos entrar numa nave espacial, voando à velocidade da luz, demoraríamos dez bilhões de anos para ir de um extremo ao outro do universo. Pois Deus criou tudo isso, é maior do que tudo isso e está além de tudo isso. Agora Paulo, de joelhos, ora para que sejamos tomados de toda a plenitude de Deus. Os mais apressados poderiam pensar que Paulo estaria delirando, mas ele antecipa esse questionamento, afirmando: "Ora, aquele que é poderoso para fazer infinitamente mais do que tudo quanto pedimos ou pensamos conforme o seu poder que opera em nós, a Ele seja a glória na igreja e em Cristo Jesus, agora e pelos séculos dos séculos. Amém" (Efésios 3:20,21). Você pode conhecer a Deus e ainda ser tomado de toda a plenitude de Deus!

SUBMISSÃO, UMA MISSÃO HONROSA

As mulheres sejam submissas ao seu próprio marido, como ao Senhor.
(Efésios 5:22)

A palavra *submissão* provoca urticária em muita gente. Está desgastada, distorcida e em desuso em nossa geração. A Bíblia ensina a mulher a ser submissa ao marido como a igreja é submissa a Cristo. A rejeição à submissão é devido à falta de entendimento acerca do verdadeiro significado da palavra. Submissão não é ser inferior nem ser capacho. A submissão não é desonra nem privação da liberdade. Somos livres quando andamos conforme os preceitos divinos e não quando os transgredimos. Somos livres para dirigir nosso carro quando o guiamos pelas leis do trânsito e não guando as transgredimos. Quanto mais a igreja é submissa a Cristo, mais livre e mais honrada ela se torna. A mulher não é chamada a ser submissa a um déspota implacável, mas a um marido que a ama como Cristo ama a igreja. A submissão não é incondicional, pois a mulher deve ser submissa a seu marido como ao Senhor, ou seja, por causa do Senhor e em sintonia com sua submissão a Cristo. A submissão é uma missão sob a missão do marido, ou seja, uma missão compartilhada. O papel do marido é amar a esposa como Cristo amou a igreja e o papel da esposa é dar suporte a seu marido para que cumpra esse desiderato divino. Nenhuma mulher tem dificuldade de submeter-se a um marido que a ama como Cristo amou a igreja.

JESUS NA CASA DE MISERICÓRDIA

Passadas estas coisas, havia uma festa dos judeus, e Jesus subiu para Jerusalém.
(João 5:1)

Jerusalém estava em festa. As ruas estavam apinhadas de gente e o clima era de grande alegria. Mas Jesus deixa a festa e vai para o Tanque de Betesda, a Casa de Misericórdia, onde havia uma multidão de enfermos. Ali havia pessoas doentes fisicamente e feridas emocionalmente. Nesse cenário de dor, Jesus identifica um homem paralítico que estava abandonado à sua própria sorte há trinta e oito anos. Jesus faz-lhe uma pergunta maravilhosa: "Queres ser curado?". Essa pergunta parece óbvia demais. É natural que um doente queira ser curado. Mas, por que Jesus pergunta? Para que o paralítico pudesse expor suas angústias. O homem, em vez de responder sim ou não, responde com uma evasiva: "Eu não tenho ninguém". Jesus, então lhe dá uma ordem poderosa: "Levanta-te, toma o teu leito e anda". O mesmo Jesus que dá a ordem também dá o poder para cumpri-la. "Imediatamente, o homem se viu curado e, tomando o leito, pôs-se a andar". Não há doença incurável para o Médico dos médicos. Não há vida irrecuperável para Jesus. Ele cura, liberta, perdoa e salva. Talvez você esteja vivendo o drama do abandono, com a esperança morta, amassado emocionalmente, à espera de um milagre que se adia. Hoje mesmo Jesus pode mudar a sua sorte e dar a você paz e salvação eterna.

DEUS SE FEZ HOMEM

No princípio era o Verbo, e o Verbo estava com Deus, e o Verbo era Deus.
(João 1:1)

O apóstolo João, no prólogo do seu evangelho, diz: “E o verbo se fez carne e habitou entre nós, cheio de graça e de verdade, e vimos a sua glória, glória como do unigênito do Pai” (João 1:14). Esse é um mistério sublime. O Deus transcendente tornou-se imanente. Aquele que nem o céu dos céus pode conter esvaziou-se. Aquele que criou todas as coisas pela palavra do seu poder nasceu numa manjedoura. Aquele é o Senhor do universo foi enfaixado em panos como um bebê. Aquele é perfeitamente Deus tornou-se perfeitamente homem sem perder sua natureza divina. Aquele é santo fez-se pecado. Aquele que é bendito eternamente foi feito maldição. Aquele é o autor da vida, deu sua vida para nos remir do pecado. Deus vestiu pele humana e veio habitar entre nós. Os céus desceram à terra. Cheio de graça e verdade, vimos na face de Cristo a glória do Pai. Ele e o Pai são um. São da mesma essência. Quem vê o Filho vê o Pai e quem tem o Filho tem igualmente o Pai. A encarnação do Verbo é a expressão máxima da graça. Deus não nos abandonou em nosso pecado, mas desceu até nós na pessoa de seu próprio Filho para nos remir do pecado, arrancar-nos do império das trevas e nos livrar da ira vindoura. Essa é uma mensagem de esperança. É o caminho aberto por Deus desde o céu, é a porta aberta da graça aos pecadores. É a oferta graciosa do perdão. Por meio de Cristo podemos nos achegar a Deus confiadamente, sabendo que Ele nos aceita, recebe e oferece salvação e vida eterna.

DIVÓRCIO, O NAUFRÁGIO DO CASAMENTO

Porque o Senhor, Deus de Israel, diz que odeia o repúdio...
(Malaquias 2:16)

Deus instituiu o casamento, mas não o divórcio. O divórcio é permitido, mas não ordenado. O divórcio é fruto da dureza do coração, da incapacidade de perdoar. O divórcio é a quebra da aliança conjugal; é a apostasia do amor; é o naufrágio do casamento. A Bíblia diz que Deus odeia o divórcio (Malaquias 2:16). O divórcio está em alta, porque o casamento está em baixa. Se nós investíssemos mais no casamento, teríamos menos divórcios. Se nós compreendêssemos melhor os princípios de Deus para o casamento, seríamos menos açodados na busca do divórcio. Jesus disse que precisamos nos voltar para as Escrituras para vermos quais são os fundamentos do casamento, antes de falarmos em repúdio (Mateus 19:3-9). Só encontramos na Bíblia duas cláusulas de exceção para o divórcio: a infidelidade conjugal (Mateus 19:9) e o abandono irremediável (1Coríntios 7:15). Divorciar-se e casar-se de novo sem esse amparo da Palavra de Deus é cometer adultério. Está claro à luz da Palavra de Deus que o divórcio não é uma coisa insignificante, pois traz dor, decepção, lágrimas e feridas. Ele machuca os cônjuges, os filhos, a família, a igreja e, ainda, adoece a sociedade. Não há igrejas fortes com famílias fracas nem há nação bem-aventurada sem famílias sólidas.

JESUS CURA OS DEZ LEPROSOS

Ao vê-los, disse-lhes Jesus: Ide e mostrai-vos aos sacerdotes. Aconteceu que, indo eles, foram purificados.
(Lucas 17:14)

O desespero de morrer num leprosário era talvez maior do que a própria lepra que devastava suas vítimas. Jesus estava indo para Jerusalém, quando passou por uma aldeia samaritana. Vieram a Ele dez leprosos, que de longe gritaram: "Jesus, Mestre, compadece-te de nós!". Ao vê-los, Jesus lhes disse: "Ide e mostrai-vos aos sacerdotes". Aconteceu que, indo eles, foram purificados. A lepra era uma doença incurável e segregadora. As pessoas leprosas eram arrancadas do convívio da família e jogadas num leprosário ou numa colônia para viverem isoladas até a morte. Uma pessoa leprosa não podia aproximar-se de ninguém. Precisava gritar quando alguém se aproximava: Impuro, impuro! A lepra era um símbolo de maldição. A lepra separa, insensibiliza, contamina, deixa cicatrizes e mata. A lepra é como o pecado. Jesus curou os dez leprosos dessa doença terrível, mas apenas um voltou para agradecer. Este recebeu não apenas a cura física, mas também a salvação de sua vida. A Bíblia diz que todos pecaram e destituídos estão da glória de Deus. O pecado faz separação entre você e Deus. Somente Jesus pode limpar sua vida, perdoar seus pecados e reconciliar você com Deus. Jesus ainda purifica os leprosos!

QUAL É A ORIGEM DO UNIVERSO?

No princípio, criou Deus os céus e a terra.
(Gênesis 1:1)

Há três teorias que tentam explicar a origem do universo: a geração espontânea, a explosão cósmica e a evolução das espécies. Essas três teorias são fruto da visão mecanicista e nenhuma delas pressupõe a existência de Deus. Hoje sabemos que o universo, com suas inúmeras galáxias e mundos estelares têm mais de dez bilhões de anos-luz de diâmetro. Isso significa que se conseguíssemos entrar numa nave espacial, voando à velocidade da luz, 300.000 quilômetros por segundo, demoraríamos dez bilhões de anos para ir de uma extremidade a outra. Teria esse universo tão vasto e complexo nascido espontaneamente? Teria o universo dado à luz a si mesmo? Poderia uma colossal explosão dar origem a um universo tão harmonioso com leis tão precisas e exatas? Será que o caos produziria o cosmos? Será que a desordem produziria a ordem? Hoje sabemos que o universo é composto de matéria e energia. Sabemos, também, que o universo é governado por leis. Também sabemos que matéria e energia não criam leis. Logo, alguém fora do universo criou essas leis. Quem as criou, já que leis não criam a si mesmas? A única resposta plausível que temos está na Bíblia, a eterna, inerrante e infalível Palavra de Deus: "No princípio criou Deus os céus e a terra" (Gênesis 1:1). O universo não surgiu por acaso. Deus o criou conforme sua vontade, pela palavra do seu poder e para sua própria glória.

MORRER SE PRECISO FOR, PECAR NUNCA

Se o nosso Deus, a quem servimos, quer livrar-nos,
ele nos livrará da fornalha de fogo ardente...
(Daniel 3:17)

O pecado é o pior de todos os males. O pecado é pior do que a própria morte. O pecado é filho da cobiça e mãe da morte. A morte não pode nos separar do amor de Deus, mas o pecado pode lançar o homem no inferno. O pecado é malignissimo e enganador. Apresenta-se vestido com roupagens finas, mas seus trajes verdadeiros não passam de um trapo nojento. Sua voz é macia e sedutora, mas esconde atrás dessa fala sedosa o anzol da morte. Promete mundos e fundos, mas quem se rende a seus encantos acaba arruinado. Oferece taças transbordantes de prazeres, mas em seu banquete só existe o licor da morte. Felizes são aqueles que preferem a morte ao pecado, pois é melhor morrer em santidade do que viver como escravo do pecado. José preferiu ir para a cadeia do que deitar-se na cama do adultério. Preferiu a liberdade de consciência na prisão do que viver na cama de sua patroa com a consciência prisioneira da culpa. Preferiu deixar sua defesa nas mãos de Deus, do que tentar arrancar sua túnica das mãos de uma adúltera. Nesse mundo onde os valores morais são tão vilipendiados, onde o adultério é incentivado e a fidelidade conjugal ridicularizada, precisamos aprender com o exemplo de José do Egito. Não vale a pena aproveitar um momento de prazer e ter nosso testemunho manchado pelas gerações pósteras. Não vale a pena ceder à pressão ou à sedução do pecado e depois vivermos prisioneiros da culpa. Nosso lema deve ser: Morrer se preciso for, pecar nunca!

SÊ FORTE E CORAJOSO!

Sê forte e corajoso, porque tu farás este povo herdar a terra que, sob juramento, prometi dar a seus pais.
(Josué 1:6)

A peregrinação no deserto durou quarenta anos. O que poderia ser feito em quarenta dias estendeu-se por todo esse tempo. Aquela geração que saiu do cativeiro egípcio tombou no deserto, vítima da incredulidade. O próprio líder Moisés estava morto. A nova geração estava ainda no deserto, mas no limiar da terra prometida. Nesse momento, Deus levanta o jovem Josué para conduzir o povo à terra da promessa. Era uma tarefa gigantesca, humanamente impossível. Mas, Deus encorajou Josué e lhe disse: "Não to mandei eu, sê forte e corajoso!" (Josué 1:9). Quando Deus nos comissiona, também nos capacita. Fazemos sua obra não estribados em nosso próprio entendimento nem fiados em nossa própria força, mas confiados em seu poder. Não somos fortes quando confiamos em nós mesmos; somos fortes, quando confiamos em Deus, seguimos seus preceitos e andamos pela fé. Somos fortes quando Deus é a nossa força. Somos fortes quando o braço do Onipotente luta nossas guerras. Somos fortes quando Deus vai à nossa frente, abrindo caminhos e desbaratando nossos inimigos. Nossa coragem não decorre da autoconfiança, mas da fé no Deus vivo. Porque Deus está conosco, podemos ser alimentados pela coragem e não pelo medo. Porque Deus nos conduz em triunfo, podemos avançar com desassombro a despeito dos gigantes que se interpõem em nosso caminho. Porque é Deus quem nos dá a vitória, podemos empunhar as armas de combate, certos de que sairemos dessa batalha mais do que vencedores.

O QUE FAZER QUANDO NÃO SE SABE O QUE FAZER

... e não sabemos nós o que fazer; porém os nossos olhos estão postos em ti.
(2Crônicas 20:12)

O rei Josafá, rei de Judá, estava encurralado por uma confederação de inimigos. A cidade de Jerusalém estava cercada por um numeroso exército pronto para atacá-la. Não havia tempo para esboçar qualquer reação. A derrota esmagadora parecia iminente e inevitável. Nesse momento, Josafá teve medo e caiu de joelhos em oração e jejum. Conclamou toda a nação a buscar a Deus. Confessou não ter forças nem estratégias para enfrentar o adversário, mas reafirmou sua confiança em Deus a despeito das circunstâncias adversas. Sua oração foi ouvida. Deus lhe disse que pelejaria pelo povo e que em vez de empunhar armas, deveriam formar um coral para exaltá-lo. Tendo, eles começado a cantar e a dar louvores, em voz alta sobremaneira, Deus colocou emboscada contra os inimigos e eles foram desbaratados. O louvor é arma de guerra e o brado de vitória. O louvor não é o resultado da vitória, mas a causa da vitória. Devemos louvar para triunfar sobre o inimigo. Quando louvamos a Deus, Ele mesmo desbarata os nossos inimigos. Quando louvamos a Deus, Ele mesmo luta as nossas guerras. Quando louvamos a Deus, Ele mesmo transforma nossas arenas de conflito em vales de bênçãos. Na jornada da vida, quando chegarmos aos momentos difíceis, sem saber o que fazer, deveremos louvar a Deus e Ele nos abrirá uma porta de escape e nos conduzirá pelos caminhos do triunfo. A vitória não vem através da força do nosso braço, a vitória vem de Deus, por intermédio do louvor!

A PROVA DO AMOR DE DEUS

Mas Deus prova o seu próprio amor para conosco pelo fato de ter Cristo morrido por nós, sendo nós ainda pecadores.
(Romanos 5:8)

O amor de Deus por você é eterno, imutável e incondicional. Deus não escreveu em letras de fogo, nas nuvens, seu amor por você, mas esculpiu esse amor na cruz de seu Filho. Deus amou você a ponto de dar seu Filho Unigênito para morrer em seu lugar. Deus prova o seu próprio amor por você pelo fato de ter Cristo morrido em seu lugar, sendo você ímpio, fraco, pecador e inimigo. O amor não consiste no fato de você amar a Deus, mas de Deus ter amado você e enviado seu Filho como propiciação pelos seus pecados. Deus não poupou seu próprio Filho, antes por você o entregou. Entregou-o para esvaziar-se. Entregou-o para ser humilhado. Entregou-o para ser cuspido pelos homens e pregado numa rude cruz. Não foi a cruz que gerou o amor de Deus, mas foi o amor de Deus que providenciou a cruz. Jesus morreu na cruz não para despertar o amor de Deus por você. Jesus morreu na cruz para revelar o amor de Deus por você. A cruz não é a causa do amor de Deus por você, é o resultado desse amor. A cruz é a prova mais vívida de que Deus se importa com você e está determinado a salvar sua vida. Você não precisa buscar mais evidências do amor de Deus por você. Ele já provou esse amor, em grau superlativo. O amor de Deus por você é abundante, maiúsculo e eterno.

TEM CUIDADO DE TI MESMO E DA DOUTRINA

Tem cuidado de ti mesmo e da doutrina. Continua nestes deveres...
(1Timóteo 4:16)

A teologia e a vida andam de mãos dadas. Doutrina e ética não podem ser separadas. É impossível ter uma teologia torta e uma vida reta. Vida decorre da doutrina. A ética procede da teologia. Infelizmente temos visto muitas pessoas se perderem no cipoal de suas paixões porque são governadas por falsas doutrinas. Os falsos ensinos desembocam numa vida desregrada. Mas é também extremamente deplorável que alguém que professe a sã doutrina viva uma vida rendida ao pecado. Esses pecam não porque lhes falta o conhecimento, mas pecam contra o conhecimento. São duplamente culpados e enfrentarão um juízo mais rigoroso. O conselho do veterano apóstolo Paulo a seu filho Timóteo é ainda oportuno e atual: "Tem cuidado de ti mesmo e da doutrina". Os perigos estão à nossa volta. As vozes sedutoras nos chamando para abraçarmos novas doutrinas e adotarmos novos padrões morais são constantes. Precisamos de cuidado e cautela. Muitas vezes, a sã doutrina nos faz remar contra a maré, como o profeta Elias nos dias do ímpio rei Acabe. Muitas vezes, o compromisso com uma vida santa nos torna impopulares no meio de uma geração que se corrompe. Não podemos, porém, ser como Sansão, que mesmo sendo um nazireu, deu um banquete porque esse era o costume dos moços de sua época. Precisamos ter coragem para sermos diferentes, para agirmos de forma diferente, ainda que isso nos custe a popularidade e a própria vida. Nosso chamado não é para sermos populares, mas para sermos fiéis!

REMORSO OU ARREPENDIMENTO?

Deixe o perverso o seu caminho, o iníquo, os seus pensamentos; converta-se ao Senhor, que se compadecerá dele, e volte-se para o nosso Deus, porque é rico em perdoar.
(Isaías 55:7)

O remorso é um arrependimento incompleto e ineficaz. O arrependimento possui três elementos vitais: mudança de mente, de emoção e de vontade. Arrependimento é mudar de mente, é sentir tristeza pelo pecado e dar meia volta e retornar para os braços de Deus. O remorso possui os dois primeiros elementos, mas está desprovido do último. Vamos ilustrar essa verdade fazendo um contraste entre Judas Iscariotes e Pedro. Ambos pecaram. Judas traiu Jesus e Pedro o negou. Pedro arrependeu-se e foi restaurado; Judas, porém, tomado de remorso, suicidou-se. Judas reconheceu seu erro. Disse para o sumo sacerdote que havia traído sangue inocente. Judas também sentiu tristeza pelo seu pecado, confessou-o e, ainda, devolveu as trinta moedas de prata que recebera para trair Jesus. Mas Judas não deu o último passo para completar o ciclo do arrependimento. Ele não deu meia-volta para retornar para Jesus. Por isso, saiu e foi enforcar-se. A diferença entre Pedro e Judas é que aquele completou os três elementos do ciclo do arrependimento. Pedro reconheceu seu pecado, sentiu tristeza por ele, a ponto de chorar amargamente e, finalmente, retornou para o Senhor, para encontrar nele perdão e restauração. O remorso é um arrependimento incompleto e ineficaz; um falso arrependimento. Leva as pessoas ao desespero e não à esperança, à prisão e não à liberdade, à morte e não à vida. Não é prudente ficarmos preso no cipoal do remorso, podemos encontrar o livramento do perdão!

PERDÃO, A ASSEPSIA DA ALMA

Se, por sete vezes no dia, pecar contra ti e, sete vezes, vier ter contigo, dizendo: Estou arrependido, perdoa-lhe.
(Lucas 17:4)

O perdão é a cura das emoções, a alforria da mente, a assepsia da alma. O perdão é maior do que o ódio, é mais poderoso do que a sede de vingança. O perdão cura, restaura e transforma. Guardar mágoa é uma atitude insensata. É a mesma coisa que beber um copo de veneno pensando que é o outro quem vai morrer. Nutrir ressentimento é viver num calabouço emocional, é andar atrelado com quem menos se gostaria de conviver na vida. Quando seu coração está cheio de mágoa, você se torna prisioneiro de seu desafeto. Essa pessoa domina e escraviza você. Ao chegar em casa para tomar uma refeição, seu desafeto assenta-se com você à mesa e tira seu apetite. Quando chega em casa, cansado da labuta do dia, para descansar, essa pessoa deita-se com você e transforma-se em seu pesadelo. Você sai de férias com a família, e seu desafeto pega carona com você e estraga suas férias. A única maneira de você ser livre é exercendo o perdão. O perdão não é fácil, mas é necessário. Quem não perdoa não pode orar nem ofertar. Quem não perdoa não pode ser perdoado. A falta de perdão produz doença física e emocional. Quem não perdoa é entregue aos flageladores da alma e aos verdugos da consciência. O perdão, porém, liberta a alma, acalma o coração e transforma a vida. O perdão não é fruto de uma personalidade dócil, mas expressão da graça de Deus. É quando Deus age em nós que nos tornamos instrumentos em suas mãos para perdoarmos assim ele, em Cristo, nos perdoou.

QUE FAREI PARA HERDAR A VIDA ETERNA?

... senhores, que devo fazer para que seja salvo?
(Atos 16:30)

Paulo e Silas estavam presos em Filipos depois de terem sido açoitados em praça pública. Com seus pés amarrados no tronco e com seu corpo ensanguentado, esses dois obreiros de Deus foram jogados no interior de uma prisão imunda, entre criminosos de alta periculosidade, por terem sido instrumentos de Deus na libertação de uma jovem endemoninhada. Longe de lamentarem aquela injusta situação ou de reivindicarem seus direitos como cidadãos romanos, resolveram orar e cantar louvores a Deus à meia-noite. Esse fato incomum chamou a atenção dos demais prisioneiros. Todos, atentos, ouviam esse testemunho extraordinário. Deus atendeu suas orações e agradou-se de seu louvor e enviou um terremoto para abrir as portas da prisão e abalar o carcereiro. Responsável pelos prisioneiros e com medo de que tivessem fugido, puxou sua espada para se matar. Nesse momento, Paulo gritou, ordenando-lhe a não fazer nenhum mal a si mesmo. O homem trêmulo, arrastando-os para fora da prisão, dobrou-se diante dos mensageiros de Deus e perguntou: "O que devo fazer para ser salvo?". Paulo prontamente lhe respondeu: "Crê no Senhor Jesus e serás salvo, tu e a tua casa" (Atos 16:31). A salvação não é resultado das obras, mas da fé. A salvação não é consequência do mérito, mas expressão da graça. A salvação pode ser recebida agora e não apenas no futuro. A salvação mesmo sendo individual, pode ser desfrutada por toda a família. Você já foi salvo por Jesus?

A MENTIRA PRECISA SER ODIADA

O justo aborrece a palavra da mentira, mas o perverso faz vergonha e se desonra.
(Provérbios 13:5)

A palavra mentirosa precisa ser odiada. Precisamos repudiá-la com todas as forças da nossa alma. A mentira é um câncer nos relacionamentos. Quebra a confiança, desfaz laços, promove conflitos, e protagoniza grandes tragédias. A mentira é maligna. Ela procede do diabo, está a serviço do diabo e os mentirosos vão ser lançados no lago de fogo juntos com o diabo. Não podemos sustentar nem promover a causa da mentira. Não podemos aplaudir os mentirosos nem nos calarmos diante de sua ação perversa. O justo odeia a palavra mentirosa. O justo odeia o que é falso. Os ímpios que promovem a mentira são motivo de vergonha e trazem sobre si grande desonra. A mentira pode desfilar na passarela do tempo, pode subir no palco e apresentar-se garbosamente para o delírio dos insensatos, mas a mentira será desmascarada. Ficará desnuda e mostrará suas vergonhas. Todas verão sua carranca horrenda. E os mentirosos, cheios de desonra, serão expostos à vergonha pública e à condenação eterna. Ainda é tempo de mudança. A Palavra de Deus nos exorta: "Por isso, deixando a mentira, fale cada um a verdade com o seu próximo" (Efésios 4:25).

CORRUPÇÃO, A CULTURA DA EXPLORAÇÃO

... porque os juízes vendem o justo por dinheiro...
(Amós 2:6)

Desde que o Brasil foi descoberto pelos nautas portugueses, é que se instalou nesta terra a cultura da exploração. Nossos colonizadores não vieram para investir sua inteligência na construção de uma grande nação, mas vieram para extrair nossas riquezas e enviá-las para a Europa. Essa cultura do levar vantagem em tudo e tirar proveito de toda e qualquer situação se tornou uma atitude endêmica. Muito embora o Brasil seja a sexta economia do planeta, ainda há grandes bolsões de miséria, tanto nas regiões suburbanas como nas regiões rurais. Somos uma nação rica de recursos naturais. Temos a maior reserva florestal do mundo. Temos o maior potencial hidrográfico do planeta. Temos um solo fértil e um clima favorável. Mas, a despeito de tantas vantagens, temos uma classe política, que, com raras exceções, se empoleira no poder apenas para se abastecer do erário público. Homens de colarinho branco, de muito poder nas mãos, mas nenhum compromisso com a ética. Homens que amam o poder, mas não povo. Homens que amam o lucro desonesto e não o trabalho honrado. Homens que exploram a nação em vez de servi-la com patriotismo. Os escândalos financeiros se multiplicam nos altos escalões do governo federal, estadual e municipal. Mudam-se os governantes e trocam-se os partidos políticos, mas a corrupção continua. A única solução para a nação brasileira é uma volta para Deus e uma conversão de seus maus caminhos!

VITÓRIA SOBRE A MORTE

... tragada foi a morte pela vitória.
(1Coríntios 15:54)

A morte entrou no mundo por causa do pecado e a morte colocará suas mãos gélidas sobre todos: reis e vassalos, servos e chefes, doutores e analfabetos, religiosos e agnósticos, velhos e crianças. A morte é o rei dos terrores. Entra nos palácios e choupanas, nos templos religiosos e nos redutos mais escuros da iniquidade, nos hospitais mais sofisticados e nas praças mais movimentadas. Nascemos com o vírus da morte e caminhamos para ela, inevitavelmente. Até que Jesus volte, a morte continuará sua ação implacável. Mas a morte foi vencida. Jesus quebrou a espinha dorsal da morte e arrancou seu aguilhão. Jesus matou a morte com sua morte ao ressurgir dentre os mortos. Agora, a morte não tem mais a última palavra. Não precisamos mais ter medo dela. Seu poder foi destruído. Jesus se apresenta a nós como a ressurreição e a vida. Quem nele crê nunca morrerá eternamente, mas passou da morte para a vida. No glorioso dia do retorno triunfante de nosso bendito Deus e Salvador, os que estiverem mortos ressuscitarão com um corpo imortal, incorruptível, poderoso, glorioso e celestial, semelhante ao corpo da glória de Cristo e os que estiverem vivos serão transformados e arrebatados para estarem com Cristo para sempre. A própria morte, que espalhou tanto terror e provocou tantas lágrimas, será lançada no lago de fogo e nós habitaremos os novos céus e a nova terra, onde Deus enxugará dos nossos olhos toda lágrima.

AS PROVAÇÕES DA VIDA SÃO MULTICOLORIDAS

Nisto exultais, embora, no presente, por breve tempo, se necessário, sejais contristados por várias provações.
(1Pedro 1:6)

Ninguém passa pela vida sem beber o cálice do sofrimento. Entramos no mundo chorando, lavamos o rosto com nossas próprias lágrimas ao longo da jornada e não raro, fechamos as cortinas da vida com lágrimas nos olhos. A vida não é indolor. Enfrentamos diversas provações. Tiago diz: "Meus irmãos, tende por motivo de toda a alegria, o passardes por diversas provações" (Tiago 1:2). A palavra grega *poikilos,* traduzida aqui, por "diversas", significa: policromática ou multicolorida. Há provações leves e provações pesadas. Provações rosa claro e provações rosa choque. Provações vermelho carmesim e provações escuras como breu. A despeito disso, Tiago nos ensina aqui algumas verdades importantes: Primeiro, as provações são compatíveis com a fé cristã. Tiago está se dirigindo a irmãos e não a pagãos. Vida cristã não é uma estufa espiritual, mas uma arena de luta, não é um parque de diversões, mas um campo de batalha. Segundo, as provações são compatíveis com a alegria. Tiago diz que, em vez de rendermo-nos à tristeza e à murmuração, devemos ter uma atitude de imensa alegria ao passarmos por essas diversas provações. Terceiro, as provações são compatíveis com a esperança, pois elas são passageiras e não permanentes. Nós vamos passar por elas em vez de ficarmos presos em suas garras. Se as provações são multicoloridas, também o é a multiforme (*poikilos)* graça de Deus. Para cada provação temos a graça suficiente para enfrentá-la!

A FELICIDADE DE TER UM CORAÇÃO PURO

Bem-aventurados os limpos de coração, porque verão a Deus.
(Mateus 5:8)

Jesus disse que felizes são os puros de coração, porque são estes que verão a Deus. Enganam-se aqueles que pensam que a felicidade está nas iguarias do banquete do mundo. A felicidade está exatamente em abster-se desses aperitivos. Os licores do pecado podem ser doces ao paladar, mas são amargos no estômago. Podem dar prazer por um momento, mas não satisfazem o coração para sempre. Não são aqueles que apreciam as aventuras da vida que são felizes, mas os que se mantêm castos. Não são aqueles que se entregam à volúpia que encontram a felicidade, mas os que guardam puro o coração. A felicidade não está no banquete do pecado, mas na festa da santidade. A felicidade não está nas aventuras crepitantes do sexo ilícito, mas na vida regida pela pureza. Só os puros de coração verão a Deus. Só os puros de coração se deleitam em Deus e se sentirão em casa na Casa do Pai. Uma pessoa impura não se sentiria bem no céu, pois lá não entra nada contaminado. Aqueles que se alimentam de impureza passarão toda a eternidade recebendo o que sempre desejaram, a impureza. Aqueles que semearam a impureza no tempo, colherão a impureza na eternidade. Aqueles, porém, que buscaram a santidade, verão a Deus e se deleitarão nele pelo desdobrar dos séculos sem fim.

O AMOR CONJUGAL, UM TESOURO PRECIOSO

As muitas águas não podem apagar o amor...
(Cântico dos Cânticos 8:7)

O livro de Cantares exalta o amor conjugal, um símbolo do amor de Cristo pela sua igreja. Em Cantares 8:6,7 encontramos quatro características acerca do amor conjugal. Primeiro, é um amor inviolável: "Põe-me como selo sobre o teu coração...". O selo é um símbolo de inviolabilidade. O amor conjugal precisa ser íntegro, puro, confiável, fiel. Segundo, é um amor sacrificial: "... porque o amor é forte como a morte". O amor verdadeiro se entrega sem reservas à pessoa amada. Cristo amou a igreja e a si mesmo se entregou por ela. O marido deve amar a esposa como Cristo amou a igreja, entregando-se por ela, estando disposto a morrer por ela. Terceiro, é um amor indestrutível: "As muitas águas não poderiam apagar o amor, nem os rios, afogá-lo". As crises e as tempestades da vida não podem destruir o verdadeiro amor. Nenhuma turbulência da vida pode abalar as estruturas do amor. O amor navega sobranceiro pelos mares revoltos e cruza os rios caudalosos com inabalável segurança. Quarto, é um amor incorruptível: "... ainda que alguém desse todos os bens da sua casa pelo amor, seria de todo desprezado". O amor não é um produto barato que se compra no mercado nem é uma moeda de troca que se barganha para alcançar vantagens imediatas. O amor não se corrompe nem se vende. É sincero, puro e confiável. Esse amor é o oxigênio do casamento, é o vetor que governa o relacionamento, é a recompensa maior da relação conjugal.

FILHOS, FLECHAS NAS MÃOS DO GUERREIRO

Como flechas na mão do guerreiro, assim os filhos da mocidade.
(Salmos 127:4)

Nós não criamos filhos para nós mesmos. Criamo-los para Deus. Preparamo-los para a vida. O Salmo 127 apresenta uma sugestiva figura acerca dos filhos. Eles são flechas nas mãos do guerreiro. Feliz aquele que enche deles a sua aljava. Quando se pensa numa flecha, três ideias vêm à nossa mente: A primeira delas é que um guerreiro antes de usar suas flechas precisa carregá-las nos ombros. As mães carregam os filhos no ventre e os pais os carregam nos braços. Nossos filhos precisam de cuidado, proteção e amor. Precisamos temperar disciplina com encorajamento; exortação com consolo. A segunda ideia é que um guerreiro carrega suas flechas para lançá-las para longe. Os pais não criam os filhos para si mesmos. Eles preparam os filhos para a vida. E muitas vezes, os pais lançam os filhos para longe, para atenderem os projetos de Deus. Os nossos filhos não são nossos, eles são de Deus, e devem estar a serviço de Deus. A terceira ideia é que um guerreiro não desperdiça suas flechas. Ele as lança num alvo certo. Também os pais devem preparar os filhos para serem vasos de honra, instrumentos de bênção nas mãos de Deus. Os pais não desperdiçam os filhos. Os filhos devem ser criados com sabedoria para serem bênçãos na família, na igreja e na sociedade.

SE CRERES, VERÁS A GLÓRIA DE DEUS

Respondeu-lhe Jesus: Não te disse eu que, se creres, verás a glória de Deus?
(João 11:40)

Lázaro, amigo de Jesus estava enfermo. Um recado urgente endereçado a Jesus foi expedido por Marta e Maria, irmãs de Lázaro: "Está enfermo aquele a quem amas". Em face da demora de Jesus, Lázaro morreu e os judeus que assistiam a família naquele momento de dor, questionaram a legitimidade do amor de Jesus por Lázaro. A expectativa de que Jesus chegasse para fazer recuar a morte foi frustrada. Só depois de quatro dias que Lázaro já estava sepultado é que Jesus entrou na aldeia de Betânia. Marta, com a alma empapuçada de dor, e talvez, até de decepção, foi ao encontro de Jesus e lhe disse: "Se tu estiveras aqui, meu irmão não teria morrido". Jesus disse que Lázaro haveria de ressuscitar. Marta disse: "Eu sei que ele vai ressuscitar no último dia". Jesus, porém, lhe disse: "Eu sou a ressurreição e a vida" (João 14:21,24,25). Nesse ínterim, Marta foi chamar Maria que, correndo, foi ao seu encontro e prostrou-se aos pés de Jesus para chorar. Jesus dirigiu-se ao túmulo de Lázaro e ordenou aos que estavam perto: "Tirai a pedra". Marta protestou: "Senhor, já cheira mal, porque já é de quatro dias". Jesus, porém, lhe disse: "Não te disse eu que, se creres, verás a glória de Deus?" (João 11:39). Não há causa perdida quando Jesus intervém. Não há problema insolúvel quando colocado nas mãos do Filho de Deus. Se você crer, você também verá a glória de Deus.

FUNDAMENTOS DESTRUÍDOS

Ora, destruídos os fundamentos, que poderá fazer o justo?
(Salmos 11:3)

Os historiadores dizem que o império romano só caiu nas mãos dos bárbaros porque já estava podre por dentro. O pecado é o opróbrio das nações. Uma nação não pode ser forte se ela mesma destrói seus fundamentos. Davi estava encurralado por terríveis inimigos. O escape parecia impossível. Os mais apressados diziam que o melhor era fugir para escapar das flechas, disparadas às ocultas contra o coração dos justos. O que fazer nessas horas, quando os fundamentos estão sendo destruídos? O que fazer quando os valores morais estão sendo tripudiados? O que fazer quando as autoridades constituídas, em vez de promover o bem e coibir o mal, promovem o mal e amordaçam o bem? O que fazer quando leis injustas e até imorais são criadas para conspirar contra os valores morais que devem governar a família e a nação? Mesmo com a situação caótica, em vez de fugir covardemente, Davi viu que Deus está no seu templo, assentado no trono, sondando os filhos dos homens, para derramar seu juízo sobre os ímpios e conduzir à glória os justos. As crises da terra não abalam o trono de Deus. Mesmo quando as coisas parecem fora de controle, Deus continua no controle. Ainda que os fundamentos sejam destruídos, os justos não perecerão, mas contemplarão a face do Senhor. Os ímpios sofrerão a justa punição do seu erro, mas aqueles que confiam em Deus jamais serão abalados.

CANTANDO À MEIA-NOITE

Por volta da meia-noite, Paulo e Silas oravam
e cantavam louvores a Deus...
(Atos 16:25)

Paulo e Silas estavam em Filipos, colônia romana, na província da Macedônia. Nessa cidade, Lídia, uma empresária, da cidade de Tiatira, vendedora de púrpura, havia se convertido a Cristo. Uma jovem, possessa de um espírito de adivinhação, acabara de ser liberta, fato que provocou profundo desgosto aos homens que lucravam com sua adivinhação. Tomados de ira, arremeteram contra Paulo e Silas e os prenderam. Incitaram o povo e as autoridades contra esses dois missionários. O resultado é que foram açoitados em praça pública e depois foram lançados no interior de uma prisão imunda, com os corpos ensanguentados. A injustiça, a humilhação e a dor não puderam apagar as chamas do fervor espiritual no coração desses dois obreiros. À meia-noite, eles oravam e cantavam louvores a Deus. Aquela prisão escura, úmida e insalubre tornara-se um templo de adoração e seus pés presos no tronco, uma razão ainda mais eloquente para erguerem a voz e cantar louvores a Deus. Nosso Deus inspira canções de louvor nas noites escuras. O louvor não é consequência de circunstâncias favoráveis. O louvor coexiste com a dor e, muitas vezes, é temperado com as lágrimas. Aquela reunião de oração na cadeia trouxe o céu à terra. Deus enviou um terremoto que abriu as portas da prisão. O carcereiro, apavorado, vendo as portas abertas e pensando que os prisioneiros haviam fugido, tomou a decisão de se matar. Mas, aquela não foi a noite de sua morte, mas a noite de sua salvação, pois, ali na prisão, ele conheceu a Cristo e foi salvo.

CLAME A DEUS, E ELE ESCUTARÁ SUA ORAÇÃO

Invoca-me no dia da angústia, eu te livrarei, e tu me glorificarás.
(Salmos 50:15)

Neste versículo aprendemos três grandiosas verdades: uma ordem, uma promessa e uma reação. A ordem de Deus é: "Invoca-me no dia da angústia". Temos angústias. A vida não é indolor. Passamos por vales escuros e desertos escaldantes. Cruzamos mares revoltos e rios caudalosos; pântanos lodacentos e fornalhas acesas. Nessas horas quando nos sentimos esmagados pelo pavor, somos ordenados a invocar o Senhor. A promessa de Deus é meridianamente clara: "Eu te livrarei" (Salmos 50:15). Deus está com seus ouvidos atentos ao clamor do aflito. Seus olhos sondam aqueles que estão sendo provados na fornalha da aflição. Suas mãos poderosas e providentes não estão encolhidas, mas estendidas, prontas para socorrer e livrar aqueles que o invocam. Finalmente, temos aqui uma reação e uma resposta ao livramento divino. "E tu me glorificarás". Aqueles que, na angústia experimentam o livramento de Deus, abrem as comportas da alma, para derramar em catadupas, sua expressão eloquente de gratidão, seu preito de louvor, em torrentes de exaltação e glorificação ao Senhor. A oração desemboca no louvor. O clamor do aflito deságua nas ações de graças do adorador. Quando erguemos ao céu nossa voz no vale da aflição, recebemos o livramento divino e ofertamos nossa adoração àquele que livra, perdoa e salva o seu povo.

TRANSFORMANDO VALES EM MANANCIAIS

O qual passando pelo vale árido, faz dele um manancial.
(Salmos 84:6)

O Salmo 84 foi escrito pelos filhos de Coré. Retrata o anseio da alma por Deus e a saudade do templo. Aqueles que habitam na casa de Deus são muito felizes porque podem ter um louvor perene nos lábios. Aqueles que encontram abrigo nos átrios da casa de Deus recebem força do Altíssimo. Três experiências são vivenciadas por aqueles que conhecem a Deus, na casa de Deus: Em primeiro lugar, uma postura de confiança em Deus mesmo na adversidade. O versículo 5 diz que os pés estão no vale, mas no coração os caminhos são aplanados. As circunstâncias são medonhas, mas a serenidade do coração é inabalável. Em segundo lugar, uma experiência da libertação divina em meio à adversidade. O versículo 6 diz que Deus nem sempre nos livra do vale árido, mas transforma-o num manancial. Não somos poupados dos problemas, mas poupados apesar deles e no meio deles. Deus nem sempre nos livra da fornalha, mas na fornalha. A vida cristã não é uma estufa espiritual nem uma redoma de vidro, mas um campo de batalha. No mundo teremos aflições, pois importa-nos entrar no reino de Deus por meio de muitas aflições. Em último lugar, uma certeza de que nunca nos faltará recursos de Deus para prosseguirmos vitoriosamente até o dia final. O versículo 7 diz que vamos indo de força em força até o destino final. A força para essa caminhada vitoriosa não vem de dentro, mas do alto; não do homem, mas de Deus; não da terra, mas do céu!

A ORIGEM DA FAMÍLIA

E Deus os abençoou e lhes disse: Sede fecundos, multiplicai-vos, enchei a terra e sujeita-a...
(Gênesis 1:28)

Deus criou o homem e a mulher. Criou-os à sua imagem e semelhança. Criou-os perfeitos, colocou-os num lugar perfeito e tinha com eles perfeita comunhão. Deus não apenas criou o homem e a mulher, mas também os uniu em sua carne, estabelecendo um princípio permanente: "Por isso, deixa o homem seu pai e sua mãe, se una à sua mulher, tornando-se os dois uma só carne" (Gênesis 2:24). O casamento não nasceu na terra, mas no céu. Não nasceu no coração do homem, mas no coração de Deus. O casamento é a primeira instituição divina. Precede à igreja e ao Estado. A família é a base de todas as outras instituições. É a célula mãe da sociedade. Por ter sua origem em Deus, a família há de permanecer vitoriosa até o fim. Enquanto o mundo for mundo, a família estará presente na terra e homens e mulheres estarão se casando e dando-se em casamento. É bem verdade que a família está sendo torpedeada implacavelmente. São muitos os torpedos que são lançados sobre essa divina instituição para desmoralizá-la. Mas, ela sairá vitoriosa e sobranceira de todas essas lutas. Os homens não podem desfazer o que Deus faz. A família prosseguirá sua jornada perseverantemente e navegará nesse mar revolto até chegar ao seu destino final, quando então, na consumação de todas as coisas, os remidos de Deus, serão recolhidos aos tabernáculos eternos para habitar para sempre com o Senhor, onde seremos uma só família!

ASSÉDIO MORAL, UM LAÇO PERIGOSO

Falando ela a José todos os dias, e não lhe dando ouvidos, para se deitar com ela e estar com ela.
(Gênesis 39:10)

José era escravo na casa de Potifar, mas era um jovem inteligente e bonito. Não tardou para que a mulher de Potifar colocasse seus olhos nele com desavergonhada cobiça. Usou todas as suas armas de sedução para levar o jovem hebreu para a cama. Mas José manteve-se íntegro. Muitos fatores poderiam atenuar a culpa de José se ele se entregasse aos galanteios daquela mulher sedutora. Ele era jovem. Seus hormônios gritavam dentro dele. Era escravo e devia obedecer em tudo sua patroa. Vivia longe de casa e ninguém cobraria nada dele. Ainda mais: Dizer não aos encantos de sua patroa poderia lhe render perdas e ir para a cama com ele poderia lhe trazer vantagens imediatas. Além do mais, o assédio era contínuo. Chegou o dia em que a mulher agarrou José e lhe disse: "Deita-te comigo". José, porém, evadiu-se deixando em suas mãos o seu manto. Preferiu a acusação aberta à culpa secreta. Preferiu a prisão à liberdade no pecado. Preferiu sofrer como inocente a ser promovido como adúltero. A Bíblia diz: "O que adultera com uma mulher está fora de si; só mesmo quem quer arruinar-se é que pratica tal coisa" (Provérbios 6:32). Deus julgará os impuros e adúlteros. Aqueles que vivem assediando e deixando-se assediar caem numa armadilha de morte e colherão os frutos amargos dessa semeadura insensata.

CONVICÇÃO INABALÁVEL

... porque sei em quem tenho crido e estou certo de que ele é poderoso para guardar o meu depósito até aquele Dia.
(2Timóteo 1:12)

O apóstolo Paulo já havia passado por muitos dissabores desde sua conversão no caminho de Damasco. Já havia sido perseguido em Damasco, rejeitado em Jerusalém e abandonado em Tarso. Na sua primeira viagem missionária foi apedrejado em Listra e na sua segunda viagem, preso e açoitado em Filipos. Na sua terceira viagem enfrentou feras em Éfeso e ao trazer uma oferta para os pobres da Judeia foi preso em Jerusalém. Seus compatriotas, enfurecidos, resolveram tirar-lhe a vida. Diante da conspiração dos judeus e da covardia do governador Festo, Paulo apelou para ser julgado diante de César, em Roma. Na capital do império, o veterano apóstolo enfrentou duas prisões. Da primeira prisão conseguiu sair, mas da segunda só saiu para o martírio. Mesmo sabendo que a hora da sua morte havia chegado, não se intimidou. Havia recebido de Deus não espírito de medo, mas de poder e moderação. Não estava com medo de morrer, pois sabia em quem havia crido e para onde estava indo. Não caminhava para um patíbulo de morte, mas para a coroação. Com santa ousadia e com audácia inabalável, Paulo escreveu: "Eu sei em quem tenho crido e sei que ele é poderoso para guardar o meu tesouro até o dia final". Bendita certeza! Gloriosa convicção!

ESTÁ ENFERMO AQUELE A QUEM AMAS

... Senhor, está enfermo aquele a quem amas.
(João 11:3)

Lázaro, amigo de Jesus, estava enfermo na aldeia de Betânia. Suas irmãs enviaram um recado urgente para Jesus: “Está enfermo aquele a quem amas”. Estavam certas de que Jesus atenderia prontamente a esse pedido. Jesus, porém, ao receber a mensagem, disse: “Esta enfermidade não é para a morte, mas para a glória de Deus”. Em vez de seguir imediatamente para Betânia, Jesus ainda permaneceu mais dois dias onde estava. Quando foi ao encontro daquela família amada, Lázaro já estava morto e sepultado há quatro dias. Os judeus questionaram o amor de Jesus, sobretudo, em virtude de sua demora. Ainda hoje temos muita dificuldade de conjugar o amor de Deus com sua demora. Mas o Senhor nunca chega atrasado. Ele é o Senhor do tempo e faz todas as coisas perfeitas. A ressurreição de um morto é um milagre maior do que a cura de um enfermo. A ressurreição de um morto de quatro dias só o Messias poderia realizar, segundo a crença dos rabinos. Quando Marta interceptou Jesus, no túmulo de Lázaro, dizendo para Jesus que já fazia quatro dias e que agora o milagre seria impossível, Jesus respondeu: “... se creres verás a glória de Deus” (João 11:40). Jesus chamou Lázaro da morte para a vida, a glória de Deus foi manifestada e aquela família amiga foi consolada. Jesus ama você e Ele cuida de você em suas dores, angústias e necessidades.

CUIDADO COM AS DÍVIDAS

A ninguém fiqueis devendo coisa alguma, exceto o amor com que vos ameis uns aos outros...
(Romanos 13:8)

Milhões de pessoas não conseguem conciliar o sono por causa das dívidas. Gastam mais do que ganham e fazem compromissos que não podem cumprir. Há um ditado popular que diz: "Não coloque o chapéu onde sua mão não alcança". Não é sensato fazer compromissos que não podemos cumprir. Não é sábio entrar em dívidas sem planejamento. Muitas famílias vivem perturbadas por causa das dívidas. Gastam mais do que ganham, compram mais do que podem e mantêm um estilo de vida acima de suas posses. Há pessoas que não sabem administrar seus recursos financeiros nem se controlar quando estão diante dos apelos sedutores do comércio. Muitos indivíduos acabam enterrando suas finanças em juros altos, porque compram o que não precisam, com o dinheiro que não têm, para impressionar pessoas que não conhecem. Precisamos ter uma ética de como ganhar o dinheiro e como investi-lo. Não podemos gastar mais do que ganhamos nem tudo que ganhamos. Precisamos fazer uma poupança de pelo menos dez por cento do que ganhamos. Não podemos comprar tudo que temos vontade. Há uma grande diferença entre vontade e necessidade. Não é sábio comprar a prazo pagando juros altos. Não é sensato pegar emprestado, seja do banco ou de particulares, para comprar o que é supérfluo. Quem se enrola em dívidas acaba perdendo seus bens, seu nome e sua paz. A Bíblia diz que não devemos ficar devendo nada a ninguém, exceto o amor.

CRIAÇÃO, UMA VERDADE ESPLÊNDIDA

No princípio criou Deus os céus e a terra.
(Gênesis 1:1)

A ciência prova que o universo é constituído de matéria e energia. Prova também que o universo é governado por leis. Matéria e energia não criam leis. Logo, se o universo é governado por leis, alguém fora do universo criou essas leis, uma vez que leis não se criam. Aqueles que defendem que o universo surgiu espontaneamente ou veio à existência mediante uma explosão cósmica ou mesmo por um processo de evolução de milhões e milhões de anos ficam sem resposta diante desse fato incontroverso. Como vida procede de vida, o mundo não poderia ter surgido espontaneamente. Uma explosão cósmica não poderia produzir um universo com movimentos e leis tão precisas. Uma evolução de milhões e milhões de anos não explica suficientemente o fato de todos os seres vivos serem geneticamente programados. Seria mais fácil crer que milhões de letras lançadas a esmo ao espaço cairiam ao chão na forma de uma enciclopédia do que crer que uma explosão deu origem ao universo. Seria mais fácil acreditar que um rato correndo atabalhoadamente sobre as teclas de um piado tocasse serenata ao luar do que crer que este universo tão vasto e tão complexo surgiu espontaneamente ou foi produto de uma evolução das espécies. A verdade antiga, atual e eterna é que no princípio criou Deus os céus e a terra. O que passar disso é mera conjectura.

VIOLÊNCIA URBANA, UMA AMARGA REALIDADE

Até quando, Senhor, clamarei eu, e tu não me escutarás?
Gritar-te-ei: Violência! E não salvarás?
(Habacuque 1:2)

A maior preocupação do brasileiro é com a segurança pública. Temos medo de bala perdida, sequestro, assalto e arrombamento. Nossas cidades estão se transformando em campos de sangue e nossas ruas em trincheiras de guerra. O aumento do consumo de álcool e das drogas mais pesadas tem sido um pesadelo para as famílias. Perdemos todos os anos milhares de pessoas para o tráfico e milhões de jovens enterram seu futuro na cova desse vício degradante. O resultado é que a violência urbana atinge níveis insuportáveis. Sentimo-nos inseguros até dentro de casa. Acontecem, à luz do dia, assaltos, sequestros e assassinatos por questões fúteis. O trânsito dos grandes centros urbanos, além de congestionado, parece mais um barril de pólvora. As pessoas andam com os nervos à flor da pele. Discutem, brigam e matam por questões banais. A repressão da lei não é suficiente para frear esse impulso de violência. Não basta restrições externas, é preciso mudança interna. Somente Jesus pode transformar o coração, pacificar a alma e dar ao homem domínio próprio e controle emocional. A única esperança para a família e para a sociedade é Jesus. Só Ele pode dar vida e vida em abundância.

CONTINUE ESPERANDO UM MILAGRE

Ela concebeu e, passado e devido tempo, teve um filho, a que chamou Samuel, pois dizia: Do Senhor o pedi.
(1Samuel 1:20)

Ana era estéril, mas tinha o sonho de ser mãe. Seu marido a amava, mas sua rival a provocava excessivamente para a irritar. Elcana, seu marido, um dia lhe aconselhou a desistir desse sonho, mas Ana não desistiu. Continuou resoluta na expectativa do milagre. O sacerdote Eli, noutra ocasião, ao vê-la orando no templo, pensou que ela estivesse bêbeda e a repreendeu. Mas Ana não se calou nem nutriu mágoa no coração. Ela manteve-se focada no seu propósito de gerar um filho. Fez um voto a Deus, dizendo que se o Senhor ouvisse seu clamor e lhe desse um filho, ela o devolveria para ser um sacerdote. O sacerdote Eli, vendo que ela derramava sua alma diante de Deus, ordenou-lhe voltar para casa com a promessa da vitória. Ela voltou para casa, coabitou com seu marido, Deus se lembrou dela, e ela concebeu e deu a luz a um filho, a quem pôs o nome de Samuel. A aparente demora de Deus era pedagógica. Os propósitos de Deus são maiores do que nossos sonhos. Deus não deu apenas um filho a Ana, mas seu filho foi o maior profeta, o maior sacerdote e o maior juiz da sua geração. Quando as coisas parecem fora de controle, elas estão sob o controle de Deus. Quando tudo parece perdido, continue esperando um milagre!

ALÉM DA SEPULTURA

Pois, se cremos que Jesus morreu e ressuscitou, assim também Deus, mediante Jesus, trará, em sua companhia, os que dormem.
(1 Tessalonicenses 4:14)

A morte é o sinal de igualdade na equação da vida: nivela todos os homens. Não há refúgio seguro na terra que possa nos esconder da morte. Suas mãos álgidas descem sobre ricos e pobres, velhos e crianças. Há vários pensamentos acerca da morte e da vida além-túmulo. Alguns pensam que a morte é o fim da existência. Outros pensam que a morte é um prêmio, uma vez que o corpo é o cárcere da alma. Outros pensam que tanto o corpo como a alma vão para a sepultura, aguardando o dia da ressurreição. Há aqueles que acreditam na reencarnação e defendem a pluralidade de vidas e outros ainda professam crer no purgatório, entendendo que a alma vai para um lugar de tormento a ser purificada e poder entrar no céu. O que a Bíblia tem a dizer sobre esse assunto? A Palavra de Deus diz que ao homem está ordenado morrer uma só vez, vindo depois disto o juízo. Diz ainda que o espírito volta a Deus que o deu e o corpo volta ao pó. Diz também que os que morreram sem Cristo imediatamente começam a sofrer as penalidades do inferno e os que morreram com Cristo entram imediatamente na glória. A Bíblia diz que no dia da ressurreição, uns vão se levantar da morte para a ressureição do juízo e outros para a bem-aventurança eterna. Porque Cristo venceu a morte e arrancou seu aguilhão, aqueles que morrem em Cristo são bem-aventurados, pois morrer é deixar o corpo e habitar com o Senhor; é partir para estar com Cristo, o que é incomparavelmente melhor!

O SILÊNCIO DE DEUS

Atenta para mim, responde-me, Senhor, Deus meu!
(Salmos 13:3)

O silêncio de Deus grita mais alto em nossos ouvidos do que os berros da natureza. Os trovões que ribombam das nuvens tempestuosas são mais suaves do que o silêncio de Deus nas noites escuras da alma. Não é fácil lidar com o silêncio de Deus. Quando Deus se cala ficamos confusos e perturbados. Muitos salmos de lamento expressam essa angústia. O patriarca Jó lidou com o silêncio de Deus. Fuzilado pela dor e esmagado pelas perdas, Jó bradou desde a terra aos céus, esperando explicações. Perdeu bens, filhos e saúde. Perdeu o apoio da mulher e a compreensão dos amigos. Perdeu a dignidade da vida e a compaixão das pessoas. Mergulhado numa dor atroz, endereçou a Deus dezesseis vezes a mesma pergunta perturbadora: "Por quê? Por quê? Por quê?". Jó esperava que uma explicação vinda de Deus pudesse aliviar sua dor. Mas essa explicação não chegou. O silêncio de Deus foi total. Os céus cerram suas comportas. A única voz que Jó ouviu no epicentro da tempestade foi o total silêncio de Deus. Quando Deus resolveu falar com Jó, não respondeu sequer uma de suas perguntas. Ao contrário, fez-lhe setenta perguntas; todas revelando sua majestade. Jó foi restaurado por Deus, mas não recebeu nenhuma explicação de Deus. Recebeu em dobro tudo quanto possuíra. Saiu dessa experiência mais perto de Deus e mais maduro espiritualmente. O silêncio de Deus não o destruiu, mas o fortaleceu.

MITOS SOBRE O DINHEIRO

Ora, os que querem ficar ricos caem em tentação, e cilada, e em muitas concupiscências insensatas e perniciosas...
(1Timóteo 6:9)

Há dois mitos muito comuns sobre o dinheiro. O primeiro deles é que o dinheiro produz segurança. Os ricos blindam seus carros, vivem em mansões amuralhadas e andam com guarda-costas. Pensam que podem viver seguros com esses expedientes. Ledo engano. Mesmo vestidos com couraças de ferro, os ricos andam inseguros e assaltados pelo medo. O segundo mito é que o dinheiro traz felicidade. Os ricos vestem-se garbosamente, frequentam os restaurantes mais requintados, participam dos banquetes com as iguarias mais caras, mas não se fartam nem se saciam. Há um vazio na alma que o dinheiro não preenche. Há uma sede no coração que coisas que não podem satisfazer. Salomão foi o homem mais rico de Israel. Tinha muitos bens, muito sucesso e muitos prazeres. Mas nada disso preencheu o vazio da sua alma. Tudo era vaidade, bolha de sabão. John Rockefeller, o primeiro bilionário do mundo, disse que o homem mais pobre que conhecia era aquele que só tinha dinheiro. O apóstolo Paulo disse que a vida de um homem não consiste na abundância de bens que ele possui. Nada trouxemos para este mundo nem nada dele levaremos. Portanto, colocar o coração nas riquezas é insensatez. Devemos ajuntar tesouros lá no céu, pois lá está a nossa Pátria. O segredo da felicidade está no contentamento com a piedade. O contentamento é um aprendizado. O apóstolo Paulo disse que aprendeu a viver contente em toda e qualquer situação. Você também pode ser feliz!

BAIXA AUTOESTIMA, A SÍNDROME DE GAFANHOTO

Visto que foste precioso aos meus olhos, digno de honra, e eu te amei...
(Isaías 43:4)

Milhões de pessoas vivem com a autoestima achatada. Sentem-se esmagadas pelo complexo de inferioridade. Olham para si mesmas com desprezo. Sentem-se inferiores aos demais. São como os espias de Israel, que se viram como gafanhotos diante de gigantes. Precisamos entender que não somos o que pensamos que somos nem mesmo o que as pessoas dizem que somos. Somos o que Deus diz que somos. Temos valor para Deus. Fomos criados à sua imagem e semelhança. Pertencemos a Ele por direito de criação. Aqueles que creem no Senhor Jesus pertencem a Ele também por direito de redenção. Somos duplamente de Deus. Temos valor para Ele. Quando rejeitamos o projeto estamos rejeitando também o projetista. Quando nos sentimos um zero à esquerda estamos menosprezando o Criador. Quando nos sentimos sem valor estamos fazendo pouco caso do Redentor. A Bíblia diz que somos filhos de Deus, herdeiros de Deus e habitação de Deus. Somos a herança de Deus, a menina dos olhos de Deus e a delícia de Deus, em quem Ele tem todo o seu prazer. Não deve existir espaço para orgulho nem para autodesprezo em nosso coração. Somos o que somos pela graça de Deus. Nele devemos nos alegrar!

A SANTIDADE DO SEXO

Que cada um de vós saiba possuir o próprio corpo em santificação e honra.
(1Tessalonicenses 4:4)

O sexo é bom, santo, puro e deleitoso. Deus criou o homem e a mulher e criou-os sexuados, com desejos legítimos e com a capacidade de dar e receber prazer. O prazer sexual não é pecado; é santo. Deus instituiu a forma certa de se desfrutar do sexo de forma segura, abundante e deleitosa: o casamento. O sexo antes do casamento é fornicação e aqueles que se entregam à essa prática estão debaixo da ira de Deus. O sexo fora do casamento é adultério e somente aqueles que querem se destruir cometem tal loucura. O sexo é proibido por Deus antes e fora do casamento; mas ordenado por Deus no casamento. Mesmo no casamento, porém, o sexo preciso ser puro. A Bíblia diz que digno de honra entre todos é o casamento e o leito sem mácula. A palavra "leito" significa "coito", relacionamento sexual. Marido e mulher não devem buscar expedientes pornográficos para aquecer o relacionamento sexual. A pornografia é um pecado. Vicia e adoece a relação. É como levar lixo para o leito conjugal. As pessoas mais felizes na vida sexual são aquelas que usufruem desse banquete do amor com santidade e pureza. São aquelas que bebem as águas de seu próprio manancial. A fidelidade conjugal é vital para um relacionamento sexual saudável entre marido e mulher. A Palavra de Deus é clara em ensinar que o cônjuge precisa ser um jardim fechado, uma fonte selada.

OLHE PARA CIMA, AINDA HÁ ESPERANÇA

Então, disse eu: ai de mim! Estou perdido! Porque sou homem de lábios impuros, habito no meio de um povo de impuros lábios, e os meus olhos viram o Rei, o Senhor dos Exércitos!
(Isaías 6:5)

As crises são inevitáveis, imprevisíveis e inadministráveis. Espreitam-nos por todos os lados, todos os dias, amedrontando-nos com sua carranca. As crises, porém, são um tempo de oportunidade em nossa vida. Elas são como uma encruzilhada. Podem tornar-se a estrada do nosso triunfo ou a rota do nosso fracasso. As crises revelam os covardes e levantam os heróis. A grande questão, portanto, é: para onde olhar na hora da crise? O profeta Isaías estava vivendo uma crise avassaladora. Sua nação estava de luto. O rei Uzias estava morto. Os ventos contrários da crise sopravam com fúria indômita, trazendo em suas asas instabilidade política, econômica, moral e espiritual para a nação. Nesse momento, Isaías teve a mais importante experiência da sua vida. Ele olhou para cima e viu Deus em seu trono; olhou ao redor e viu a sua nação rendida ao pecado; olhou para dentro e viu a enormidade do seu pecado; olhou para a frente e viu o desafio de Deus para sua vida. Alguns saem da crise derrotados; outros, vitoriosos. Não foque sua atenção na crise; volte seus olhos para Deus. Ele está no controle de todas as coisas e Ele é poderoso para pôr um fim em todas as suas crises.

VIOLÊNCIA, ATÉ QUANDO?

E, por se multiplicar a iniquidade, o amor se esfriará de quase todos.
(Mateus 24:12)

Parece que o mundo enlouqueceu. As nossas cidades estão se transformando em campos de sangue. A violência está nas ruas, nas escolas, nas famílias, entre as nações. Falamos de paz, mas gastamos bilhões de dólares fabricando armas de destruição. Temos medo de sair de casa. Temos medo de assalto e medo de sequestro. Temos medo de bala perdida. Temos medo dos bandidos e medo da polícia. Estamos enjaulados dentro de casa, trancados com cadeados e cercas elétricas. A violência não está apenas do lado de fora dos muros, está dentro de casa. Há pais matando filhos e filhos matando pais. Há maridos matando a esposa e esposas matando o marido. Os inimigos do homem são os da sua própria casa. Estamos alarmados, pois no passado nos diziam que a violência era resultado da ignorância e da pobreza. Mas a violência cresce no meio de gente culta e rica. O problema é que a violência está dentro do nosso coração. É do nosso coração que procedem os maus desígnios. Não podemos resolver o problema da violência apenas com a educação. Precisamos de transformação. Só Jesus pode mudar o nosso coração. Só Ele pode colocar amor onde havia ódio. Só Ele pode colocar perdão onde havia mágoa. Só Jesus pode trazer paz para o coração, para a família e para a sociedade. Jesus é o Príncipe da paz. Ele é a paz e só Ele pode dar a paz verdadeira.

JESUS, NOSSA BENDITA ESPERANÇA

Paulo, apóstolo de Cristo Jesus, pelo mandato de Deus,
nosso Salvador, e de Cristo Jesus, nossa esperança.
(1Timóteo 1:1)

Milhões de pessoas estão com a esperança morta, estão esmagadas pelo desespero. Vivem com os olhos inchados de tanto chorar, feridas pelas revezes da vida. Os homens vivem sem esperança e sem Deus no mundo. Correm atrás das religiões e colhem decepções amargas. Buscam as psicologias de autoajuda e sentem-se ainda mais insatisfeitos. Correm para os banquetes do pecado e saem de lá mais frustrados. Na ânsia de encontrar um sentido para a vida, muitos correm para as fontes das aventuras e bebem todas as taças dos prazeres deste mundo, mas sentem-se ainda mais infelizes. É nesse cenário cinzento de desespero que Jesus se apresenta como a nossa esperança. Ele é a nossa esperança porque morreu por nós, para nos salvar. Ele é a nossa esperança porque vive para nós para nos santificar. Ele é a nossa esperança porque voltará para nós, para nos glorificar. Jesus pode ser o motivo perene do seu júbilo e a âncora segura da sua esperança. Não deposite sua esperança na sua força nem na instabilidade da riqueza. Não ponha sua esperança nas coisas que perecem. Coloque seus olhos em Jesus. Ele não é uma miragem enganadora. Ele é o refúgio verdadeiro. Ele é a nossa única esperança!

DEUS TRABALHA A NOSSO FAVOR, E NÃO CONTRA NÓS

Então, lhe disse Jacó, seu pai: Tendes me privado: José já não existe, Simeão não está aqui, e ides levar a Benjamim! Todas essas coisas me sobrevêm.
(Gênesis 42:36)

Jacó foi amado por Deus antes de nascer. Era neto de Abraão, filho de Isaque e pai das doze tribos de Israel. Sua história é um ziguezague de altos e baixos. Mesmo criado num lar temente a Deus, só conheceu ao Senhor como o Deus de sua salvação depois de ter constituído família, beirando seus noventa e três anos. Jacó teve que sair de casa fugido e voltou para sua terra com medo. O plano de Deus, porém, jamais se apartou de Jacó. No vau de Jaboque Deus lutou com Jacó e o deixou manco para não o perder para sempre. A graça de Deus é eficaz. Aqueles a quem Deus escolhe, a esses Deus também chama eficazmente. Jacó recebeu uma nova vida, um novo nome, uma nova história. Tornou-se o pai das doze tribos de Israel. Seu filho José, foi vendido por seus irmãos para o Egito, mas Deus usou essa providência carrancuda para mostrar-lhe sua face sorridente. Aquela situação difícil não era uma ação de Deus contra Jacó, mas a favor de Jacó. Não há Deus como o nosso, que trabalha para aqueles que nele esperam. Aquilo que Jacó imaginava ser sua ruína era sua salvação. Aquilo que ele imaginava estar contra ele, estava laborando em seu favor. Seu lamento tornou-se seu cântico mais efusivo. Deus transformou o vale árido num manancial, as lágrimas em celebração, o choro numa fonte de consolo.

ONDE TEM ÁGUA, TODA TERRA É TERRA BOA

E tornou Isaque a abrir os poços que se cavaram nos dias de Abraão, seu pai (porque os filisteus os haviam entulhado depois da morte de Abraão), e lhes deu os mesmos nomes que há seu pai lhes havia posto.
(Gênesis 26:18)

Isaque é o símbolo de um homem manso. Ele não gostava de contender. Preferia sofrer o dano a lutar pelos seus direitos. Quando estava na terra dos filisteus tomou duas atitudes. A primeira delas foi abrir os poços antigos que seu pai Abraão tinha cavado. A água estava lá e era água boa, mas esses poços estavam entupidos de entulho. Isaque sabia que o entulho dos filisteus precisava ser removido antes das águas fluírem. A segunda atitude foi cavar novos poços. Não podemos desprezar o passado nem nos limitar a ele. Isaque sabia que o Deus que fez é também o Deus que faz. Ele queria mais e, por isso, abriu novos poços. Deus fez brotar água do ermo e o deserto floresceu. Onde tem água, toda terra é terra boa. É assim também com a nossa vida. Nosso coração pode parecer um deserto seco. Mas, se as torrentes de água viva, símbolo do Espírito Santo, descerem sobre nossa vida, nosso coração também florescerá. Quando visitei Israel pela primeira vez, passei pelo deserto da Judeia. De um lado estava tudo seco, morto e sem vida. Do outro lado, havia um luxuriante laranjal com frutos excelentes. Perguntei ao guia turístico sobre aquele fenômeno. No mesmo deserto, de um lado reinar a morte e do outro explodir a vida. Ele me explicou: Onde tem água, toda terra é terra boa!

CELEIROS ABERTOS

Havendo, pois, fome sobre toda a terra, abriu José todos os celeiros...
(Gênesis 41:56)

O Egito, a terra dos faraós e das pirâmides, estava vivendo um tempo de fome. José, o jovem hebreu, filho de Jacó, neto de Isaque e bisneto de Abraão, por providência divina, está no Egito. Deixou a prisão para ocupar o cargo de governador do Egito. Depois de sete anos de fartura, quando as safras farturosas foram armazenadas cuidadosamente, a fome prevaleceu em todo o mundo. O Egito tornou-se, então, o celeiro do mundo. Abastecia a terra. Supria as necessidades de caravanas que vinham de todas as partes em busca de pão. Até mesmo os irmãos de José, que o haviam vendido como escravo ao Egito, precisavam se curvar diante deste príncipe provedor. Esse fato lança luz sobre uma gloriosa verdade espiritual. José, tipo de Cristo, é chamado: salvador do mundo. Jesus é o Salvador do mundo! Ele veio ao mundo como o Pão vivo que desceu do céu. Ele é o único que pode migar a fome da nossa alma. Há uma fome que assola toda a terra. Fome não do pão que perece, mas fome de Deus. Fome não das coisas do mundo, mas das coisas celestiais. Fome não do que é efêmero, mas fome do eterno. As iguarias da terra não podem alimentar o homem. As provisões humanas não nutrem a alma. Somente o Pão vivo de Deus pode satisfazer-nos. Os celeiros de Deus estão abertos. Há pão com fartura na casa do Pai. Os famintos são convidados: "... vós, o que não tendes dinheiro, vinde, comprai e comei; sim, vinde e comprai, sem dinheiro e sem preço, vinho e leite" (Isaías 55:1).

O SENHOR QUE TE SARA

... nenhuma enfermidade virá sobre ti, das que enviei sobre os egípcios; pois eu sou o SENHOR, que te sara.
(Êxodo 15:26)

A obediência a Deus traz benefícios eternos para a alma e cura para o corpo. Depois que o povo de Israel entrou no deserto rumo à Canaã, lidou com a dramática experiência da falta de água. A sede implacável era o novo desafio. Caminharam três dias pelo deserto sem uma gota d'água. Ao chegarem em Mara, encontraram água, mas as águas eram amargas. Mais uma vez o povo murmurou contra Moisés, dizendo: "Que havemos de beber?" (Êxodo 15:24). Moisés clamou a Deus e o Senhor lhe mostrou uma árvore; lançou-a Moisés nas águas, e as águas se tornaram doces. Deus lhes provou e lhes deu mandamentos e estatutos, dizendo que se eles dessem ouvidos aos seus mandamentos e guardassem seus estatutos, nenhuma enfermidade viria sobre eles, das que enviara sobre os egípcios. Para colocar um marco sobre essa promessa, apresenta-se ao povo com um novo nome: O Senhor que te sara. O nosso Deus é quem perdoa todas as nossas iniquidades e quem sara todas as nossas enfermidades. Toda cura, em última instância, é cura divina. Deus cura com os meios, sem os meios e apesar dos meios. Jesus, andou por toda a parte, fazendo o bem e curando a todos os oprimidos do diabo. Levantou os paralíticos, purificou os leprosos, deu vista aos cegos, fez os mudos falarem e os surdos ouvirem. Jesus é o mesmo ontem, hoje e sempre. Ele pode fazer o mesmo ainda hoje!

EU E A MINHA CASA

... eu e a minha casa serviremos ao Senhor.
(Josué 24:15)

A família é nosso maior tesouro, nosso mais precioso patrimônio. Todas as glórias do mundo perderiam seu brilho se, para recebê-las, tivéssemos que perder nossa família. Nenhuma glória humana compensa o fracasso da família. Nenhuma riqueza tem valor sem a felicidade da família. Como, porém, edificar uma família bem-aventurada? Qual é o segredo para se edificar uma casa na rocha? Josué, o grande líder que introduziu o povo de Israel na terra prometida, dá-nos a receita: "Eu e a minha casa serviremos ao Senhor". Josué nos ensina aqui algumas coisas: Primeiro, a família precisa de liderança espiritual. Josué não deixou cada membro de sua família fazer sua própria escolha. Como timoneiro do seu lar, como cabeça da sua família, escolheu o melhor e decidiu conduzir sua casa por esse caminho. Segundo, a família precisa de unidade. Josué não se contentou em servir a Deus sozinho. Ele não abriu mão de ver sua família nas mesmas pegadas. Não podia avançar e deixar para trás sua casa. O mundo ao seu redor era de um politeísmo pagão. A idolatria e a imoralidade eram práticas comuns daqueles dias. Josué fez a escolha certa e convocou sua família para abraçá-la. Terceiro, a família precisa definir suas prioridades. Josué sabia que a coisa mais importante para sua família era servir ao Senhor. Seu maior projeto de vida não era ser rico ou fazer de seus filhos pessoas famosas em Israel. Sua maior glória não era usufruir as benesses da liderança, mas motivar e inspirar sua família a servir a Deus.

UM GRANDE HOMEM, UM PEQUENO PAI

... julgarei a sua casa para sempre, pela iniquidade que ele bem conhecia, porque seus filhos se fizeram execráveis, e ele os não repreendeu.
(1Samuel 3:13)

Eli foi juiz e sacerdote de Israel por quarenta anos. Era um tempo de grande instabilidade religiosa e profunda crise espiritual. Os filhos de Eli, Hofni e Finéas, cresceram na Casa de Deus, mas não obedeceram a seu pai nem conheceram a Deus. Eram sacerdotes, mas não honravam a Deus. Eram ministros, mas não amavam o povo. Eram líderes, mas sua vida era uma pedra de tropeço para o povo. A impiedade de Hofni e Finéas tem muito a ver com a deficiência da criação. Eli era um pai ausente. Cuidava dos outros, mas esquecia-se de sua própria família. Eli era um pai bonachão. Não tinha pulso para corrigir seus filhos. Todo o povo comentava o comportamento escandaloso desses dois jovens sacerdotes, mas Eli não os disciplinava. Embora casados, Hofni e Finéas adulteravam dentro da casa de Deus. Desonravam a Deus, ofendiam o povo e desacatavam seu pai. Eli era um pai conivente. Além de ser tolerante com os erros dos filhos, era participante de seus desatinos. Amava mais a seus filhos do que a Deus, por isso, deixou de corrigi-los. Em vez de proteger seus filhos, entregou-os à destruição. Finalmente, Eli tornou-se um pai fatalista, que aceitou passivamente a decretação da derrota em sua família. Eli foi líder fora dos portões, mas um fracasso dentro de casa. Eli ajudou o povo, mas perdeu os filhos. Eli foi um grande homem, mas um pequeno pai.

NÃO BASTA COMEÇAR BEM

Consultou Saul ao Senhor, porém o Senhor não lhe respondeu, nem por sonhos, nem por Urim, nem por profetas.
(1Samuel 28:6)

Saul foi o primeiro rei de Israel. Governou a nação por quarenta anos. Seus primeiros anos foram bem-sucedidos, porém, terminou seu reinado de forma trágica. Não basta começar bem, é preciso terminar bem. Não basta iniciar a jornada com bons propósitos, é preciso completar a carreira com integridade. Saul desviou-se do caminho e pegou alguns atalhos perigosos. Sua obediência parcial tornou-se desobediência total. Sua demora em obedecer a Deus tornou-se rebelião deliberada. Sua dureza de coração e impiedade fecharam-lhe a porta do arrependimento. O mesmo homem que um dia fora cheio do Espírito, agora era tomado por espíritos malignos. O Espírito de Deus apartou-se dele e seu coração encheu-se de ódio. Saul ficou louco e violento. Retrocedeu em sua fé e acabou buscando o que outrora condenava. Saul consultou uma feiticeira em vez de consultar ao Senhor. Saul foi assaltado pelo medo e atentou contra sua própria vida. Começou bem e terminou mal. Começou vestindo a túnica da humildade e terminou sua carreira cheio de soberba. Começou com a bênção de Deus e fechou as cortinas de sua vida longe de Deus. Não basta começar bem, é preciso terminar bem. Não basta boas intenções, é preciso perseverança em andar com Deus.

APRENDA A LIDAR COM AS CRÍTICAS

Respondeu Davi: Que fiz eu agora? Fiz somente uma pergunta.
Desviou-se dele para outro e falou a mesma coisa...
(1Samuel 17:29,30)

É impossível ser um vencedor na vida sem lidar com críticas. Os críticos estão espalhados por todos os lados e eles teimam em nos atacar. Davi teve que lidar com alguns críticos, como Golias e Saul. Mas, o crítico mais amargo de Davi foi Eliabe, seu irmão mais velho. A crítica sempre dói, mas há momentos em que a crítica dói mais. Primeiro, quando vem daqueles que deveriam estar do nosso lado e estão contra nós. Segundo, quando vem daqueles que nos conhecem há muito tempo. Terceiro, quando vem envelopada com destempero emocional. Quarto, quando é contínua. Quinto, quando julga até nossas intenções. Sexto, quando visa nos humilhar. Todos esses componentes estavam presentes nas críticas de Eliabe a Davi. O que mais incomoda nossos críticos não são nossos defeitos, mas nossas virtudes. A nossa vitória é a derrota dos críticos. A nossa coragem denuncia a covardia dos críticos. Eliabe não podia se alegrar com a coragem de Davi, manifestada na disposição de lutar com o gigante Golias, pois fazia parte da soldadesca de Israel que fugia acovardada desse guerreiro insolente. A melhor maneira de lidar com seus críticos é fugir deles. Se você der ouvido aos críticos, perderá seu sono, sua paz e seu foco. Deus chamou você para fugir dos críticos e vencer os gigantes!

LUTE PELOS SEUS FILHOS

Davi muito se angustiou [...] porque todos estavam em amargura, cada um por causa de seus filhos e de suas filhas; porém Davi se reanimou no Senhor, seu Deus.
(1Samuel 30:6)

Você não gerou filhos para o cativeiro. Seus filhos são herança de Deus. São filhos da promessa. Nunca desista deles. Nunca deixe de lutar por eles. Davi estava sendo perseguido de forma implacável pelo rei Saul. Depois de se esconder nas cavernas e desertos, precisou fugir de Israel, buscando asilo político entre os filisteus. Designaram-lhe a cidade de Ziclague, onde sua família e as famílias de seus valentes permaneceram. Certa feita, quando Davi e seus homens chegaram em Ziclague, a cidade havia sido atacada pelos amalequitas. Feriram e queimaram a cidade. Levaram cativos os filhos, as filhas e as mulheres. Davi, ao ver a cena, chorou até não ter mais forças para chorar. Seus homens revoltaram-se contra ele e queriam apedrejá-lo pela amargura de espírito, pelo fato de seus filhos estarem nas mãos do inimigo. Quando a cena parecia irremediável, Davi se reanimou no Senhor, seu Deus e pôs-se a orar. Perguntou a Deus se deveria perseguir o inimigo. Deus não apenas deu resposta positiva, mas fez-lhe uma sólida promessa: Persegue o inimigo, pois tudo que ele tomou, você trará de volta. Davi reconheceu que o nosso Deus é o Deus da restituição. Davi, fortalecido pela promessa, saiu ousadamente e triunfou sobre os amalequitas, trazendo de volta as mulheres, os filhos e as filhas. Nada ficou nas mãos do inimigo, nem coisas pequenas nem grandes. Tudo Davi tornou a trazer. Não deixe seus filhos nas mãos do inimigo. Lute também pelos seus filhos. Chore pelos seus filhos. Não desista de seus filhos!

UMA MULHER BENDITA

Bendita seja a tua prudência, e bendita sejas tu mesma, que hoje me tolheste de derramar sangue...
(1Samuel 25:33)

Abigail era mulher de Nabal, um rico fazendeiro. Nabal era também um homem avarento, beberrão e incomunicável. Era filho de Belial, com quem ninguém conseguia conversar. Além disso, tinha mania de grandeza. Dava festas de rei sem ser rei. A despeito de ser um marido com tantas deficiências no seu caráter, Abigail era uma mulher com muitas virtudes. Era bela e sensata. Prudente e humilde. A despeito de seu marido transtornar sua casa, tinha pressa para salvar sua família. Certa feita, Abigail salvou sua família de uma grande chacina. Davi e seus homens estavam determinados a exterminar Nabal e todos os homens de sua família. Nabal pagou o bem com o mal e a ira de Davi acendeu-se contra ele. Abigail, sem nada falar com seu marido, agiu com destreza, sabedoria e prudência para salvar seu marido e sua casa. Davi elogiou Abigail e abrandou seu coração. Enquanto Abigail lutava pela família, Nabal se embriagava numa festa de ostentação. Porque Nabal não se arrependeu, morreu na sua impiedade. A viúva tornou-se mulher de Davi, mãe de príncipes, cuja biografia tornou-se honrada na história de Israel. Deus enalteceu Abigail, e sua prudência ainda encoraja milhões de pessoas em todo o mundo. A Bíblia diz que a mulher sábia edifica a sua casa. O homem que reconhece o valor de uma esposa prudente encontrou um tesouro mais valioso do que finas joias.

MAIS NOBRE QUE SEUS IRMÃOS

Foi Jabez mais ilustre do que seus irmãos; sua mãe lhe chamou Jabez, dizendo: Porque com dores o dei à luz.
(1Crônicas 4:9)

Jabez tornou-se mais nobre que seus irmãos. E por quê? Porque não se conformou com a decretação da derrota em sua vida. Porque reagiu diante da dor. Porque sacudiu o jugo do pessimismo. Porque resolveu buscar a Deus diante do sofrimento. Seu nome significa dor. Talvez sua mãe tenha sofrido muito para lhe dar à luz. Jabez recusou carregar o estigma do seu nome. Buscou a Deus e um milagre aconteceu em sua história. Vários pedidos foram feitos: Primeiro, ele pediu a bênção de Deus. Reconheceu que somente Deus poderia reverter os prognósticos sombrios de seu nome. Segundo, ele pediu a Deus fronteiras mais largas, oportunidades mais extensas, influência mais expressivas. Jabez queria subir nos ombros dos gigantes e ter a visão do farol alto. Terceiro, ele pediu a Deus livramento do sofrimento. No meio de uma geração que se conformava com a dor e estava subjugada ao sofrimento, Jabez soergueu-se das cinzas. Trocou os gemidos da alma, pela alegria da esperança. Substituiu o pranto da dor pelo cântico da vitória. Deus deferiu os pedidos de Jabez e ele alcançou o que pleiteou diante de Deus. Por isso, tornou-se mais nobre que seus irmãos. Destacou-se no meio da sua geração. Tornou-se um monumento da graça, um estandarte que ainda tremula, ensinando as gerações pósteras que vale a pena caminhar com Deus e fazer sua vontade.

A BOCA DE DEUS

Então, a mulher disse a Elias: Nisto conheço agora que tu és homem de Deus e que a palavra do Senhor na tua boca é verdade.
(1Reis 17:24)

O profeta Elias foi um homem semelhante a nós, sujeito às mesmas fraquezas. Sentiu medo. Fugiu das ameaças. Pediu para morrer. Pensou em desistir. Por outro lado, esse homem andou com Deus, foi ousado, confrontou as fortalezas do mal, enfrentou a fúria de um rei perverso e exortou uma nação apóstata a voltar-se dos ídolos para Deus. Elias orou e os céus fecharam suas comportas. Elias voltou a orar e Deus multiplicou a farinha e o azeite da viúva. Elias orou e a morte bateu em retirada. Elias tornou a orar e fogo do céu caiu sobre a terra. Elias subiu ao cume do Carmelo e clamou a Deus e as torrentes restauradoras caíram abundantemente depois de mais de três de seca. Uma cena é marcante na vida desse profeta. A viúva de Sarepta, ao receber seu filho ressuscitado por intermédio de Elias, disse: "Agora sei que és homem de Deus e que a palavra de Deus na tua boca é verdade". Uma coisa é proferir a palavra de Deus, outra bem diferente é ser boca de Deus. Não basta ser um eco, é preciso ser uma voz. Não basta pronunciar a palavra de Deus, é preciso ser boca de Deus! Elias pregava aos ouvidos e também aos olhos. Elias falava e fazia. Suas obras testificavam suas palavras. Sua mensagem era pronunciada com unção e na virtude do Espírito Santo. Mais do que nunca, precisamos hoje de pregadores que sejam boca de Deus!

VAI TUDO BEM?

Corre ao seu encontro e dize-lhe: Vai tudo bem contigo, com teu marido, com o menino? Ela respondeu: Tudo bem.
(2Reis 4:26)

A mulher sunamita era casada e rica, mas não tinha filhos. Era hospitaleira e cuidava de Eliseu, o profeta de Deus, mas não podia carregar no colo o fruto de seu ventre. Um dia, Eliseu profetizou que ela seria mãe. E de fato, isso aconteceu. A alegria iluminou aquele lar e a esperança brotou como o sol no horizonte daquela família. Quando o menino já estava grande a ponto de poder acompanhar o pai ao campo, fez sua primeira aventura para alegria da mãe e orgulho do pai. É nesse momento de celebração que uma tragédia aconteceu. O menino sentiu-se mal. Trouxeram-no rapidamente para casa e nos braços da mãe expirou. A sunamita mandou preparar o seu animal e saiu às pressas à procura de Eliseu. Quando se aproximava, o profeta viu sua angústia e perguntou: "Está tudo bem contigo? Com teu marido? Com o menino?". A mulher respondeu: "Tudo bem!". Na verdade, sua alma estava vestida de luto e seu coração em pedaços. Eliseu ordenou Geazi correr e colocar o seu bordão sobre o rosto do menino morto. Mas a mulher não abriu mão do próprio Eliseu ir com ela. O bordão na mão de Geazi não despertou o menino da morte. Eliseu, porém, subiu sobre o menino: mão na mão, olho no olho, boca na boca até que a carne do menino aqueceu. Eliseu não se contentou. Levantou-se e, em agonia de alma, clamou pela intervenção sobrenatural de Deus. Novamente, subiu sobre o menino até que ele espirrou sete vezes e ressuscitou.

CORAGEM PARA FAZER PERGUNTAS

Veio Hanani, um de meus irmãos, com alguns de Judá;
então lhes perguntei pelos judeus que escaparam...
(Neemias 1:2)

Neemias era copeiro do rei Artaxerxes. Essa era uma posição de honra e prestígio. Servia o rei em seu palácio de inverno, na cidadela de Susã, quando Hanani e outros judeus vieram visitá-lo. Neemias teve coragem de perguntar sobre os judeus que escaparam e não foram levados para o exílio e acerca de Jerusalém. Informaram-no de que a cidade estava com seus muros derrubados, com suas portas queimadas e o povo vivendo em grande miséria e desprezo. Neemias chorou ao ouvir esse relato. Pôs-se a orar e a jejuar pela situação. Depois de algum tempo, colocou-se nas mãos de Deus para ser resposta de Deus para a solução do problema. Neemias teve coragem de fazer perguntas. E ao ouvir a resposta, tornou-se responsável pela solução. Fazer perguntas torna-nos responsáveis. Fazer perguntas pode mudar radicalmente o rumo da nossa história. Muitas pessoas descobrem sua vocação ao tomarem conhecimento de uma necessidade. Foi assim com Neemias. Jerusalém já estava debaixo de escombros há mais de cem anos. Havia pobreza e desprezo. Havia inimigos ao redor. Havia embargo político impedindo a obra de restauração. O cenário era desolador. O povo estava completamente desanimado de prosseguir em seu sonho de restaurar a cidade de Jerusalém. Aquilo que parecia impossível, Neemias conseguiu em apenas cinquenta e dois dias. Tudo isso porque ele fez perguntas.

AS TESES DE SATANÁS

Então, respondeu Satanás ao Senhor:
Porventura Jó debalde serve a Deus?
(Jó 1:9)

O livro de Jó levanta a ponta do véu e nos mostra o propósito de Satanás em desmoralizar Deus e arruinar Jó. Satanás tem três teses, como cartas na manga. Quais são essas teses: Ninguém ama a Deus mais do que ao dinheiro; ninguém ama a Deus mais do que a família; ninguém ama a Deus mais do que a si mesmo. Deus constitui Jó em seu advogado na terra e coloca nas mãos de Jó sua reputação. Jó desbancou as teses de Satanás. Em primeiro lugar, a despeito de Jó perder todos os seus bens e ir à falência, não blasfemou contra Deus. O dinheiro não era o deus de Jó. Ele sabia que tudo que tinha era Deus quem lhe tinha dado. Portanto, Deus poderia tirar. Jó amava mais a Deus do que ao dinheiro. Em segundo lugar, a despeito de Jó perder todos os seus dez filhos num único acidente e sepultá-los todos no mesmo dia, não se insurgiu contra Deus, mas disse: "O Senhor Deus deu, o Senhor Deus tomou, bendito seja o nome do Senhor" (Jó 11;21). Jó amava mais a Deus do que à família. Em terceiro lugar, a despeito de ser tomado por uma terrível enfermidade, que lhe causou dor atroz, não pecou contra Deus em seu coração. A mulher de Jó revoltou-se contra Deus e mandou seu marido morrer. Os amigos de Jó, depois de se condoerem com ele, assacaram-lhe pesadas e levianas acusações. Nem mesmo assim, Jó ergueu seus punhos contra os céus. As teses de Satanás foram derrotadas. O advogado de Deus prevaleceu no tribunal e Deus foi glorificado.

DEUS É SOL E ESCUDO

Porque o Senhor Deus é sol e escudo; o Senhor dá graça e glória; nenhum bem sonega aos que andam retamente.
(Salmos 84:11)

Só podemos conhecer a Deus porque Ele se revelou. Nosso conhecimento de Deus não advém da lucubração, mas da manifestação divina. Deus se revelou na obra da criação. Também, revelou-se em sua Palavra e, sobretudo, em seu Filho. Temos vários nomes de Deus na Bíblia porque nenhum nome seria suficiente para esgotar todo o seu ser. Em Salmos 84:10, Deus nos é apresentado como sol e escudo. Essas duas figuras nos oferecem lições preciosas. Como sol, Deus é a fonte da vida. Assim como não há vida sem a luz do sol, também não há vida sem a ação Deus de Deus. Ele é nosso criador. Não somos descendentes dos símios, viemos de Deus. Ele esculpiu em nós sua imagem e semelhança. Como sol, Deus nos aquece. A vida seria marcada por um inverno eterno se Deus não aquecesse o nosso coração. Como sol, Deus nos ilumina. Nascemos num berço de trevas e caminhamos em trevas até o dia em que Deus nos tira do império das trevas para o reino da sua luz. Como sol, Deus é o centro da nossa vida. Porque Deus é sol, nossa vida deve gravitar ao seu redor. Mas também Deus deve ser conhecido como escudo. Como escudo, Deus é a nossa proteção e refúgio. Somos vulneráveis. Não podemos enfrentar os inimigos nem apagar os dardos inflamados do maligno que são lançados contra nós. É Deus quem nos protege do maligno. É Deus quem nos livra do mal. É Deus quem estende sobre nós suas asas. É Deus quem desbarata nossos inimigos e nos dá a vitória.

AS FASES DA FAMÍLIA

Se o Senhor não edificar a casa, em vão trabalham os que a edificam...
(Salmos 127:1)

A família é o nosso maior tesouro. Nosso mais precioso patrimônio. Os Salmos 127 e 128 nos falam sobre quatro fases da família. A primeira é a fase do casamento (Salmos 127:1,2). O casamento precisa ser estribado em Deus, pois se o Senhor não edificar a casa, em vão trabalham os que a edificam. A maior necessidade do casamento é de Deus. A segunda é a fase dos filhos pequenos (Salmos 127:3-6). Os filhos são herança de Deus e flechas nas mãos do guerreiro. São presentes de Deus e são armas de vitória. São dádivas do Pai e ferramentas a serem utilizadas de forma certa. A terceira é a fase da família criada, mas unida (Salmos 128:1-4). Agora a família já está criada, a vida financeira está estabilizada. A família está usufruindo o fruto do seu trabalho. A esposa é o elo de união dos filhos e todos estão ao redor da mesa. Há comunhão familiar. Há harmonia dentro do lar. A vida é uma celebração na presença de Deus. A quarta é a fase dos netos (Salmos 128:5,6). Felizes são aqueles que podem deixar um legado para o mundo. E o maior legado é entregar à sociedade uma descendência santa, que vai construir o progresso da nação e ser agente da paz em sua geração. Valorize sua família. Ela é preciosa. Não desista dela. Invista nela. Coloque-a nas mãos de Deus e prepare-se para experimentar essas quatro fases.

HARPAS DEPENDURADAS

Às margens dos rios da Babilônia, nós nos assentávamos
e chorávamos, lembrando-nos de Sião. Nos salgueiros
que lá havia, pendurávamos as nossas harpas.
(Salmos 137:1,2)

Os judeus que foram levados cativos para a Babilônia estavam desolados. Assentavam-se às margens dos rios da Babilônia não para traçarem um plano de ação, mas para chorar. Não para reconhecer seus pecados, mas para desejar a vingança contra seus opressores; não para entoar um cântico ao Senhor, mas para dependurar suas harpas. Estavam tomados de tristeza e nostalgia. Moravam na saudade. Viviam de reminiscências. Perderam o entusiasmo pela vida. O cativeiro não foi um acidente, mas uma disciplina. Deus alertou o povo reiteradas vezes para deixar seus pecados, para voltar-se para Ele. A nação inteira, porém, com dura cerviz, não se inclinou diante de Deus. Por não ouvirem a voz da graça, receberam o chicote da disciplina. Agora, estão sob o jugo pesado da escravidão. Estão onde não gostariam de estar, fazendo o que não gostariam de fazer, ouvindo quem não gostariam de ouvir. O símbolo desse desalento é que suas harpas, instrumentos de louvor a Deus, não estavam mais em suas mãos, mas dependuradas nos salgueiros. Cessaram os louvores, brotaram os queixumes. Cessaram os vivas de alegria e nasceram os gemidos ruidosos. Devemos nos precaver, pois o tempo de louvar a Deus é agora. O tempo de vivermos em obediência é agora. É melhor atender à voz da Palavra de Deus para entoarmos nossos cânticos espontaneamente do que sermos convocados a cantar no cativeiro.

A VIDA DO JUSTO É COMO A LUZ DA AURORA

Mas a vereda dos justos é como a luz da aurora, que vai brilhando mais e mais até ser dia perfeito.
(Provérbios 4:18)

A luz da aurora começa tênue, invadindo as trevas da noite timidamente. Aos poucos, porém, o sol garboso como um noivo que sai dos seus aposentos, do cume dos montes, lava seu rosto no orvalho da manhã e vai espargindo sua luz pelos vales e encostas, até que toda a terra se encha de seu brilho e calor. Assim é a vida do justo. É como a luz da aurora que vai brilhando mais e mais até ser dia perfeito. A vida do justo não é um ziguezague, uma jornada incerta, pelos caminhos incertos da vida. A vida do justo não é uma penumbra lôbrega, mas uma luz que brilha do alto do monte. A vida do justo não é luz bruxuleante, como uma lamparina sem combustível que vai se apagando. A vida do justo não é estagnada, como as águas de uma cacimba. A vida do justo é dinâmica e vitoriosa. O justo caminha de força em força, de fé em fé, sendo transformado de glória em glória. É como a luz da aurora. Hoje brilha mais do que ontem, amanhã brilhará mais do que hoje. Até o dia que estará na glória, na cidade cujo Cordeiro é sua lâmpada. Então, todos os justos terão um corpo de glória, semelhante ao corpo da glória do Senhor Jesus. Nosso corpo vai brilhar como os astros. Será o dia perfeito. O dia que não terá fim. O dia que não que não será sucedido pela noite, o dia que vai inaugurar a gloriosa eternidade!

O SENTIDO DA VIDA

De tudo o que se tem ouvido, a suma é: Teme a Deus e guarda os seus mandamentos; porque isto é o dever de todo homem.
(Eclesiastes 12:13)

Salomão viveu de forma extravagante. Tinha tudo em excesso. Era muito rico, muito culto, muito famoso, muito galanteador. No livro de Eclesiastes, capítulo 2, Salomão entrou de cabeça na busca da felicidade. Primeiro, procurou felicidade na bebida. Achou que a razão da vida estava no fundo de uma garrafa. Mergulhou seu coração nos licores do prazer, inundou sua alma com as doces taças de vinho, mas quanto mais bebia, mais vazio ficava. Segundo, procurou a felicidade na riqueza. Tornou-se opulento. Granjeou uma riqueza colossal. Construiu um império financeiro. Foi o homem mais rico do seu tempo. Porém, o brilho da riqueza não satisfez seus olhos. O glamour da fortuna não satisfez sua alma. Toda a sua riqueza não passou de bolha de sabão, apenas colorido, mas nenhuma consistência. Terceiro, buscou a felicidade nas aventuras sexuais. Teve mil mulheres, setecentas princesas e trezentas concubinas. Tornou-se um "Don Juan", um galanteador, um romântico inveterado, um aventureiro do amor. O resultado foi a decepção. Entre essas mil, não encontrou nem sequer uma mulher. Finalmente, buscou a felicidade na fama. Não negou a seu coração nenhum prazer. Chegou ao topo da pirâmide. Vestiu-se com esplendor. Seu conhecimento, sua riqueza e sua glória eram proverbiais entre todos os reinos. Tudo, porém, não passou de vaidade. Só no final da vida reconheceu que o sentido da vida é temer a Deus e fazer sua vontade.

COMO TER UM CASAMENTO FELIZ

Jardim fechado és tu, minha irmã, noiva minha,
manancial recluso, fonte selada.
(Cântico dos Cânticos 4:12)

O casamento é uma fonte de felicidade ou a causa de uma grande dor de cabeça. Muitas pessoas que começam cheias de romantismo terminam o casamento com lágrimas e muita decepção. Esse, porém, não é o projeto de Deus em relação ao casamento. No livro de Cântico dos Cânticos, Salomão fala sobre alguns princípios que pavimentam o caminho de um casamento feliz: O primeiro deles é o elogio (Cântico dos Cânticos 4:7). Devemos ser pródigos nos elogios e cautelosos nas críticas. O segundo princípio é o romantismo (Cântico dos Cânticos 4:9). Nossas palavras e ações precisam ser cheias de nobreza. Quanto mais semeamos na vida do cônjuge, mais colhemos no casamento. O terceiro princípio é a expressão do amor (Cântico dos Cânticos 4:10). O amor pode ser evidenciado em palavras, em atos de serviço, em tempo de qualidade, em toque físico e generosidade. O quarto princípio é a comunicação saudável (Cântico dos Cânticos 4:11). A vida ou morte do relacionamento passa pela comunicação. Podemos dar vida ou matar o relacionamento conjugal dependendo da maneira como nos comunicamos. O quinto princípio é a amizade (Cântico dos Cânticos 4:12). Muitos casais dormem na mesma cama, mas não são amigos nem confidentes. Finalmente, o princípio da fidelidade (Cântico dos Cânticos 4:12). Não há casamento saudável onde os cônjuges não se respeitam nem são fiéis. Um casal feliz é aquele que pode dizer: "Eu sou do meu amado e o meu amado é meu".

OS LAMENTOS DA ALMA

Então, disse eu: ai de mim! Estou perdido! Porque sou homem de lábios impuros, habito no meio de um povo de impuros lábios, e os meus olhos viram o Rei, o Senhor dos Exércitos.
(Isaías 6:3)

Israel estava de luto. O grande rei Uzias estava morto. O trono estava vazio e a nação, sob suspense. Nesse momento de crise nacional, o profeta palaciano tem uma visão gloriosa: O Deus santo e todo poderoso está no trono. Os tronos da terra podem ficar vazios, mas no trono no universo, Deus reina soberanamente. Quando Isaías vê Deus em sua majestade, solta um gemido da alma, dizendo "ai de mim!". Isaías já havia distribuído seis ais ao povo rebelde de Israel. Ai dos gananciosos (Isaías 5:8), ai dos beberrões (Isaías 5:11), ai dos iníquos (Isaías 5:18), ai dos que invertem os valores morais (Isaías 5:20), ai dos soberbos (Isaías 5:21), ai dos farristas injustos (Isaías 5:22). Porém, quando Isaías contempla Deus em sua santidade, em vez de olhar para fora, o profeta olha para dentro de seu próprio coração, e diz: "ai de mim!". Só temos consciência do nosso pecado quando somos confrontados com a santidade de Deus. Só reconhecemos que os nossos lábios são impuros quando percebemos que diante de Deus até os serafins cobrem o rosto. Só percebemos o quanto a sociedade está corrompida quando vemos essa corrupção instalada em nosso próprio peito. Ao ser confrontado com a realidade de seu pecado, Isaías recebe imediatamente o perdão divino e, em seguida, o desafio de ir às nações, em nome de Deus, levando sua Palavra. Todos aqueles que são perdoados por Deus são também comissionados a proclamar sua graça aos outros.

VOCÊ ESTÁ PREPARADO PARA MORRER?

Naqueles dias, Ezequias adoeceu duma enfermidade mortal; veio ter com ele o profeta Isaías, filho de Amoz, e lhe disse. Assim diz o Senhor: Põe em ordem a tua casa, porque morrerás e não viverás.
(Isaías 38:1)

A morte chega a todos, sem exceção. Democratiza todos os homens. É o sinal de igualdade na equação da vida. A morte entra nas choupanas e nos palácios. O profeta Isaías foi enviado por Deus ao palácio para dar um recado urgente ao rei Ezequias: "Põe em ordem a tua casa, porque certamente morrerás e não viverás". Ezequias estava enfermo. Seu dinheiro e seu poder político não puderam afastar a doença de sua vida. O rei estava com o pé na cova, mas ainda tinha pendências em sua vida. Havia coisas para serem colocadas em ordem em sua casa. Deus lhe dá a oportunidade de se preparar para morrer. Porém, o rei clama a Deus, em lágrimas, por uma cura. Deus atende ao seu clamor e lhe dá mais quinze anos de vida. Não está preparado para viver aquele que não está preparado para viver. A morte vem, muitas vezes, de forma inesperada. Não podemos deixar essa preparação para a última hora. O tempo para se preparar é hoje. Amanhã pode ser tarde demais. Como se preparar para morrer? Não é apenas cuidado do corpo, mas também da alma. Não adianta cuidar do corpo sem lancetar os abcessos da alma. Não adianta tomar todas as precauções e cuidados com as coisas desta vida sem fazer investimentos na vida por vir. A única maneira de estarmos preparados para morrer é colocando em ordem nossa vida e nossa casa, recebendo a Jesus, o Filho de Deus, como nosso Senhor.

NÃO TENHA MEDO

Não temas, porque eu sou contigo; não te assombres, porque eu sou o teu Deus; eu te fortaleço, e te ajudo, e te sustento com a minha destra fiel.
(Isaías 41:10)

O medo é o sentimento mais comum ao ser humano. A primeira coisa que nossos pais sentiram depois que pecaram foi medo. A ordem mais repetida em toda a Bíblia é: "Não tenha medo". O medo é mais do que um sentimento, é um espírito. Paulo fala do espírito de medo (2Timóteo 1:7). Há indivíduos que têm medo da escuridão e outros da luz; há aqueles que têm medo de lugares fechados e outros de lugares públicos; há aqueles que têm medo de casar e outros que têm medo de ficar solteiros; uns têm medo de viver, outros de morrer. O profeta Isaías oferece-nos o remédio divino para vencer o medo. Em primeiro lugar, ele faz cinco afirmações a nosso respeito: Deus nos criou, formou, chamou, remiu e nos fez sua propriedade exclusiva (Isaías 43:1). Não somos resultado do acaso. Não viemos de uma ameba. Fomos criados à imagem e semelhança de Deus. Temos as digitais do Deus todo poderoso em nossa vida. Fomos amados por Deus desde a eternidade. Deus nos chamou com santa vocação. Fomos remidos pelo sangue de Jesus. Agora pertencemos a Deus, somos membros de sua família. Em segundo lugar, Isaías diz que embora Deus não nos poupe de circunstâncias difíceis, Ele caminha conosco no meio delas (Isaías 43:2). A vida não é indolor. Aqui passamos por ondas revoltas, rios caudalosos e fornalhas acesas. Mas, em todas essas circunstâncias, Deus caminha conosco, nos carrega no colo e nos dá livramento.

DEUS NOS CARREGA NOS BRAÇOS

Ouvi-me, ó casa de Jacó e todo o restante da casa de Israel; vós, a quem desde o nascimento carrego e levo nos braços desde o ventre materno.
(Isaías 46:3)

Há muitos deuses no mundo, mas um só é verdadeiro. Os deuses dos povos são ídolos criados pela imaginação do homem. São deuses inventados pela fantasia humana ou fabricados pelas mãos humanas. Esses deuses precisam ser servidos e carregados. Eles têm olhos, mas não veem; têm ouvidos, mas não ouvem; têm mãos, mas não apalpam; têm pés, mas não andam; têm garganta, mas nenhum som lhes sai da boca. O Deus verdadeiro, porém, não é uma projeção da mente humana, mas é autoexistente. Não é um deus criado, mas é o criador de todas as coisas. Não é um deus que teve origem no tempo, mas é o Pai da eternidade. Deus revelou-se a nós por meio da criação, providência e redenção. O universo com sua complexidade é uma prova da sua existência. A Bíblia é sua Palavra escrita e Jesus, o Verbo que se fez carne, é a exata expressão do seu ser. Esse Deus Triúno, Pai, Filho e Espírito Santo é revestido de glória e poder, servido e adorado por seres angelicais. Não obstante ser entronizado acima dos querubins, Deus se importa com você. Ele é o Deus que carrega você nos braços. Ele é o Deus que apruma seus braços descaídos e firma seus joelhos trôpegos. Esse Deus não é uma imagem de escultura que você precisa carregar; é Ele quem carrega você. Dele vem sua vida, sua respiração, sua proteção e sua salvação!

O VERDADEIRO JEJUM

Porventura, não é este o jejum que escolhi: que soltes as ligaduras da impiedade, desfaças as ataduras da servidão, deixes livres os oprimidos e despedaces todo jugo?
(Isaías 58:6)

O jejum é uma prática devocional esquecida nessa geração, cujo deus é o ventre. Deleitamo-nos tanto com o sabor do pão da terra que não temos apetite pelo pão do céu. Jejum é buscar em primeiro lugar as coisas lá do alto. O apóstolo Paulo diz: "Portanto, quer comais ou bebais, ou façais qualquer outra coisa, fazei tudo para a glória de Deus". Ora, se comemos para a glória de Deus e jejuamos para a glória de Deus, qual é a diferença entre comer e jejuar? É que quando comemos, alimentamo-nos do pão da terra, símbolo do pão do céu, mas quando jejuamos, alimentamos não do símbolo, mas de Jesus, o próprio Pão da vida. Jejuar é abstermo-nos daquilo que é bom, para buscarmos o que é melhor. Jejum não é apenas abstinência de alimento, isso é regime para emagrecer. Jejum não é sacrifício, porque Deus quer obediência. Jejum é fome de Deus, saudade do céu. Muitas pessoas, porém, jejuam para fazer uma propaganda de sua espiritualidade. Esse jejum hipócrita não tem qualquer valor aos olhos de Deus. O jejum precisa ser discreto, quando se trata de devoção pessoal e profético, quando se trata de uma volta coletiva para Deus, para quebrantamento ou buscar seu socorro. O profeta Isaías falou do jejum que desemboca em ações prática de justiça e misericórdia na sociedade. É despedaçar o jugo da opressão; é abandonar a acusação leviana; é repartir o pão com o faminto e a acolher os desabrigados. Esse é o jejum que agrada a Deus.

O HOMEM QUE VIROU BICHO

Serás expulso de entre os homens, e a tua morada será com os animais do campo; e far-te-ão comer erva com os bois [...] até que aprendas que o Altíssimo tem domínio sobre o reino dos homens e o dá a quem quer.
(Daniel 4:32)

O orgulho é a loucura mais louca, a tolice mais consumada, a garantia da queda. O orgulho é a sala de entrada do fracasso, o primeiro degrau que desce rumo ao abismo. Deus resiste ao soberbo. Declara guerra àqueles cujos corações se exaltam. Isso aconteceu com Nabucodonosor, rei da Babilônia. Deus falou a este homem de muitas maneiras em várias circunstâncias. Esse rei, porém, confiou no seu poder, na sua riqueza e na sua força. Quis ser Deus, exigiu adoração, exaltou-se sobremaneira. Deus, porém, não divide sua glória com ninguém. Deus não se deixa escarnecer. Porque Nabucodonosor foi exortado muitas vezes sem dobrar sua cerviz, Deus o quebrou repentinamente. Nabucodonosor foi arrancado do seu trono e lançado no campo, para viver entre os animais, como um bicho. Seu corpo foi molhado pelo orvalho do céu. Seus pelos cresceram como de animais. Suas unhas tornaram-se cascos. O homem mais poderoso da terra foi comer capim. Sua loucura, porém, foi melhor do que sua megalomania. Quando estava no fundo do poço, ou seja, vivendo no campo como um animal, entre os animais, reconheceu seu pecado, humilhou-se sob a poderosa mão de Deus e voltou-se para o Senhor em contrição. Deus, por sua misericórdia, restaurou sua saúde, devolveu-lhe o siso, converteu-lhe o coração e restituiu-lhe o trono. Jesus alertou: O que adianta ao homem ganhar o mundo inteiro e perder sua alma? Cuidado com o coração obstinado. Hoje é tempo de graça!

DEUS É COMO O ORVALHO

Serei para Israel como orvalho, ele florescerá como o lírio
e lançará as suas raízes como o cedro do Líbano.
(Oseias 14:5)

Deus é a melhor dádiva para seu povo. Melhor do que todas as bênçãos de Deus é o Deus das bênçãos. Deus se apresenta a Israel como orvalho para florescê-lo e firmá-lo. O que essa figura nos ensina sobre Deus? Primeiro, o orvalho é fonte de vida para uma região desértica. Deus é a fonte de todo o bem para seu povo. Segundo, o orvalho cai toda noite. A presença de Deus é constante com seu povo. Assim como o orvalho cai nas noites escuras, também a presença de Deus é sentida pelo seu povo nas horas mais amargas da vida. Terceiro, o orvalho cai sem alardes. A chuva é precedida por trovões e relâmpagos, mas o orvalho cai discretamente. Assim é a presença de Deus em nossa vida. Ele vem e se apresenta nas coisas comuns e ordinárias da vida. Vemos a presença de Deus no sorriso de uma criança, no abraço de um pai, no amor de uma mãe. Quarto, o orvalho traz renovo depois de um dia de calor sufocante. A presença de Deus restaura a alma, renova as forças, remoça o coração, dá forças para caminhada. Quando Deus se manifesta em sua vida, você floresce como o lírio. O lírio floresce no charco e enfeita com sua brancura o ambiente lodacento. Não é o ambiente que faz o lírio, é o lírio que adorna o ambiente. Não se trata apenas de beleza, mas também de estabilidade. Quando Deus vem sobre nós, temos raízes profundas e firmeza como os cedros do Líbano.

HUMILDADE, O PORTAL DA HONRA

O temor do Senhor é a instrução da sabedoria,
e a humildade precede a honra.
(Provérbios 15:33)

O temor do Senhor não é apenas o princípio da sabedoria, mas também é a instrução da sabedoria. Quem teme a Deus foge dos caminhos convidativos do pecado. Quem teme a Deus não engrossa as fileiras dos pecadores que se vangloriam de sua insensatez nem se assenta na roda dos escarnecedores que zombam das coisas santas. Quem teme a Deus busca instrução e coloca em prática o que aprende aos pés do Senhor. A evidência de uma pessoa que teme a Deus é a humildade. É impossível temer a Deus e ao mesmo tempo ser soberbo. A arrogância não combina com o temor do Senhor, assim como a humildade não mora na casa do altivo de coração. Se a soberba é a sala de espera da ruína, a humildade é o portal da honra. Deus resiste o soberbo, mas dá graça aos humildades. Os que se exaltam são humilhados, mas os humildes são exaltados. Os que batem palmas para si mesmos e entoam o hino "quão grandes és tu" diante do espelho serão envergonhados, e se cobrem de opróbrio e vergonha, mas aqueles que choram pelos seus pecados e se humilham sob a poderosa mão de Deus são exaltados. O reino de Deus pertence aos humildes de espírito e não aos arrogantes de coração. Só os humildes são seguidores daquele que se esvaziou a si mesmo e tornou-se servo.

DOIS CAMINHOS, DOIS DESTINOS

Porque estreita é a porta, e apertado, o caminho que conduz para a vida, e são poucos os que acertam com ela.
(Mateus 7:14)

Há caminhos e descaminhos. Há caminhos certos que conduzem à vida e caminhos errados que levam à morte. Há caminhos cheios de atrativos, mas sinuosos e escorregadios, e caminhos difíceis, mas seguros e certos. Jesus falou de dois caminhos: um largo, espaçoso, fácil, cheio de atrativos, seguido por numerosa multidão. O outro, apertado, estreito, íngreme, seguido por poucas pessoas. O caminho largo nada exige. Todos podem andar por ele sem qualquer constrangimento ou exigência. Cada um segue do jeito que quer. Não há proibições nem restrições. Tudo é permitido; nada é proibido. Esse caminho oferece diversões e prazeres. Ao longo desse caminho, as pessoas celebram seus prazeres e curtem a vida sem negarem a si mesmos nenhum prazer. Esse caminho tão disputado, porém, conduz à perdição. Seu fim é trágico. Esse caminho desemboca no inferno, onde haverá choro e ranger de dentes. O caminho estreito passa pela renúncia e exige arrependimento. Ninguém entra por ele sem primeiro passar pela porta do novo nascimento. Todos são alertados de que sem o auxílio de Deus ninguém consegue andar por esse caminho. Ao longo dessa estrada estreita há várias placas, como: "Sem santificação ninguém verá o Senhor"; "só os puros de coração verão a Deus". Ao longo desse caminho há muitos perigos, muitas ameaças e muitos inimigos terríveis. Há muitas vozes tentando desviar seus transeuntes. Mas, aqueles que perseverarem até o fim serão salvos e entrarão no paraíso, na Nova Jerusalém, na bem-aventurança eterna.

GANHAR ALMAS, GRANDE SABEDORIA

O fruto do justo é árvore de vida, e o que ganha almas é sábio.
(Provérbios 11:30)

A vida do justo é como uma árvore plantada junto à corrente das águas, mas o fruto do justo é árvore de vida. O fruto do justo alimenta os famintos e fortalece os fracos. Da boca do justo saem palavras de vida eterna e das mãos do justo, obras da bondade. O justo também é sábio e a maior expressão de sabedoria é investir na salvação dos perdidos. Aquele que ganha almas faz um investimento eterno e ajunta tesouros que os ladrões não podem roubar nem a traça destruir. Investir na salvação de almas é entrar numa causa de consequências eternas. Uma alma vale mais do que o mundo inteiro. De nada adianta ganhar o mundo inteiro e perder a sua alma. Da nada adianta ajuntar tesouros na terra se esses bens não estão a serviço de Deus para ganhar almas. O melhor e mais duradouro investimento que podemos fazer é investir na salvação de Deus. O melhor e mais sábio uso do nosso tempo é proclamar as boas novas de salvação. A maior alegria que podemos ter é gerar filhos espirituais. A maior recompensa que poderemos ter do nosso trabalho é ver almas se rendendo aos pés de Jesus como fruto do nosso labor. Seja sábio, invista seu tempo, seu dinheiro e sua vida nessa grande empreitada de ganhar almas!

AS LÁGRIMAS DO NOSSO SALVADOR

Ele, Jesus, nos dias da sua carne, tendo oferecido, com forte clamor e lágrimas, orações e súplicas...
(Hebreus 5:7)

Era noite em Jerusalém. A festa da Páscoa estava em andamento. As multidões se agitavam, enquanto Jesus reunia-se com seus discípulos no cenáculo. Depois de lavar os pés dos discípulos, Jesus instituiu a Ceia, cantou um hino e desceu o vale do Cedrom. Judas Iscariotes, possuído pelo diabo, já havia saído para trair o Filho de Deus. Os discípulos entristecidos caminharam com ele para o palco da sua prisão. No sopé do Monte das Oliveiras, no Jardim do Getsêmani, Jesus foi tomado por uma angústia mortal e pediu a seus discípulos para vigiarem com ele. Nesse palco de horror, Jesus travou a mais renhida batalha da humanidade. Debruçado com o rosto em terra, o Filho de Deus orou por três vezes e suou sangue, rogando ao Pai para, se possível, passar dele aquele cálice. Naquele lugar onde se prensava o azeite, Jesus foi esmagado pela dor incomparável de se fazer pecado por nós. Ali Jesus travou a batalha da oração, da solidão e da agonia. Ofereceu, com forte clamor e lágrimas, orações ao Pai. Mas, nesse mesmo cenário, Jesus foi consolado pelo anjo de Deus e saiu fortalecido para enfrentar a cruz. Se o primeiro Adão foi derrotado num jardim, o segundo Adão triunfou sobre o diabo noutro jardim. Ali o Filho de Deus chorou para enxugar nossas lágrimas; ali Ele sofreu a mais terrível agonia, para nos dar a mais sublime paz; ali Ele bebeu o cálice da ira de Deus, para nos oferecer a fonte da água da vida!

O PODER PURIFICADOR DO SANGUE DE JESUS

... e o sangue de Jesus, seu Filho, nos purifica de todo pecado.
(1João 1:7)

O sangue é um fio escarlate que percorre toda a Bíblia. Não há remissão de pecados sem derramamento de sangue. O sangue de animais não pode nos limpar. Apenas apontava para o sangue do Cordeiro de Deus que tira o pecado do mundo. Certa feita, Martinho Lutero, o reformador do século 16, teve um sonho, quando Satanás apareceu para ele com uma lista de pecados, fazendo-lhe terríveis acusações. Lutero admitiu ter cometido todos aqueles pecados, mas acrescentou: "Eu estou livre de condenação, pois o sangue de Jesus me purifica de todo pecado". O sangue de Jesus nos purifica não apenas de alguns pecados, mas de todo pecado. Nenhum ritual religioso pode limpar-nos do pecado. Nenhuma igreja pode perdoar pecados. Não podemos nos desvencilhar da sujeita dos nossos pecados por nós mesmos. Não apagamos nossas próprias transgressões. Assim como um leopardo não pode tirar suas manchas nem um etíope mudar a cor de sua pele, não podemos, também, fazer o bem, estando nós acostumados a fazer o mal. Nossa natureza é inclinada para o mal. Nosso coração é um laboratório de maldade. Dele procedem os maus desígnios. Somente o sangue de Jesus pode nos purificar e nos lavar de todo pecado. Assim como os primogênitos israelitas foram salvos pelo sangue do cordeiro no Egito, somos salvos pelo sangue de Jesus. Pelo seu sangue somos reconciliados com Deus e purificados de todo pecado e perdoados de toda a injustiça.

NÃO HÁ VIDA IRRECUPERÁVEL PARA JESUS

Indo ter com Jesus, viram o endemoninhado, o que tivera a legião, assentado, vestido, em perfeito juízo; e temeram.
(Marcos 5:15)

O homem gadareno era um aborto vivo, um espectro humano, um monstro social, um ser repulsivo, desprezado pela família, rejeitado pela sociedade e destruído pelos demônios. Prisioneiro dos demônios, vivia desassistido de esperança. Embora vivo, vivia entre os mortos. Embora completamente abandonado pelos homens, foi completamente curado, liberto e salvo por Jesus. O Filho de Deus saiu de um mar revolto, do miolo de uma tempestade borrascosa no Mar da Galileia, para encontrar esse homem turbulento na região de Gadara, por trás das montanhas de Golã. Aquele homem vivia entre os sepulcros, nu, sangrando, gritando de dia e de noite, furioso, rejeitado pela família e enjeitado pela sociedade. Havia dentro dele uma legião de demônios, ou seja, seis mil demônios. Jesus faz essa viagem perigosa, de noite, para esse lugar ermo, com o propósito de libertar esse prisioneiro do diabo. Para Jesus, não tem vida irrecuperável nem causa perdida. Aquele homem era apenas um trapo humano, que vivia entre os mortos, mas Jesus o valorizou, o libertou, o transformou e fez dele um missionário para a sua família e para sua cidade. Aquele que estivera prisioneiro dos demônios agora estava livre. Aquele que estivera nu agora estava vestido. Aquele que estivera perturbado agora estava assentado aos pés de Jesus em perfeito juízo. A obra de Jesus é completa. Ele cura, liberta e salva!

NÃO PERCA A ÚLTIMA OPORTUNIDADE

Entrando em Jericó, atravessava Jesus a cidade.
(Lucas 19:1)

A vida nos oferece muitas oportunidades. Aproveitá-las é um gesto de sabedoria; desperdiçá-las, um ato de loucura. Muitas pessoas desperdiçam até mesmo a última oportunidade da vida. Não foi assim com dois homens da cidade de Jericó. Jesus estava passando por Jericó. Era aquela a última vez que o Filho de Davi cruzava aquela mais antiga cidade do mundo. Jericó era a cidade das palmeiras, dos banhos de águas quentes, residência de inverno dos reis. Na rota de subida para Jerusalém, Jericó era também uma cidade aduaneira, onde se instalavam os cobradores de impostos. Ali Jesus salvou dois homens, um rico e outro pobre; um desprezado pela família e outro odiado pela sociedade. Em Jericó, Jesus arrancou das entranhas das trevas o cego mendigo que jazia à beira do caminho e entrou na casa de Zaqueu, o líder dos cobradores de impostos, para mudar-lhe a vida e dar-lhe o presente da vida eterna. Tanto o cego mendigo como Zaqueu aproveitaram a última oportunidade. Muitos apenas viram Jesus passar pela cidade. Foram movidos apenas pela curiosidade, mas esses dois homens tiveram um encontro pessoal e transformador com o Senhor Jesus. O cego encontrou luz. Zaqueu repartiu sua riqueza terrena e ganhou um tesouro celestial. Hoje pode ser o dia da sua salvação. Não perca essa oportunidade. Cristo vai hoje passar na sua Jericó. Hoje é o dia da sua oportunidade. Amanhã poderá ser tarde demais.

AFLIGIDO PELA DOR

Ainda assim todas as minhas dores me apavoram...
(Jó 9:28)

A dor dói no corpo e na alma. Dói de forma aguda e crônica. Dói em todos, grandes e pequenos, ricos e pobres, piedosos e ímpios. A família de Jó passou por esse terrível drama da dor. Jó era um homem rico e um pai exemplar. Sua vida estava certa com Deus e com os homens. Deus testificou de sua integridade, mas Satanás questionou suas motivações. Deus permitiu a Satanás tocar em seus bens, em sua família e em sua saúde. Deus, então, constituiu Jó em seu advogado e Satanás tirou de Jó seus bens, seus filhos e sua saúde. Jó foi à falência. Perdeu seus dez filhos num único acidente e enterrou todos eles no mesmo dia. Assolado por uma dor indescritível, prostrou-se, adorou a Deus e disse: "O Senhor Deus deu, o Senhor Deus tomou, bendito seja o nome do Senhor" (Jó 1:21). O sofrimento de Jó não parava aí. Foi afligido também por uma doença terrível. Seu corpo ficou chagado. Sua pele necrosou sobre os ossos pontiagudos. Perdeu o apoio da mulher e ainda recebeu injustas acusações dos amigos. Nesse mar revolto de dor, Jó não blasfemou contra Deus. Ao fim, o Senhor restaurou sua sorte e devolveu-lhe o dobro de tudo quanto possuíra. O Deus de Jó é também o seu Deus. Espera nele e sua restauração brotará sem detença. O sol voltará a brilhar. A nuvem escura passará. Um tempo de refrigério da parte de Deus virá sobre sua vida e sua família.

INTEGRIDADE É O MELHOR SEGURO DA VIDA

Quem anda em integridade anda seguro, mas o que perverte os seus caminhos será conhecido.
(Provérbios 10:9)

O melhor seguro de vida é a integridade; a melhor defesa, a consciência pura. Aqueles que vivem na corda bamba da desonestidade, com o rabo preso na ratoeira de mentira e metidos em toda sorte de corrupção não andam em paz. Vivem atormentados e desassossegados. Os desonestos, que torcem a lei, assaltam o direito do inocente, roubam os cofres públicos, e ainda assim, escapam ilesos da justiça dos homens, podem até andar em carros blindados, com coletes à prova de bala, armados até aos dentes, com seguranças parrudos dando-lhes escolta, mas não podem ter segurança. A verdadeira segurança procede da consciência limpa, do coração puro, da conduta irrepreensível. Aqueles que nas caladas da noite ou nos bastidores do poder fazem acordos escusos, corrompem e são corrompidos, pensando que ficarão escondidos no manto do anonimato ou impunes diante de seus pérfidos delitos, perceberão que a máscara da mentira não é tão segura assim. Eles serão descobertos e envergonhados, e sobre eles cairão o opróbrio e a vergonha. A blindagem do dinheiro, do prestígio e do sucesso não podem protegê-los da execração pública nem do reto e justo juízo de Deus. Permanece o alerta divino: "Quem anda em integridade anda seguro, mas o que perverte os seus caminhos será conhecido".

EMBRIAGUEZ, UMA TRAGÉDIA

Voltou Abigail a Nabal. Eis que ele fazia em casa um banquete, como banquete de rei [...], e ele, já mui embriagado...
(1Samuel 25:36)

O alcoolismo é um dos graves problemas sociais do Brasil. Mais de dez por cento da população é dependente do álcool. Pessoas que começaram bebendo socialmente, depois foram dominadas e escravizadas pelo álcool. O alcoolismo é a porta de entrada de outras drogas mais pesadas. O álcool é o maior ladrão de cérebros do mundo, o maior causador de acidentes, crimes passionais, separações dolorosas e famílias destruídas. Aqueles que agem sob sua influência lotam as cadeias e suas vítimas povoam os cemitérios. A Bíblia fala de Nabal, um homem rico, porém insensato (1Samuel 25). Entregue à embriaguez, fazia festa de rei sem ser rei. Movido pelo álcool tornou-se duro no trato e incomunicável. Embalado pela avareza, tornou-se mesquinho. Sua embriaguez roubou-lhe a lucidez e custou-lhe a vida. Há muitos lares ainda hoje machucados e feridos pelos efeitos nocivos do álcool. Há muitos casamentos destruídos por causa da embriaguez. Há muitos filhos revoltados e cheios de vergonha por verem seus pais prisioneiros desse vício degradante. Há muitos jovens cativos do álcool, encurtando seus dias e lançando sua alma num abismo de dor e angústia. Em vez de sermos cheios de álcool, devemos ser cheios do Espírito. A embriaguez produz dissolução e morte, mas a plenitude do Espírito produz comunhão, adoração e gratidão.

VELHICE, A FASE OUTONAL DA VIDA

Até à vossa velhice, eu serei o mesmo e, ainda até às cãs, eu vos carregarei; já o tenho feito; levar-vos-ei, pois, carregar-vos-ei e vos salvarei.
(Isaías 46:4)

A velhice não é um mal, mas uma recompensa. A medicina faz pesquisas científicas constantemente para aumentar nossa expectativa de vida. A longevidade é um alvo a ser perseguido. Porém, muitas pessoas envelhecem com amargura, enquanto outros atingem a fase outonal da vida em ditosa velhice. O tempo é implacável e vai esculpindo em nossas faces rugas indisfarçáveis. Cada fio de cabelo branco que brota em nossa cabeça é a morte nos chamando para um duelo. Os anos pesam sobre nossa cabeça como chumbo, deixando nossas pernas bambas, nossos braços fracos e nossos olhos embaçados. A velhice é uma realidade incontornável. Mais cedo ou mais tarde precisaremos estar frente a frente com ela, a não ser que a morte nos visite precocemente. Muitas pessoas envelhecem com amargura. Tornam-se revoltadas com a vida e amargam na velhice uma dolorosa solidão. Há outras, porém, que se tornam doces, sábias e fazem dessa fase outonal da vida os anos dourados e mais extraordinárias da caminhada. Os velhos podem ser cheios do Espírito e nutrir na alma grandes sonhos. Podem olhar para frente e ter projetos em vez de celebrar apenas as conquistas do passado. Podem influenciar a nova geração em vez de apenas enaltecer o passado. A velhice é um privilégio, uma bênção, uma dádiva de Deus. Devemos desejá-la e recebê-la com gratidão.

CUIDE DE SUA AUTOESTIMA

Criou Deus, pois, o homem à sua imagem, à imagem de Deus o criou; homem e mulher os criou.
(Gênesis 1:27)

Precisamos nos sentir bem diante do espelho. Isso não é narcisismo, mas boa autoestima. Rejeitar o projeto é a mesma coisa que rejeitar o projetista. Quem não se aceita, acusa Deus de ter errado o projeto. A autoestima saudável começa com o entendimento que não somos frutos do acaso, mas fomos formados por Deus de forma maravilhosa. Inobstante, esse fato auspicioso, milhões de pessoas vivem com a autoestima achatada. Sentem-se esmagadas pelo complexo de inferioridade. Olham para si mesmas com desprezo. Sentem-se inferiores aos demais. São como os espias de Israel, que se viram como gafanhotos diante dos gigantes de Canaã. Precisamos entender que não somos o que pensamos que somos nem mesmo o que as pessoas dizem que somos. Somos o que Deus diz que somos. Temos valor para Deus. Fomos criados à sua imagem e semelhança. Pertencemos a Ele por direito de criação. Aqueles que creem no Senhor Jesus pertencem a Ele também por direito de redenção. Quando nos sentimos um zero à esquerda, estamos menosprezando o Criador. Quando nos sentimos sem valor, estamos fazendo pouco caso do Redentor. A Bíblia diz que somos filhos de Deus, herdeiros de Deus e habitação de Deus. Somos a herança de Deus, a menina dos olhos de Deus e a delícia de Deus em quem Ele tem todo o seu prazer. Não deve existir espaço para orgulho nem para autodesprezo em nosso coração.

A NATUREZA ESTÁ GEMENDO

Porque sabemos que toda a criação, a um só tempo, geme e suporta angústia até agora.
(Romanos 8:22)

A natureza está com cólicas intestinais. Contorce-se de dores como que para dar à luz. Aguarda ansiosamente a libertação de seu cativeiro, na gloriosa vinda de Cristo. Jesus disse que um dos sinais de sua segunda vinda seriam os terremotos em vários lugares. O terremoto que sacudiu o Japão e o Tsunami que varreu algumas de suas cidades no mês de março de 2011 ainda nos chocam. A natureza está gemendo e se contorcendo de dores. Os terremotos e maremotos, além de fenômenos naturais, são também trombetas de Deus aos ouvidos da humanidade. Esses desastres da natureza vêm de causas naturais e por intervenção sobrenatural. Os efeitos da queda atingiram não apenas a raça humana, mas também a natureza. A natureza está sujeita à servidão e aguarda, com gemidos profundos, a restauração desse cativeiro (Romanos 8:20-22). De igual forma, a igreja, tendo as primícias do Espírito, também geme aguardando sua completa redenção, quando teremos corpos incorruptíveis e gloriosos. Até mesmo o Espírito Santo está gemendo, com gemidos inexprimíveis, intercedendo por nós, em nós, ao Deus que está sobre nós (Romanos 8:26). Precisamos olhar para os fenômenos da natureza não apenas com os olhos da investigação científica, mas também na perspectiva da fé, pois esses fenômenos são sinais da segunda vinda de Cristo.

O PERIGO DA INVERSÃO DE VALORES

Ai dos que ao mal chamam bem e ao bem, mal; que fazem da escuridade luz e da luz, escuridade; põem o amargo por doce e o doce, por amargo.
(Isaías 5:20)

Desde Emmanuel Kant, com sua obra A crítica da razão pura", que a sociedade deixou de pensar em termos de verdade absoluta. Hegel, conhecido como o ditador filosófico da Alemanha, aprofundou essa cova quando postulou a ideia de que a verdade é relativa. Esses conceitos se consolidaram na pós-modernidade. Agora, o entendimento pós-moderno é que cada um tem sua própria verdade. A verdade deixou de ser objetiva para ser subjetiva. Com isso, assistimos, estarrecidos, não apenas um ataque aos valores morais, mas uma inversão dos valores morais. O que vemos hoje não é apenas uma questão de tolerância ao erro, mas, sobretudo, uma apologia do erro. O profeta Isaías já havia denunciado essa atitude: "Ai dos que ao mal chamam bem e ao bem, mal; que fazem da escuridade luz e da luz, escuridade; põem o amargo por doce e o doce, por amargo!" (Isaías 5:20). É isso que estamos vendo na mídia todos os dias. Faz-se apologia do aborto, do adultério, do homossexualidade, da violência, da infidelidade conjugal, da desconstrução da família. Porque plantamos uma ideia falsa no passado, estamos fazendo uma colheita maldita hoje. O homem é aquilo que ele pensa. Se ele abraçar conceitos errados, terá uma vida errada. A teologia é mãe da ética e o credo, o progenitor da conduta. É tempo de alçarmos nossa voz para denunciar o perigo da inversão de valores!

QUEM ZOMBA DO PECADO É LOUCO

Os loucos zombam do pecado, mas entre os retos há boa vontade.
(Provérbios 14:9)

O pecado é um embuste. É uma isca apetitosa, mas esconde a fisga da morte. Promete o maior dos prazeres e paga com a maior das desventuras. O pecado é o maior de todos os males. É pior do que a pobreza, do que a solidão, do que a doença e do que a própria morte. Todos esses males, embora tão graves, não podem afastar você de Deus, mas o pecado afasta você de Deus agora e por toda a eternidade. O pecado é malignissimo. Seu salário é a morte. Por isso, só uma pessoa louca zomba dele. Só os tolos pecam e não se importam. Só os insensatos zombam da ideia de reparar o pecado cometido. Entre os retos, porém, há coração quebrantado, arrependimento e boa vontade. Os retos são aqueles que reconhecem seus pecados, os confessam e os deixam. Eles sentem tristeza pelo pecado e não apenas pelas consequências deles. Os retos são aqueles que encontram o favor de Deus, recebem seu perdão e ficam livres da culpa. Os retos abominam as coisas que Deus abomina, afastam-se daquilo que Deus repudia e buscam o que Deus ama. Os retos fogem do pecado para Deus, enquanto os tolos fogem de Deus para o pecado.

A ALEGRIA DO SENHOR É A NOSSA FORÇA

... portanto, não vos entristeçais, porque a
alegria do Senhor é a vossa força.
(Neemias 8:10)

A alegria é o tônico da vida, o oxigênio da alma, o banquete do coração. A alegria é uma ordem de Deus ao seu povo. Independe das circunstâncias, pois nossa alegria não é apenas presença de coisas boas nem apenas ausência de coisas ruins. Nossa alegria é uma pessoa. Nossa alegria é Jesus. Quem tem Jesus é uma pessoa alegre; quem não tem Jesus não conhece a verdadeira alegria. O profeta Daniel disse que o povo que conhece a Deus é um povo forte, e Neemias, o governador de Jerusalém, disse que a alegria do Senhor é a nossa força. Um povo alegre é um povo que canta nas noites escuras, como Paulo e Silas na prisão. Mesmo que as circunstâncias sejam adversas e mesmo quando a tempestade parece indomável, podemos nos alegrar em Deus. O povo de Deus tem uma alegria indizível e cheia de glória. Alegra-se a despeito das circunstâncias adversas. O povo de Deus passa por vales escuros, caminha por desertos áridos e atravessa pântanos perigosos. Porém, nesses cenários de dor, com o rosto banhado de lágrimas, ainda ergue aos céus seu cântico de triunfo e se alegra no Senhor. Paulo e Silas, mesmo com o corpo sangrando pelos açoites impiedosos, cantaram na prisão. Jó, mesmo perdendo seus bens, seus filhos e sua saúde, afirmou que Deus inspira canções de louvor nas noites escuras. Isso porque nossa alegria não é um sentimento nem mesmo uma emoção. Nossa alegria é Jesus! Por isso, Paulo mesmo numa prisão, no corredor da morte, proclamou: "Alegrai-vos sempre no Senhor, outra vez digo, alegrai-vos" (Filipenses 4:4).

O EVANGELHO NÃO SE RESUME A MILAGRES

Porque tanto os judeus pedem sinais, como os gregos buscam sabedoria; mas nós pregamos a Cristo crucificado, escândalo para os judeus, loucura para os gentios.
(1Coríntios 1:22,23)

Vivemos numa geração ávida por milagres. As pessoas vivem à procura do sobrenatural. Correm atrás de toda promessa que lhes alimente a esperança de ver milagres. Os templos religiosos que exploram esse frenesi do povo estão lotados. Muitos líderes inescrupulosos fazem propaganda de milagres que jamais existiram. Outros vendem ilusões, prometendo em nome de Deus o que Deus nunca prometeu em sua Palavra. Reafirmamos nossa convicção de que Deus opera milagres ainda hoje. Ele é o mesmo Deus ontem, hoje e sempre. Deus faz o que quer, com quem quer, no tempo que quer, da forma que quer, para o louvor da sua glória. Porém, os milagres operados por Deus não são um substituto do evangelho. Os milagres são sinais de Deus que abrem portas para o evangelho, mas não são o evangelho. Só o evangelho traz salvação, pois só o evangelho é o poder de Deus para a salvação de todo aquele que crê. As três gerações que mais viram milagres (as gerações de Moisés, Elias e dos apóstolos) foram as mais incrédulas. Nada substitui a pregação fiel da Palavra de Deus, nem mesmo os milagres. No dia de Pentecostes, quando o Espírito Santo foi derramado, coisas extraordinárias aconteceram. Línguas como de fogo pousaram, uma sobre cada um dos cento e vinte discípulos reunidos no cenáculo. O milagre em si atraiu a multidão, mas somente quando Pedro se levantou para pregar, os corações foram tocados e transformados.

CRENTES SUPERSTICIOSOS?

Ninguém se faça árbitro contra vós outros, pretextando humildade e culto dos anjos, baseando-se em visões, enfatuados, sem motivo algum, na sua mente carnal.
(Colossenses 2:18)

Florescem como cogumelos nos campos os crentes supersticiosos em nossa nação. O Brasil é um canteiro fértil desse sincretismo religioso que induz os incautos a se agarrarem a práticas estranhas à Palavra de Deus. Assim como os judeus ortodoxos esfregam a barba no muro das lamentações em Jerusalém e beijam aquelas pedras antigas; muitos crentes colocam um copo de água "ungida" sobre o televisor, ou usam um óleo "orado" pelo missionário, acreditando num poder especial desses objetos. É lamentável como alguns líderes religiosos promovem esse tipo de paganismo na igreja e contribuem para o crescimento dessas práticas supersticiosas. O crescimento espantoso da chamada igreja evangélica no Brasil não expressa o real crescimento do evangelho. Hoje, vemos com tristeza igrejas sendo plantadas como franquias. Igrejas estão se transformando em empresas particulares cuja finalidade precípua é o lucro. Nesse processo, o evangelho diluído com doutrinas estranhas às Escrituras tem sido vendido como um produto. O púlpito se transforma num balcão, o templo numa praça de negócios e os crentes em consumidores. Multidões afluem sôfregas atrás de um milagre e, para consegui-lo, abraçam qualquer novidade apresentada a elas no balcão da fé. Isso é lamentável. Isso não é o cristianismo bíblico. Esse não é o ensino de Jesus e de seus apóstolos. Voltemos ao evangelho!

ESGOTAMENTO ESPIRITUAL

Enquanto eu calei os meus pecados, envelheceram os meus ossos pelos meus constantes gemidos todo o dia.
(Salmos 32:3)

Há muitas pessoas cansadas da obra e na obra. Estão cansadas de fazer o bem. Talvez você tenha vivido longos anos lavando as mãos na inocência e mantendo puro seu coração, mas a cada manhã você é castigado, enquanto os ímpios à sua porta prosperam e vivem sem as preocupações dos mortais. Talvez, as lutas internas e as pressões externas têm levado você a um esgotamento espiritual, a uma fadiga emocional, a um apagão existencial. Talvez você já esteja andando na reserva, com o tanque vazio, sem esperança de mudança e sem perspectiva para o futuro. Talvez você tenha até pensado em desistir ou mesmo retroceder, como fez Pedro depois que negou a Jesus. Talvez você esteja cansado de esperar uma mudança em sua vida, em seu casamento, em sua família e em seu trabalho, pois a despeito de orar e chorar diante de Deus parece que nada acontece. Passam semanas, meses, anos e os problemas só se agravam. Quero encorajar a você a não desistir. Quando as coisas parecem estar paradas, Deus está trabalhando em seu favor, preparando algo maior e melhor para você. Não há Deus como o nosso que trabalha para aqueles que nele esperam. Confia em Deus, reanime-se nele, pois o sol voltará a brilhar. As nuvens escuras não se formam no horizonte para lhe assustar, mas para trazer-lhe torrentes abençoadoras. Um tempo de refrigério da parte do Senhor descerá sobre você e sua vida reverdecerá!

A ALMA FARTA PISA O FAVO DE MEL

A alma farta pisa o favo de mel, mas à alma faminta todo o amargo é doce.
(Provérbios 27:7)

Receber tudo de mão beijada pode ser um grande risco. Quem tem muito costuma não dar valor ao que tem. Quem recebe alimento com fartura costuma desprezar o alimento que tem sobre a mesa. A Bíblia diz: "A alma farta pisa o favo de mel, mas à alma faminta todo amargo é doce". Em muitas igrejas hoje, onde tem pão com fartura e alimento saudável, encontramos crentes apáticos. Estão como que enfastiados das coisas de Deus. Na época do profeta Miqueias, o povo estava enfadado de Deus e o Senhor pergunta ao povo: "Povo meu, que te tenho feito? E com que te enfadei? Responde-me!" (Miqueias 6:3). Nos dias de Malaquias, o povo estava cansado da casa de Deus e dizia: "... que canseira! E me desprezais, diz o Senhor dos Exércitos..." (Malaquias 1:13). Há muitos cristãos empanzinados, inapetentes, sem fome espiritual. Porque têm pão com fartura na casa do Pai, anseiam os banquetes do país distante. Curiosamente, nas igrejas onde o alimento é escasso, as pessoas correm sôfregas e famintas para receber sua porção. Contentam-se com migalhas. Até o amargo parece doce ao paladar delas. Que Deus nos livre de sermos como aquele que pisam o favo de mel! Que Deus nos dê fome de sua Palavra! A igreja de Laodiceia estava farta. Olhava-se no espelho e dava nota máxima para si mesma. Julgava-se rica e abastada. Pensava que não precisava de coisa alguma. Jesus, porém, sabendo de sua miséria, aconselhou-a a comprar ouro puro, vestes alvas e colírio para ungir os olhos. Não pise o favo de mel! Farte-se na mesa do Pai!

INTEGRIDADE, UM FAROL NA ESCURIDÃO

A integridade dos retos os guia; mas, aos pérfidos,
a sua mesma falsidade os destrói.
(Provérbios 11:3)

A integridade é como um farol na escuridão. As nuvens escuras das provações se ajuntam sobre a cabeça do íntegro. Muitas vezes, na jornada da vida, ele é encurralado num beco sem saída e sua reputação é colocada à prova. Foi isso que aconteceu com o profeta Daniel no Império Medo-Persa. Conspiraram contra ele. Armaram uma rede para os seus pés. O homem de Deus acabou sendo jogado na cova dos leões, o mais cruel sistema de pena de morte daquele reino. Mas mesmo sendo considerado culpado por seus malfeitores, tinha sua consciência limpa. Sua integridade foi sua maior defesa diante de Deus e dos homens. Sua integridade foi a luz que iluminou seu caminho e o escudo protetor que o livrou das mãos de seus algozes e dos dentes afiados dos leões. Aqueles que perfidamente tramaram o mal contra Daniel viram que esse mal caiu sobre suas próprias cabeças. Daniel foi tirado da cova dos leões e eles foram lançados nela e destruídos irremediavelmente. Os pérfidos cavam um abismo para seus próprios pés. Eles tramam o mal contra os outros e este caiu sobre eles mesmos. O caminho do perverso é como uma escuridão, mas o caminho do justo é como a luz da aurora que vai brilhando mais e mais até ser dia perfeito.

VOCÊ É A MENINA DOS OLHOS DE DEUS

Visto que foste precioso aos meus olhos, digno de honra, eu te amei...
(Isaías 43:4)

Você é especial. Você é muito importante. Você tem valor. Seu valor decorre do fato de Deus amar você antes mesmo da criação do mundo. Deus criou você à sua imagem e semelhança. Deus formou você de forma assombrosamente maravilhosa e entreteceu você no ventre de sua mãe. Deu conheceu você quando era apenas uma substância informe. Deus estava presente quando seu coração bateu pela primeira vez. Deus alegrou-se com o seu nascimento. Ele planejou essa hora. Deus estava do seu lado quando você deu os primeiros passos. Em momento algum Deus deixou de acompanhar sua vida. Ele é como sombra à sua direita. Deus atraiu você com cordas de amor e chamou você com santa vocação. Deus mesmo abriu os olhos da sua alma e os ouvidos do seu entendimento. Ele mesmo lhe deu um novo coração, uma nova mente, uma nova vida, uma nova família. Deus justificou você, pelo sangue de Jesus, e já declarou você quites com sua lei e sua justiça. O Espírito Santo selou você para o dia da redenção. Você agora é propriedade exclusiva de Deus. Você é filho de Deus, herdeiro de Deus, a herança de Deus, a menina dos olhos de Deus, a delícia de Deus. Em breve Jesus voltará e você estará com Ele, por toda a eternidade, desfrutando das venturas excelsas da glória, onde não haverá mais luto, nem pranto nem dor.

MACHISMO, UMA CULTURA OPRESSORA

Criou Deus, pois, o homem à sua imagem, à imagem
de Deus o criou; homem e mulher os criou.
(Gênesis 1:27)

Deus criou o homem à sua imagem e semelhança. Do homem criou a mulher. A mulher procede do homem e o homem da mulher. É isso que diz as Escrituras: "Porque, como provém a mulher do homem, assim também o homem é nascido da mulher; e tudo vem de Deus" (1Coríntios 11:12). De tal forma que o homem não é superior à mulher nem a mulher inferior ao homem. Ao longo da história, porém, a mulher foi oprimida pelo machismo. O machismo é uma cultura de opressão ainda presente no mundo. Desvaloriza a mulher e a trata como um objeto. Ao longo dos séculos a mulher foi espoliada de seus direitos. Em muitas culturas, a mulher é propriedade do pai quando solteira e do marido depois de casada. A burca é um símbolo gritante dessa realidade na sociedade contemporânea. Muitas mulheres vivem numa masmorra emocional. Não têm liberdade, nem direito nem voz. Embora os direitos civis das mulheres já tenham sido resgatados na maioria dos países do mundo, prevalece ainda alguns resquícios de injustiça. O evangelho de Cristo, porém, resgata a dignidade da mulher. A mulher não é inferior ao homem nem capacho dele. Foi criada à imagem e semelhança de Deus como o homem e é redimida por Cristo da mesma forma que o homem. A ordem de Deus é que os maridos amem a sua mulher como Cristo amou a igreja e se entregou por ela. O marido deve cuidar da vida espiritual, emocional e física da sua mulher.

FEMINISMO, UMA REAÇÃO PERIGOSA

Quero, entretanto, que saibais ser Cristo o cabeça de todo homem, e o homem, o cabeça da mulher, e Deus, o cabeça de Cristo.
(1Coríntios 11:3)

O machismo é um extremo perigoso e o feminismo uma reação igualmente perigosa. Se o machismo explora as mulheres e as trata como um ente inferior, o feminismo se esforça para desfazer os princípios dados por Deus na relação familiar. Não há superioridade nem inferioridade entre homem e mulher, mas Deus colocou o homem como cabeça. A Palavra de Deus é clara: "Deus é o cabeça de Cristo, Cristo é o cabeça de todo o homem e o homem é o cabeça da mulher" (1Coríntios 11:3). Assim como Cristo não é inferior a Deus, pois Ele é Deus, assim também a mulher não é inferior ao homem, pelo fato do homem ser cabeça da mulher. Porém, como Deus é Deus de ordem, Ele estabeleceu que o homem deve ser o líder do lar. O marido deve amar sua mulher como Cristo amou a igreja e a mulher deve se submeter ao marido no Senhor, como a igreja é sujeita a Cristo. A submissão não é uma questão de gênero. A mulher não deve ser submissa a todo homem, mas a seu marido. A submissão não é incondicional, mas no Senhor. Se o marido exigir da mulher aquilo que fere sua consciência cristã, ela está desobrigada de sujeitar-se a ele, para obedecer a Deus. A submissão não é a um déspota, mas ao marido que a ama como Cristo amou a Cristo, ou seja, com um amor perseverante, sacrificial, santificador e romântico. A tentativa de desfazer os papéis no casamento tem criado famílias bicéfalas. Nenhuma mulher respeita a um marido a quem comanda e nenhum homem é feliz sendo comandado.

NÃO BASTA COMEÇAR BEM, É PRECISO TERMINAR BEM

Combati o bom combate, completei a carreira, guardei a fé.
(2Timóteo 4:7)

A vida é como uma corrida. Para conquistarmos o prêmio, precisamos correr de acordo com as normas. Não podemos desviar nosso olhar do alvo. Não podemos nos distrair com as muitas vozes que ecoam à nossa volta. Não podemos quebrar as regras, pois assim, seremos desqualificados. Muitos cristãos começaram bem a carreira, mas pararam no meio do caminho e retrocederam. A Palavra de Deus fala sobre Demas. Ele era um cooperador do apóstolo Paulo. Começou bem sua jornada. Mas, depois, amou o presente século e abandonou o velho apóstolo. Saul começou bem seu reinado, mas depois, ensoberbeceu seu coração e terminou muito mal. Judas Iscariotes foi chamado para ser um apóstolo de Jesus Cristo. Ouviu seus ensinos, viu seus milagres, recebeu o maior de todos os privilégios. Mas desprezou essa rica oportunidade, traiu seu Mestre e ceifou sua própria vida. Muitos líderes religiosos, usados por Deus, deixaram de vigiar e caíram em opróbrio. Todos nós temos os pés de barro e precisamos vigiar, andando na dependência de Deus. O apóstolo Paulo diz que aqueles que pensam estar em pé devem vigiar para não cair. Precisamos, como Paulo, completar a nossa carreira, mesmo que o preço para isso seja a nossa própria morte. Não basta começar bem, é preciso terminar bem. Não basta viver bem, é preciso morrer bem!

TODOS NÓS TEMOS OS PÉS DE BARRO

A cabeça era de fino ouro, o peito e os braços, de prata,
o ventre os quadris de bronze; as pernas, de ferro, os
pés, em parte, de ferro, em parte de barro.
(Daniel 2:32,33)

A teologia que ensina que o homem tem a força, que é um ser divino em miniatura e que o poder para uma vida bem-aventurada dimana do seu próprio interior é uma falácia. Todo homem tem os pés de barro. Todos nós temos o nosso calcanhar de Aquiles. Todos nós temos fraquezas. Não há nenhum ser humano poderoso, autossuficiente, capaz de ficar de pé estribado no bordão da autoconfiança. A Bíblia diz que Deus conhece a nossa estrutura e sabe que somos pó. O rei Nabucodonosor sonhou com uma grande estátua, símbolo dos reinos que dominariam o mundo. Ele, Nabucodonosor, era a cabeça de ouro. O império medo-persa representava o peito e os braços de prata. O império Greco macedônio, o ventre e os quadris de bronze e o império romano, as pernas de ferro e os pés de ferro e barro. Uma pedra, não lavrada por mãos, símbolo do reino indestrutível e vitorioso de Cristo, esmiuçará essa grande estátua e encherá toda a terra. Esse é o reino de Cristo que governará de mar a mar, e toda a terra se encherá do conhecimento do Senhor, como as águas cobrem o mar. Assim como o mais poderoso dos reinos da terra tinha os pés de barro, todo o homem, mesmo aquele mais besuntado de orgulho, também tem os pés de barro. Somos fracos, vulneráveis e totalmente dependentes de Deus. Não há espaço para a soberba em nosso coração. Não há lugar para altivez em nossa vida. Todos temos os pés de barro!

AUTO AJUDA OU AJUDA DO ALTO?

Elevo os olhos para os montes: de onde me virá o socorro?
O meu socorro vem do Senhor, que fez o céu e a terra.
(Salmos 121:1,2)

A psicologia de autoajuda está na moda. As livrarias estão entupidas de livros que proclamam que você é forte, você tem a força, você é capaz, você é um gigante adormecido. Estamos vendo um ressurgimento do narcisismo. Batemos palma para nós mesmos e cantamos com entusiasmo a música "quão grande és tu" diante do espelho. Fomos contaminados pela síndrome de Laodiceia: Julgamo-nos ricos e abastados sem de nada precisar. Colocamos a nós mesmos no pedestal e queimamos incenso a nós mesmos. Julgamo-nos fortes e poderosos. A verdade, porém, é outra. Nós somos fracos. Nós temos fraquezas físicas. O tempo vai esculpindo em nosso rosto algumas rugas indisfarçáveis. Nossos joelhos vão ficando trôpegos e nossas mãos descaídas. Temos fraquezas emocionais. Muitas vezes chegamos ao ponto de desesperarmos da nossa própria vida. Temos fraquezas morais. Quantas vezes já prometemos nunca mais cair em determinados delitos, para logo depois nos vermos vencidos pelos mesmos erros. Temos fraquezas espirituais. Somos um ser ambíguo e contraditório. O bem que queremos fazer não o praticamos, mas o mal que não queremos, esse o fazemos. A questão não é autoajuda, mas ajuda do alto. Nosso socorro vem do Senhor. Nossa força está no Altíssimo Deus, criador e sustentador do universo. Embora sejamos fracos, somos mais do que vencedores em Cristo Jesus.

UM MILAGRE PODE ACONTECER HOJE

Todos ficaram atônitos, davam glória a Deus e, possuídos de temor, diziam: Hoje, vimos milagres.
(Lucas 5:26)

Og Mandino é um dos escritores mais conhecidos no mundo. Escreve livros de encorajamento, incentivando as pessoas a viverem com otimismo. Mas sua vida não foi um mar de rosas. Não pisou em tapetes aveludados. Aos trinta e cinco anos de idade, estava falido financeiramente. Abandonado pela mulher, caído numa sarjeta, bêbado, pensava em suicídio. Dez anos depois, entretanto, estava no topo da fama mundial, escrevendo livros traduzidos para vários idiomas, encorajando as pessoas a viverem com entusiasmo. Ele disse: "Se você está vivo, um milagre pode acontecer em sua vida hoje". Você já um milagre de Deus. Ele criou você à sua imagem e semelhança. As digitais do criador estão estampadas em sua vida. Deus formou você de forma assombrosamente maravilhosa. Colocou em suas células o código da vida. Deus é quem lhe dá a vida e a respiração. Ele é quem energiza seus músculos e dá vigor à sua mente. Deus é quem protege você do maligno. Ele é como muro de fogo ao seu redor. É seu escudo e protetor. Deus é quem lhe dá o pão de cada dia. Dá saúde para você saboreá-lo e paladar para deleitar-se com os diversos sabores. Deus é quem faz todas as coisas para o seu aprazimento. Você pode viver com esperança, pois todos os dias são dias de graça, e a cada manhã Deus renova sobre sua vida as suas misericórdias. Você é um troféu da graça, pois Deus salvou você de forma milagrosa. Estando você morto, Ele lhe deu vida. Estando perdido, Ele o encontrou. Estando condenado, Ele o justificou.

NÃO CAVE ABISMOS, CONSTRUA PONTES

Mas, se não perdoardes, também vosso Pai celestial não vos perdoará as vossas ofensas.
(Marcos 11:26)

Somos a geração mais privilegiada da história. Vivemos no século das viagens interplanetárias e da comunicação virtual. Pisamos no terreno dos milagres tecnológicos. Ao mesmo tempo, porém, que cruzamos os mares e falamos ao vivo e em cores com pessoas do outro lado do mundo, não conseguimos conversar, olho no olho, com as pessoas que moram debaixo do nosso teto. Vivemos numa sociedade com mais de sete bilhões de habitantes, mas assolada pela solidão. Acotovelamo-nos nas ruas, mas não temos relacionamentos saudáveis. Adquirimos bens de consumo, mas vivemos infelizes, com relacionamentos doentes dentro de casa. Conquistamos coisas, mas perdemos pessoas. Abrimos janelas para o mundo, mas fechamos portas de relacionamentos à nossa volta. Chegamos ao topo da pirâmide social, mas perdemos as pessoas mais importantes da vida nessa escalada. Não são felizes os que edificam seu sucesso sobre os escombros de seus relacionamentos, mas felizes são os pacificadores, aqueles que curam relacionamentos feridos. Um pacificador é aquele que tem o ministério da reconciliação. Em vez de semear contendas entre os irmãos, restaura relacionamentos quebrados. Em vez de ferir as pessoas com suas atitudes, balsamiza os feridos com suas palavras terapêuticas. Em vez de cavar abismos nos relacionamentos, constrói pontes de contato com as pessoas.

ADULTO ADOLESCENTE?

Quando eu era menino, falava como menino, sentia como menino, pensava como menino; quando cheguei a ser homem, desisti das coisas próprias de menino.
(1Coríntios 13:11)

Sim, hoje temos adultos adolescentes! Adultos na idade, mas imaturos no comportamento. Adultos na estatura física, mas frágeis na estrutura emocional. Normalmente, esses adultos adolescentes foram paparicados demais pelos pais, receberam tudo de mão beijada e não aprenderam a lidar com as tensões da vida nem têm independência para tomar decisões. Casam-se, mas não cortam o cordão umbilical com os pais. Casam-se, mas não assumem o casamento de forma plena. Maridos que ficam no videogame em vez de interagir com a esposa. Esposas com síndrome de Cinderela, que se preocupam mais com cosméticos para o corpo do que com a ginástica da alma. Um *adultotescente* é alguém que continua verde; com um corpo de adulto, mas com a cabeça de um adolescente. Portanto, despreparado para a vida, para o casamento, para o trabalho e para os relacionamentos interpessoais. Um adulto adolescente gosta de vestir-se como adolescente, ter atitudes de adolescente, usar os entretenimentos de adolescentes. A adolescência é uma fase encantadora da vida, mas ela precisa fechar seu ciclo para dar início à juventude e à maturidade. Retroceder à adolescência depois de atingir a fase adulta traz sérios prejuízos para a família, para a igreja e para a sociedade. A Palavra de Deus diz que não devemos nos conformar com este século, mas transformar-nos pela renovação da nossa mente. Devemos ser governados pelos princípios da Palavra de Deus e não pelos ditames de uma cultura decante.

A NOITE ESCURA DA ALMA

Então, lhes disse: A minha alma está profundamente triste até à morte; ficai aqui e vigiai comigo.
(Mateus 26:38)

Há momentos que a noite trevosa desce sobre a nossa vida e os horrores do inferno bafejam nossa alma. Sentimos uma opressão do inimigo, com seu hálito pesado vindo sobre nós. Não escapamos desses ataques. Não vivemos blindados. O próprio Jesus derramou sua alma na morte (Isaías 53:12) quando suou sangue no Getsêmani (Lucas 22:44). Ele começou a entristecer-se e a angustiar-se. Disse: "A minha alma está profundamente triste até à morte (Marcos 14:34). Aquela era a noite escura da alma, quando Jesus travou a mais renhida batalha da humanidade. Naquele momento ele ficou só, dobrado sobre seus joelhos, com o rosto em terra. Foi nesse contexto que a Bíblia diz que Ele clamou fortemente com lágrimas (Hebreus 5:7). Ali, submeteu-se à vontade do Pai, foi consolado pelo anjo e saiu vitorioso para caminhar para a cruz, como um rei caminha para sua coroação. Na cruz adquiriu para nós eterna redenção. A noite escura da alma não foi um acidente na vida de Jesus, mas uma agenda traçada na eternidade. Essa noite desceu sobre sua alma, para que a luz bendita do céu invadisse a nossa vida. Ele bebeu o cálice amargo da ira de Deus, para nos oferecer a água da vida. Ele suou sangue e chorou para que nós pudéssemos experimentar uma alegria indizível e cheia de glória. Ele morreu para nos oferecer a vida eterna. Saiba que se esta noite chegou em sua vida, Deus é poderoso para transformar essas trevas em luz e o seu sofrimento em prelúdio de glória!

A FAMÍLIA SOBRE OS TRILHOS

Esposas, sede submissas ao próprio marido, como convém no Senhor.
Maridos, amai vossa esposa e não a trateis com amargura.
(Colossenses 3:18,19)

A família, para ser feliz, precisa andar sobre os trilhos e ter as prioridades certas. Precisa buscar as primeiras coisas primeiro. Quero aqui, mencionar cinco dessas prioridades: Primeiro, coloque Deus acima das pessoas. Quando Deus vem em primeiro lugar em nossa vida, as outras coisas se encaixam em seu perfeito lugar. Devemos buscar em primeiro lugar o reino de Deus e as demais coisas nos serão acrescentadas. Segundo, coloque seu cônjuge acima de seus filhos. Laboram em erro os pais que compensam a fragilidade do casamento substituindo o cônjuge pelos filhos. O maior presente que podemos dar aos nossos filhos é amar nosso cônjuge. Terceiro, coloque seus filhos acima de seus amigos. Precisamos cuidar dos nossos filhos antes de voltarmos a nossa atenção para os de fora, pois quem não cuida de sua própria família é pior do que o incrédulo. Precisamos ter tempo para os filhos e nossos filhos precisam saber que eles têm prioridade em nossa agenda e em nosso coração. Quarto, coloque os relacionamentos acima das coisas. Muitas pessoas se perdem nessa questão. Correm sofregamente atrás de coisas e depois perdem as pessoas mais amadas. De nada adianta construir um vasto patrimônio financeiro e deixar para trás uma família arrebentada emocionalmente. Finalmente, coloque as coisas importantes acima das coisas urgentes. Nem tudo que grita aos seus ouvintes, com um apelo urgente, de fato é importante. Não sacrifique no altar do urgente o importante. Busque as primeiras coisas primeiro!

UM REI FRACO ENFRAQUECE SEU POVO

O rei justo sustém a terra, mas o amigo dos impostos a transtorna.
(Provérbios 29:4)

Camões colocou em sua obra imortal, *Os Lusíadas*, essa frase perturbadora: "Um fraco rei faz fraca a forte gente". Um governante fraco enfraquece o povo forte. Um líder fraco é que aquele que não tem vocação para governar nem preparo para fazê-lo. Um governante fraco é aquele que não tem independência para decidir nem coragem para tomar decisões. Um rei fraco é aquele que está preso por esquemas de corrupção. Um governante fraco é aquele que, mesmo não roubando, tolera as ratazanas esfaimadas mordendo com voracidade o erário público. Um rei fraco é um refém nas mãos dos poderosos. Loteia o governo para atender a interesses inconfessos de homens inescrupulosos. Um rei fraco oprime o povo com tributos pesados, mas não serve o povo com serviços correspondentes. Usa o povo para manter-se no poder, mas mantém o povo na miséria, sem abrir-lhe as portas do progresso. Um rei fraco é um rei populista que, para manter-se no trono oferece à fraca gente pão e circo, mas não lhe encoraja a alçar voos mais altaneiros. Precisamos ser mais cuidadosos na escolha da nossa liderança política. Quando indivíduos comprometidos com a probidade governam, o povo se alegra; porém, quando pessoas regidas pela ganância e entregues à corrupção sobem ao poder, o povo geme. Lembremo-nos de Camões: "Um fraco rei faz fraca a forte gente".

DEUS ESTÁ MORTO?

Mas o Senhor é verdadeiramente Deus; ele é o Deus vivo e o Rei eterno...
(Jeremias 10:10)

Em 1882, o influente filósofo alemão Friedrich Nietzsche afirmou categoricamente: "Deus está morto". Por não acreditar que Deus tivesse significado para o ser humano, sentenciou: "Deus morreu". Há muitos ateus teóricos que negam a existência de Deus (Salmos 14:1) e escarnecem daqueles que professam a fé cristã. Alguns, vestidos com o manto da soberba, sentenciam os cristãos de ignorantes e filhos do obscurantismo. Outros, como o aplaudido Richard Dawkins, patrono do ateísmo contemporâneo, dizem que a crença em Deus é um retrocesso e que o ateísmo é o pináculo do progresso intelectual e moral. Esquecem-se esses corifeus do ateísmo de que as maiores conquistas da nossa sociedade tanto no campo científico, como político e social foram resultados diretos da influência do Cristianismo. Por outro lado, as maiores barbáries da história nasceram do ventre do ateísmo. O ateísmo é um problema moral mais do que um problema filosófico. O homem besuntado de orgulho tenta sufocar o conhecimento que tem de Deus (Romanos 1:18-23). Por rejeitar o conhecimento de Deus, cujo poder está estampado nas obras da criação e por não querer a intervenção divina em sua vida, o homem sufocou esse conhecimento em seu coração. Julgando-se sábio, tornou-se louco. Na verdade, Deus não morreu! Ele é o autor da vida e como Juiz vai julgar vivos e mortos. Prepare-se para se encontrar com Deus!

JESUS: ALFAIATE DO EFÊMERO OU ESCULTOR DO ETERNO?

Vós me chamais o Mestre e o Senhor e dizeis bem; porque eu o sou.
(João 13:13)

Muitos mestres ilustres encheram bibliotecas com sua erudição. Mestres que percorreram com grande desenvoltura pelos corredores do saber humano. Porém, dentre todos, Jesus se destaca como o Mestre dos mestres. Ele mesmo se apresentou como Mestre. Seus discípulos o chamaram de Mestre. Até mesmo seus inimigos reconheceram que Ele era Mestre. Jesus não foi um alfaiate do efêmero, mas o escultor do eterno. Jesus foi o Mestre dos mestres, e isso, por algumas razões: Primeiro, pela pureza do seu caráter. Todos os mestres são limitados em seu conhecimento e falhos em sua ética. Jesus, porém, nunca pecou. Nunca houve dolo em sua boca. Ele é o Mestre e o conteúdo do ensino, o mensageiro e a mensagem. Segundo, pela excelsitude de sua doutrina. Jesus veio do céu para nos ensinar as palavras de vida eterna. Não gastou seu tempo ensinando banalidades. Suas palavras são espírito e vida. Ele não apenas falou sobre a verdade, Ele é a Verdade. Sua doutrina não é fruto da lucubração humana, mas o extrato da revelação divina. Seu ensino tange as coisas que os olhos não viram e os ouvidos não ouviram. Falam da vida plena no tempo e das bem-aventuranças por toda a eternidade. Proclamam a libertação do pecado, a redenção pelo sangue da cruz, a justificação pela fé, a santificação do Espírito, a glorificação eterna. Terceiro, pela variedade de seus métodos. Jesus ensinou por parábolas e por contrastes, por palavras e pelo silêncio; pela doutrina e pelo exemplo.

DEUS, UM DELÍRIO?

Tu és digno, Senhor e Deus nosso, de receber a glória, a honra, e o poder, porque todas as coisas tu criaste, sim, por causa da tua vontade vieram a existir e foram criadas.
(Apocalipse 4:11)

Richard Dawkins, o patrono dos ateus, escreveu um livro que está fazendo muito barulho nos meios acadêmicos, com o título: *Deus, um delírio*. Esse corifeu do ateísmo tem se desdobrado para ridicularizar a fé cristã e exaltar o ateísmo como a essência do bem. O Salmo 14:1 diz, porém, que é o insensato que diz que não há Deus. O ateísmo não é uma questão intelectual, mas moral. O homem não nega a existência de Deus por falta de revelação, mas porque sufoca esse conhecimento em seu coração. Deus se revelou por meio da criação, da consciência, da Palavra e por meio de Jesus. As digitais de Deus estão estampadas em cada gota de orvalho. Os cristãos não adoram um delírio, mas o Deus Todo-poderoso, aquele que mediu as águas dos oceanos na concha de sua mão e pesou o pó da terra em balança de precisão. O nosso Deus é aquele que mediu os céus a palmo e espalhou as estrelas no firmamento. O nosso Deus é aquele que criou o universo sem matéria preexistente e sustenta todas as coisas pela palavra do seu poder. Está provado hoje que não somos fruto de uma geração espontânea. Somos programados geneticamente. Dr. Marshall Nirenberg, prêmio Nobel de biologia, descobriu que você tem cerca de sessenta trilhões de células vivas e, em cada uma delas, um metro e setenta centímetros de fita DNA, onde estão gravados e computadorizados todos os seus dados genéticos. Não somos frutos do ocaso nem descendentes dos símios. Viemos de Deus!

VOCÊ JÁ AGRADECEU A DEUS HOJE?

Em tudo, dai graças, porque esta é a vontade de Deus em Cristo Jesus para convosco.
(1Tessalonicenses 5:18)

A gratidão é a rainha das virtudes. Devemos dar graças não pelo mal moral nem pelos nossos erros. Devemos dar graças apesar das circunstâncias adversas que nos atingem, pois Deus as transforma em instrumentos de bênção para nós. Os irmãos de José do Egito tramaram contra ele e o venderam como escravo. Vinte e dois anos depois, José disse para eles: "Vocês intentaram o mal contra mim, mas Deus o transformou em bênção". A gratidão não tem a ver com o quanto de bens temos nas mãos, mas o quanto de discernimento da providência divina transborda do nosso coração. Muitas pessoas vivem no fausto e no luxo, mas vivem na miséria, pois murmuram o dia todo e vivem insatisfeitas. Outras, mesmo privadas dos bens de consumo, celebram a vida com entusiasmo mesmo na escassez. Você já agradeceu a Deus hoje por estar vivo? Por estar com saúde ou mesmo lidando com a enfermidade? Já agradeceu por ter uma família ou mesmo por enfrentar a dolorosa solidão? Já agradeceu a Deus por ter uma casa para morar ou mesmo sem ter ainda um teto que lhe abrigue? Já agradeceu pela comida sobre a mesa ou mesmo pela escassez? Já agradeceu a Deus por Jesus Cristo e sua eterna salvação e pelo perdão de seus pecados? Já agradeceu o fato de você ser membro da família de Deus, herdeiro de Deus e co-herdeiro com Cristo? Já agradeceu por ter seu nome escrito no livro da vida e ser cidadão do céu? Ah, quantos motivos de agradecimento! A Bíblia nos ensina a dar graças em tudo!

DE VOLTA AO EVANGELHO

Certamente, a palavra da cruz é loucura para os que se perdem, mas para nós, que somos salvos, poder de Deus.
(1Coríntios 1:18)

A maior necessidade dos púlpitos evangélicos brasileiros é uma volta urgente ao evangelho de Cristo e à pregação bíblica. O pregador não cria a mensagem, apenas a transmite. Somos chamados a pregar não prosperidade, mas o evangelho. Somos desafiados a pregar a Palavra e não psicologia de autoajuda. Somos convocados a pregar não as últimas novidades do mercado da fé, mas a cruz de Cristo. O pregador é servo da mensagem e não seu dono. Seu papel não é ser popular, mas fiel. Seu propósito não é pregar para agradar o auditório, mas para levar seus ouvintes ao arrependimento. É regido pela verdade não por aquilo que funciona. O pregador não busca sucesso aos olhos do mundo, mas procura ser aprovado por Deus. Seu desejo não é ser grande aos olhos dos homens, mas ser agradável aos olhos de Deus. Precisamos urgentemente de um reavivamento nos púlpitos. Perguntaram para D. M. Moody: "Como podemos iniciar um avivamento na igreja?" Ele respondeu: "Acenda uma fogueira no púlpito". O pregador precisa ser um homem em chamas. Pregação é lógica em fogo. Nossos lábios precisam ser tocados pela brasa viva do altar. Nosso coração precisa arder de devoção pelo Senhor. Falta avivamento na vida dos pregadores e falta fervor na sua pregação. John Wesley dizia aos pastores do seu tempo: "Ponha fogo no seu sermão, ou ponha o seu sermão no fogo". É tempo de voltarmos ao evangelho da graça. É tempo de proclamá-lo no poder do Espírito Santo!

A MATEMÁTICA DO CASAMENTO

... o cordão de três dobras não se rebenta com facilidade.
(Eclesiastes 4:12)

O casamento é um grande mistério. Desafia as mentes mais peregrinas. Transcende nossa capacidade de entendimento. Vai além da lógica. Embora a matemática seja uma ciência exata, no casamento essa exatidão se relativiza. Senão vejamos. No casamento, um mais um é igual a um. A Bíblia diz que marido e mulher, quando se unem na relação conjugal, se tornam um. Há uma fusão e uma amálgama tão profunda na intimidade sexual entre marido e mulher, que os dois se tornam uma só carne. Mas, no casamento, um mais um é igual a dois. Embora sejam uma só carne, marido e mulher não perdem a individualidade. São duas pessoas distintas, com perspectivas diferentes, gostos diferentes, cosmovisões diferentes que se unem para construir uma caminhada comum. Essas diferenças, longe de destruir a relação, enriquecem-na. Marido e mulher não estão em oposição um ao outro, completam-se. Finalmente, no casamento, um mais um é igual a três. O casamento é como um cordão de três dobras que dificilmente se arrebenta. O casamento é mais do que a união entre um homem e uma mulher. É uma aliança entre marido e mulher feita na presença de Deus. Deus é a terceira dobra desse cordão. Na verdade Deus é o arquiteto do casamento. O casamento não é uma instituição humana, mas divina. O casamento não nasceu na terra, mas no céu; nasceu não no coração do homem, mas no coração de Deus. Deus é o edificador, o protetor e o galardoador do casamento. A maior necessidade dos casais não é de coisas, mas de Deus!

PAZ NO MEIO DA TORMENTA

Descansa no Senhor e espera nele...
(Salmos 37:7)

Dois famosos pintores foram solicitados a colocar numa tela o significado da paz. O primeiro pintou um quadro belíssimo de uma campina verdejante com regatos límpidos rasgando suas entranhas. O segundo pintou uma catarata violenta que arrojava seu aguaceiro sobre pedras pontiagudas. Por sobre essa tormenta, um pássaro protegia seus filhotes em seu ninho cálido, construído sobre o galho de uma árvore que ficava à beira da corredeira. O segundo quadro ganhou o prêmio, pois a verdadeira paz não é ausência de tensões. A verdadeira paz é descansar em Deus apesar da tormenta. É confiar em Deus inobstante as lutas da vida. É saber que Deus está no controle da situação, mesmo quando nós já perdemos o controle. É confiar na onipotência divina apesar da nossa gritante fraqueza. Davi entendeu o significado dessa paz quando disse que mesmo no vale da sombra da morte, não tinha nenhum temor, porque Deus estava com ele. É a presença de Deus que serena o nosso coração e apazigua a nossa alma. É quando estamos guardados por Deus que podemos cantar no vale. É quando Deus nos carrega no colo que podemos nos sentir como uma criança desmamada nos braços de sua mãe. Não entregue seu coração ao desespero, espera em Deus. Confia nele e experimente paz no vale!

CORRA PARA OS BRAÇOS DO PAI

Levantar-me-ei, e irei ter com o meu pai...
(Lucas 15:18)

A conhecida parábola do filho pródigo narra com cores vivas a saga de um jovem que pediu ao pai sua herança antecipada e desperdiçou todos os seus bens vivendo irresponsavelmente, na luxúria. Sozinho, faminto e maltrapilho lembrou-se da casa do pai e tomou o caminho de volta. Ensaiou um pedido de perdão e se preparou para ser recebido apenas como um empregado. Tal não foi sua surpresa, que, quando se aproximava, seu pai o avistou e, correndo, abraçou-o, beijou-o e ofereceu-lhe roupas novas para vestir, sandálias para os pés e anel de honra. Uma festa começou na casa do pai, porque o filho que estivera perdido fora achado; e o que estivera morto revivera. Essa parábola enfatiza o amor incondicional de Deus por você. Não importa quão longe você tenha ido. Não importa quão profundamente você tenha caído. Não importa quão sujo você esteja. Deus corre em sua direção para lhe dar o abraço do perdão e o beijo da reconciliação. Ele perdoa seus pecados e recebe você como filho. Ele é o Deus de toda a graça. Deus apaga as manchas do seu passado e cobre você com vestes de justiça. Ele desfaz suas transgressões como a névoa e torna você mais alvo do que a neve. Ele arranca você de um poço de lama e prepara-lhe um banquete de honra. O que está esperando? Corra agora mesmo para os braços do Pai!

CHORO, NUNCA MAIS!

E lhes enxugará dos olhos toda lágrima, e a morte já não existirá...
(Apocalipse 21:4)

O choro está ligado à nossa vida de forma umbilical. Nascemos chorando, intercalamos nossas alegrias com lágrimas e nos despedimos da vida entre lágrimas. É impossível viver neste mundo sem beber o cálice da dor e sem ter os olhos molhados de lágrimas. Choramos pelos nossos pecados e pela nossa família. Choramos pela igreja e pela nossa pátria. Choramos enquanto semeamos e choramos porque os homens pisam a semente. Aqui há choro, pranto e dor. Mas quando cruzarmos os umbrais da eternidade e entrarmos na glória, quando o nosso corpo mortal for revestido da imortalidade, quando recebermos um corpo incorruptível, glorioso, poderoso e celestial, semelhante ao corpo da glória de Cristo, então Deus enxugará dos nossos olhos toda a lágrima. Não haverá mais luto, nem pranto, nem dor. Entraremos no gozo do Senhor. Chegaremos à cidade santa, à nova Jerusalém, ao paraíso de Deus. Desfrutaremos, pelos séculos eternos, de comunhão plena com o nosso Redentor. Não haverá mais despedida nem adeus. Não haverá mais fraqueza nem enfermidade. Não haverá mais pecado nem maldição. Não haverá mais pesar nem solidão. A alegria, e não o choro, será nossa iguaria permanente no banquete do céu, e isso, para todo o sempre!

MAIS DESEJÁVEL QUE O OURO, MAIS DOCE QUE O MEL

São mais desejáveis do que ouro, mais do que muito ouro depurado; e são mais doces do que o mel e o destilar dos favos.
(Salmos 19.10)

O Salmo 19 fala da criação, a revelação natural de Deus, dirigida aos olhos e da palavra, a revelação especial, dirigida aos ouvidos. A palavra de Deus é perfeita, fiel, reta, pura, límpida e verdadeira. A palavra de Deus restaura a alma, dá sabedoria aos símplices, alegra o coração, ilumina os olhos e permanece para sempre. A palavra de Deus é mais preciosa do que ouro e mais doce do que o mel. Há uma grande recompensa para aqueles que guardam a palavra de Deus no coração, pois a palavra é o antídoto contra o pecado. Dwight Moody escreveu na capa de sua Bíblia: "Este livro afastará você do pecado ou o pecado afastará você deste livro". A maneira de um indivíduo guardar puro o seu coração é viver de acordo com a palavra. A palavra é alimento: é leite para o infante, pão para o faminto e carne para o maduro. A palavra de Deus é como água que dessedenta e purifica. A palavra de Deus é bálsamo para os feridos, refrigério para os cansados e espada para os indefesos. A palavra de Deus é arma de combate e também vitoriosa, pois tem saído de fronte erguida de todas as fogueiras da intolerância e triunfante em todas as batalhas. A palavra é a bigorna do Espírito que esmiúça todos os martelos dos críticos e a verdade sobranceira que prevalece em todos os tribunais. De fato, ela é mais valiosa do que ouro e mais saborosa do que o mel.

O PERIGO DE SER AVALISTA

Quem fica por fiador de outrem sofrerá males,
mas o que foge de o ser estará seguro.
(Provérbios 11:15)

O fiador é aquele que dá garantias de que o devedor irá cumprir sua palavra e pagar suas dívidas; caso contrário, ele mesmo arcará com esse ônus. O fiador empenha sua palavra, sua honra e seus bens, garantindo ao credor que o devedor saldará seus compromissos a tempo e a hora. O credor fica, assim, obrigado mediante a lei a pagar em lugar do devedor, caso este não cumpra seu compromisso. Os exemplos se multiplicam dos muitos sofrimentos e prejuízos sofridos pelos fiadores. Há pessoas que perdem tudo que granjearam com seu trabalho honrado, para pagar as dívidas dos outros. Não poucos, de boa-fé, ficaram por fiador de gente desonesta e acabaram pobres e desamparados. A Bíblia nos alerta a fugir dessa prática. Quem foge de ser fiador estará seguro. Não temos a responsabilidade de financiar a irresponsabilidade das pessoas. Não podemos comprometer a sustento e a estabilidade financeira da nossa família para assegurar os negócios arriscados daqueles que nos pedem um aval. Fuja de ser avalista; esse é um caminho escorregadio, e o fim dessa linha é o desgosto.

DEUS, NOSSO MAIOR PRAZER

Agrada-te do Senhor, e ele satisfará os desejos do teu coração.
(Salmos 37:4)

De todas as dádivas de Deus, a melhor é Ele mesmo. O abençoador é melhor do que suas bênçãos, o doador é melhor do que suas dádivas. Poderíamos ter todas as bênçãos, sem o Deus das bênçãos ficaríamos vazios e insatisfeitos. Deus é insubstituível, indispensável, infinitamente necessário. Nossa alma não encontra pouso seguro noutro ninho. Nosso coração não tem outro refúgio senão o Senhor. Duas verdades o texto em apreço nos ensina. A primeira delas é uma ordem clara: "Agrada-te do Senhor". Deus é o deleite da nossa vida. É mais necessário do que o oxigênio que respiramos, a água que bebemos e o pão que nos nutre. Deus é o sumo bem, o doador e a melhor das dádivas. Devemos, portanto, buscar a Deus em primeiro lugar. Devemos amá-lo com toda a força da nossa alma. Devemos honrá-lo com as primícias de toda a nossa renda. Devemos obedecê-lo com todo o vigor do nosso coração. A segunda verdade é uma promessa segura: "... e ele satisfará os desejos do teu coração". A satisfação do coração é a consequência imediata de nos agradarmos de Deus. Quando honramos a Deus, Ele nos honra. Quando buscamos a Deus, Ele satisfaz o nosso coração. Quando nos achegamos a Deus, Ele se achega a nós. Quanto mais glorificamos a Deus, mais deleite Ele tem em nós!

FAÇA UMA POUPANÇA

O que ajunta no verão é filho sábio, mas o que
dorme na sega é filho que envergonha.
(Provérbios 10:5)

João Wesley disse, com razão, que devemos ganhar tudo o que pudermos, devemos poupar tudo o que pudermos e devemos dar tudo o que pudermos. A previdência não pode nos levar à usura nem a generosidade à irresponsabilidade. Precisamos ajuntar no tempo da fartura como José fez no Egito. Não podemos gastar tudo o que ganhamos nem comer todas as sementes que colhemos. Precisamos poupar a fim de termos um saldo positivo nos dias de vacas magras. Vivemos numa sociedade consumista que ama as coisas e esquece-se das pessoas. O consumismo nos ilude com a tola ideia de que somos o que temos. Na década de 50, consumíamos cinco vezes menos do que consumimos hoje e não éramos menos felizes por isso. Na década de 70, mais de setenta por cento das famílias dependiam apenas de uma renda para manter toda a família. Hoje, mais de setenta por cento das famílias dependem de duas rendas para manter o padrão. O luxo do ontem tornou-se a necessidade do hoje. Entramos nessa espiral do consumismo e acabamos comprando o que não precisamos, com o dinheiro que não temos, para impressionar as pessoas que não conhecemos. Precisamos trabalhar mais; precisamos poupar mais; precisamos investir mais. Esse é o caminho da sabedoria!

DEUS, O TERAPEUTA DA ALMA

Na tua presença, Senhor, estão os meus desejos todos, e a minha ansiedade não te é oculta.
(Salmos 38:9)

O nosso coração é uma fonte de onde jorra em catadupas muitos desejos. Borbulham desse poço uma torrente de anelos profundos. Brotam desse manancial rios caudalosos que fluem por muitos leitos. O coração humano é um laboratório onde se cria toda sorte de desejos. Davi, inundado pelas torrentes de seus muitos desejos correu para o divã de Deus e despejou seu coração. Abriu as comportas de sua alma. Destrancou todos os arquivos secretos do seu coração e pôs para fora todos os seus desejos. A ansiedade, com seus terrores e tomentos, alojada nos lugares mais sombrios da alma é trazida à luz e exposta diante de Deus. Davi fez de Deus seu psicólogo. Correu para a presença do Altíssimo como seu terapeuta. Não guardou em arquivos secretos seus desejos nem empurrou para debaixo do tapete os sentimentos que explodem do seu interior. Pôs tudo sobre a mesa. Confessou cada pecado. Expôs cada ferida. Não deixou nada escondido. Não encobriu nenhuma transgressão. Trouxe tudo para a luz da verdade e buscou em Deus a cura, a libertação e o perdão. Embora Davi estivesse enfrentando inimigos por fora e temores por dentro, encontrou em Deus, seu confidente, a assepsia para a sua alma, a faxina para sua mente, a cura para suas memórias.

QUANDO A ALMA SE AQUIETA

Aquietai-vos e sabei que eu sou Deus; sou exaltado entre as nações, sou exaltado na terra. O Senhor dos Exércitos está conosco; o Deus de Jacó é o nosso refúgio.
(Salmos 46:10,11)

Há momentos de calamidade, quando a terra se transtorna, as águas tumultuam e os montes se estremecem. Há momentos em que as nações bramam e os reinos se abalam. Há momentos em que as guerras encarniçadas com suas armas de morte e seus carros invasores enchem a terra de pavor e os homens de tormento. Nessas horas, nossa alma se enche de medo e nosso coração, de ansiedade. O que fazer? A única saída é voltarmo-nos para o Senhor e aquietar nossa alma, sabendo que Ele é Deus. Ele põe fim à guerra. Ele quebra o arco e despedaça a lança. Ele queima os carros no fogo. Deus é exaltado entre as nações e exaltado na terra. Ele é o Senhor dos Exércitos, o Deus da aliança. Ele está conosco, e por isso não precisamos temer. Ele é o nosso refúgio e fortaleza, socorro bem presente na tribulação. A quietude da alma na tempestade é um ato de fé. E fé não é fruto da meditação transcendental. Fé não é sugestionamento psicológico. Fé não é truque religioso. Fé não é mecanismo místico. Fé não é confissão positiva. Fé é confiança inabalável em Deus, o Todo-poderoso criador e sustentador da vida. Fé é reconhecer que embora sejamos fracos, podemos nos agasalhar debaixo das asas do onipotente Deus e saber que a tempestade vai passar.

NÃO HÁ GAVETA EM CAIXÃO

Não temas, quando alguém se enriquecer, quando avultar a glória de sua casa; pois, em morrendo, nada levará consigo, a sua glória não o acompanhará.
(Salmos 49:16,17)

Quando John Rockfeller, o primeiro bilionário do mundo, morreu, alguém perguntou no cemitério para seu contador: "Quanto o dr. John Rockfeller deixou?". O contador respondeu: "Ele deixou tudo, não levou sequer um centavo". A busca desenfreada por bens materiais é uma consumada insensatez. Acumular tesouros, ajuntar riquezas, entesourar apenas para esta vida é um péssimo investimento. Confiar nos bens como se eles pudessem nos dar segurança e felicidade é ledo engano. Acreditar que nossas casas serão perpétuas e nossas moradas serão por todas as gerações, imprimindo o nosso próprio nome em nossas terras é esquecer-se de que somos peregrinos aqui e não temos casa permanente neste mundo. A ostentação da riqueza, portanto, é tolice. Cumular de glória as coisas terrenas e passageiras é pura frustração, pois, ao morrer, o homem nada levará consigo. A palavra de Deus diz que nada trouxemos para este mundo nem nada dele levaremos. Não há caminhão de mudança em enterro nem gaveta em caixão. Devemos viver neste mundo sem ostentação, vestidos com o manto da humildade e calçando as sandálias da gratidão e da generosidade, usando os bens que temos não apenas para o nosso deleite, mas também, e sobretudo, para socorrer os necessitados.

PECADO, LADRÃO DA ALEGRIA

Restitui-me a alegria da tua salvação e sustenta-me com um espírito voluntário.
(Salmos 51:12)

O pecado é um embusteiro. Faz propaganda enganosa. Oferece um banquete de prazer e depois paga com as cinzas do desgosto. O rei Davi adulterou com Bate-Seba, mulher de seu soldado, a despeito de todas as placas de advertência que Deus colocara em seu caminho. Aquela noite de prazer custou-lhe muito caro. Para esconder seu pecado, de abismo em abismo, desceu ao fundo do poço. A mão de Deus pesava sobre ele. Seu vigor se tornou em sequidão de estio. Alimentava-se de suas lágrimas. A tristeza, como um trapo, cobria sua alma. A alegria da salvação, como um pássaro, já tinha batido asas da sua alma. Foi, então, que Davi confrontado por Deus, reconheceu seu pecado, arrependeu--se e abriu as cavernas escuras da sua alma, confessando seu pecado. Embora Davi não tenha perdido a salvação, ele perdeu a alegria da salvação. A salvação não se perde, pois é eterna; mas a alegria da salvação pode ser retirada. A alegria da salvação está presente apenas no banquete da santidade. Uma coisa é ter a salvação, outra é desfrutar de sua alegria. Uma coisa é ter o nome no livro da vida, outra é alegrar-se por esse fato auspicioso. É tempo de você voltar-se para Deus e rogar a Ele que lhe restitua a alegria da salvação.

ABENÇOADOS PARA SERMOS ABENÇOADORES

Abençoe-nos Deus, e todos os confins da terra o temerão.
(Salmos 67:7)

Deus é o abençoador e nós somos os abençoados. Mas a bênção de Deus não deve ser retida. Recebemo-la para distribuí-la. Não somos um reservatório, mas um canal. Não somos apenas receptá-lo da benção, mas instrumentos para espalhá-la. Não temos o direito de privar as nações da glória do evangelho. Com respeito ao evangelho, o apóstolo Paulo, disse: Eu sou devedor (Romanos 1:14), eu estou pronto (Romanos 1:15), eu não me envergonho (Romanos 1:16). A mensagem é recebida para ser transmitida. O evangelho é um legado divino recebido que precisa ser passado para todos os povos, de todos os lugares, de todos os tempos. Não podemos ser como o Mar Morto que retém todas as águas que recebe; devemos ser como o Mar da Galileia, que ao receber as águas do Jordão, as distribui, espalhando vida ao seu derredor. O salmista está pedindo a bênção para que toda a terra conheça o caminho de Deus e todas as nações conheçam a salvação de Deus (Salmos 67:1,2). O propósito de Deus é que todos os povos se alegrem nele e para que isso aconteça, nós, que fomos abençoados, devemos levar a mensagem de salvação aos fins da terra, para que os povos conheçam a Deus e se alegrem nele. A oração do escritor sagrado deve ser a nossa também: "Abençoe-nos Deus, e todos os confins da terra o temerão".

ALIVIANDO A BAGAGEM

Bendito seja o Senhor que, dia a dia, leva o nosso fardo! Deus é a nossa salvação.
(Salmos 68:19)

John Bunyan, no século 17, ficou preso mais de dez anos pelo simples fato de pregar a palavra de Deus em praça pública. Nas agruras da prisão, escreveu o livro mais lido no mundo depois da Bíblia, *O Peregrino.* Nesse livro, ele conta a jornada do peregrino rumo à cidade santa e os vários perigos que enfrentou nessa caminhada. O cristão arquejante e cansado marcha com um imenso fardo às costas até que vê a cruz e quando se aproxima dela, o fardo é removido das suas costas e ele caminha livre do peso. A caminhada rumo à glória é pelo caminho estreito do arrependimento e da renúncia. Fardos e mais fardos são atados em nossos ombros. Muitos temores se acumulam em nosso coração. Muitas pressões nos esmagam. Somos achatados debaixo dessa carga pesada. Não temos forças para prosseguir fiados em nossas próprias forças. O escritor sagrado compreende essa verdade e engrandece a Deus, porque Ele carrega o nosso fardo não apenas em ocasiões especiais, mas dia a dia. Ele não apenas leva o nosso fardo, mas também nos carrega no colo. Ele estende sob nós seus braços eternos. Ele nos toma pela mão e nos segura firme. Ele é o Deus da nossa salvação. Ele nos salva do peso, da culpa, do medo, dos inimigos, do pecado, do mundo, do diabo, da morte. Ele nos leva salvos para o seu reino celestial.

VIGIE OS SEUS OLHOS!

Não porei coisa injusta diante dos meus olhos; aborreço o proceder dos que se desviam; nada disto se me pegará.
(Salmos 101:3)

Os olhos são a janela da alma. Por eles entram a luz da verdade ou a escuridão do pecado. O olhar desperta a cobiça e a cobiça dá à luz o pecado e este provoca a morte. A cobiça dos olhos é um laço para os pés. Muitos indivíduos caíram na armadilha do diabo porque foram seduzidos pela concupiscência dos olhos. Eva viu o fruto proibido e o cobiçou, e porque o cobiçou, comeu-o e o deu a seu marido. Acã viu uma barra de ouro e a cobiçou, e porque a cobiçou, a escondeu. Davi, viu Bate-Seba se banhando e a desejou, e porque a desejou, adulterou com ela. Judas Iscariotes viu as trinta moedas de prata, e porque as viu, as desejou, e porque as desejou, traiu o seu Mestre. O Salmista tomou uma decisão: "Não porei coisa injusta diante dos meus olhos". Hoje, com o advento da internet, cresce espantosamente o índice de homens que se tornam prisioneiros da pornografia. Esse vício degradante adoece a mente, intoxica a alma e destrói a vida. Muitas pessoas alimentam sua alma com lixo porque abastecem seus olhos com a impureza. Muitas pessoas têm pensamentos impuros, porque estão constantemente colocando coisas injustas diante dos seus olhos. Vigie seus olhos para que eles não sejam um laço para seus pés. Tenha coragem de romper com práticas secretas de pecado que o levarão a uma queda pública. Volte-se para Deus. Nele há esperança.

FAMÍLIA, LUGAR DE RECOMEÇO

Assim, voltou Noemi da terra de Moabe, com Rute, sua nora, a moabita; e chegaram a Belém no princípio da sega da cevada.
(Rute 1:22)

Não é fácil recomeçar a vida depois de uma tragédia na família. Muitos não conseguem retomar os sonhos depois de uma falência financeira, de um casamento rompido, de um luto traumático. O livro de Rute narra a dramática histórica de uma família que morava em Belém, a casa do pão, no turbulento período dos Juízes. Houve fome naquela cidade e faltou pão na casa do pão. Elimeleque, Noemi, Malom e Quiliom saíram de Belém e foram para Moabe. Foram em busca de sobrevivência e lá encontraram a doença e a morte. Noemi sepultou naquela terra estrangeira seu marido e seus dois filhos. Ficou só e viúva em terra estrangeira. Seus sonhos morreram com seus mortos e suas esperanças foram sepultadas com eles. Um dia, ouviu que Deus visitara novamente sua terra, e então resolve voltar. Nessa volta, sua nora Rute, se ajunta a ela. Noemi, cujo nome significa "feliz", revoltada com Deus, muda de nome e passa a se chamar Mara, "amargura". Sua decepção era tão grande que resolveu erguer um monumento vivo à sua dor. Porém, a providência carrancuda de Deus mostrava a Noemi uma face sorridente. Sua nora casou-se com Boaz, um rico membro de sua família. Seu neto tornou-se o avô do rei Davi e sua nora fez parte da genealogia do Messias. Quando tudo parece perdido, Deus está trabalhando para o nosso bem, escrevendo os capítulos mais emocionantes da nossa história. Nunca perca a esperança. Sempre é tempo de recomeçar!

UMA CASA CHEIA DE ALEGRIA

Nas tendas do justo há voz de júbilo e de salvação;
a destra do Senhor faz proezas.
(Salmos 118:15)

Sua casa pode ser marcada pela tristeza ou pela alegria. Isso não tem a ver com a quantidade de dinheiro que sua família tem, nem mesmo com as circunstâncias que enfrenta. A alegria não é produto do que temos, mas resultado de quem somos. A alegria não é resultado do esforço que empreendemos para alcançarmos a salvação, mas consequência da salvação recebida por Deus. A alegria não vem como evidência das proezas que fazemos pela destreza do nosso braço, mas como resultado das proezas que a mão direita de Deus opera. A voz de júbilo que retumba das tendas do justo procedem de duas causas. A primeira delas é a salvação oferecida por Deus. Não há maior alegria do que você saber que seu nome está escrito no livro da vida. Não há maior júbilo do que ter a experiência do amor de Deus e de sua gloriosa salvação oferecida pela graça e recebida pela fé. Não há maior gozo espiritual do que compreender que pela morte de Cristo na cruz recebemos vida e vida em abundância. A segunda razão do intenso júbilo dos justos é a constante providência de Deus operada por seu braço forte. É Deus quem nos dá a vida, a respiração e tudo o mais. Ele faz todas as coisas para o nosso contentamento. Ele nos cumula de ricas bênçãos, livrando-nos do mal, guiando-nos por veredas de justiça e fartando a nossa alma de alegria indizível e cheia de glória.

FAMÍLIA, LUGAR DE ESCUTAR BONS CONSELHOS

O filho sábio ouve a instrução do pai, mas o escarnecedor não atende à repreensão.
(Provérbios 13:1)

É na família que aprendemos a dar os primeiros passos rumo à obediência. A obediência aos pais é o caminho mais seguro para a felicidade e a rota mais certa para a prosperidade. É ordem de Deus: "Honra teu pai e tua mãe, para que se prolonguem os teus dias na terra que o Senhor, teu Deus, te dá" (Êxodo 20:12). O apóstolo Paulo disse que este é o primeiro mandamento com promessa. A obediência aos pais é uma atitude justa, um princípio universal. Sua ausência é sinal de decadência da sociedade. O filho sábio ouve a instrução do pai, mas o escarnecedor não atende à repreensão. Quem não escuta conselhos escutará: coitado! Quem não ouve a voz da repreensão, oferecerá as costas aos açoites. Muitas tragédias acontecem ainda hoje na família porque os filhos se recusam os escutar o conselho dos pais. Muitos casamentos errados acontecem porque os filhos não escutam os pais. Muitos acidentes ocorrem porque os filhos são rebeldes aos ensinamentos dos pais. As cadeias e os hospitais estão cheios de filhos rebeldes; os cemitérios estão povoados por jovens que foram ceifados precocemente, porque não quiseram dar atenção à orientação dos pais. Cabe aos pais inculcarem nos seus filhos a boa palavra de Deus; cabe aos filhos acolhê-la com mansidão. Cabe aos pais viverem na verdade e conduzirem seus filhos pelas veredas da verdade; cabe aos filhos andarem por esse caminho.

EMBAIXADORES DA PAZ

Já há tempo demais que habito com os que odeiam a paz. Sou pela paz; quando, porém, eu falo, eles teimam pela guerra.
(Salmos 120:6,7)

O homem é um ser beligerante. Está em guerra com Deus, com o próximo e consigo mesmo. O homem é uma guerra ambulante. Seu coração é o quartel general onde se fabricam todas as guerras. As nações estão em guerra, porque os homens odeiam a paz. Falam de paz, erguem monumentos à paz, mas se preparam para a guerra. Mostram os benefícios da paz, mas investem seus recursos mais robustos em armas de destruição. Não há paz sem o Príncipe da paz. Aqueles que são prisioneiros do príncipe deste mundo, do deus deste século, do espírito que atua nos filhos da desobediência não podem ter paz, pois o diabo é assassino. Ele veio para roubar, matar e destruir. Aqueles que vivem no império das trevas, cujo coração é uma fábrica de contendas, são inimigos da paz e odeiam a paz. Mesmo, porém, nesse ambiente hostil, degradado pela violência, devemos ser pela paz. Todos aqueles que foram reconciliados com Deus e têm paz com Deus e experimentam a paz de Deus devem ser embaixadores da paz. Aqueles que promovem a paz e são pacificadores são felizes, pois estes são chamados filhos de Deus, porque o nosso Deus é o Deus da paz. Ele fez a paz. Ele dá a paz e Ele promove a paz. Mesmo que os homens à nossa volta optem pela guerra, devemos manter no alto, o estandarte da paz!

DESCANSANDO NO COLO DE DEUS

Pelo contrário, fiz calar e sossegar a minha alma; como
a criança desmamada se aquieta nos braços de sua mãe;
como essa criança é a minha alma para comigo.
(Salmos 131:2)

Quando uma criança está com fome, não consegue dormir nem se aquietar nos braços de sua mãe. Só depois que amamenta, sossega e se acalma. O salmista viu essa cena e encontrou um bom exemplo para calar e sossegar a sua alma. Mesmo tendo sido alimentado por Deus, e se fartado das ricas iguarias do banquete divino, continuava inquieto. Por isso, ele fez calar e sossegar sua alma. Sua alma precisava de convencimento e exortação. Não estava se apropriando da bênção da entrega plena e do descanso restaurador. Ao ver o exemplo da criança, que depois de ser amamentada se entrega à quietude nos braços da mãe, sentiu-se encorajado a fazer o mesmo com sua alma. Talvez, você também, mesmo sendo um cristão, está vivendo em constante inquietação. O barulho das circunstâncias berra aos seus ouvidos. O ruído dos sentimentos turbulentos apavora à sua alma. Talvez você esteja andando cansado e sobrecarregado. Como uma ovelha sem pastor, você está exausto. Suas emoções estão abaladas. Seu corpo está fragilizado. Sua alma está desassossegada. É hora de você reagir. É tempo de você pôr um ponto final nessa angústia. Volte seus olhos para Deus. Ele tem cuidado de você. Refugie-se em seus braços. Deposite aos seus pés toda a sua ansiedade. Descanse em Deus como uma criança desmamada o faz nos braços de sua mãe!

PARE DE FUGIR DE DEUS

Para onde me ausentarei do teu Espírito? Para onde fugirei da tua face?
(Salmos 139:7)

Deus é inescapável. Está em toda parte. Não há um centímetro em todo o vasto universo onde sua presença não se possa sentir. É impossível, portanto, fugir de Deus. Ele é luz e aonde a luz chega, as trevas não prevalecem. Deus é onisciente. Ele nos sonda e nos conhece. Conhece nossos movimentos, nossas ações, nossas palavras e até mesmo nossos pensamentos. Ele é onipotente. Criou do nada o mundo e as coisas que nele existem e nos fez à sua imagem e semelhança. Entreteceu-nos no ventre de nossa mãe. Conheceu a nossa substância ainda informe. Colocou em nós o código da vida. Fez-nos de forma assombrosamente maravilhosa. Temos cerca de sessenta trilhões de células vivas em nosso corpo. Em cada uma dessas células, temos um metro e setenta centímetros de fita DNA, onde estão gravados e computadorizados todos os nossos dados genéticos: a cor dos nossos olhos, a cor da nossa pele, o nosso temperamento. Se esticarmos essa fita DNA, teremos cento e dois bilhões de quilômetros de fita DNA em nosso corpo. Mas, além de onisciente e onipotente, Deus é também onipresente. Não podemos escapar de sua presença. Mesmo que fizéssemos nossa cama no abismo, lá Ele estaria. Mesmo que nos escondêssemos na última estrela, da última galáxia do universo, lá também Ele estaria.

VOCÊ PODE SER UM ABENÇOADOR

Conceda o Senhor misericórdia à casa de Onesíforo,
porque, muitas vezes, me deu ânimo...
(2Timóteo 1:16)

Paulo estava preso numa fria, úmida e insalubre masmorra romana. A perseguição aos cristãos tornava-se cada vez mais atroz desde que foram acusados, injustamente, de terem incendiado a capital do império. Logo que Paulo foi preso, começou uma debandada geral e todos os da Ásia que um dia andaram ao lado de Paulo, agora, o abandonaram. As pessoas tinham medo de ter qualquer associação com um prisioneiro que seria levado ao martírio. No meio dessa deserção geral, um homem se destacou pela sua lealdade. Esse homem foi Onesíforo. Foi cooperador de Paulo em Éfeso. Prestou ali muitos serviços ao apóstolo. Depois que Paulo foi preso, em Roma, partiu para lá, para encontrá-lo. Estava disposto a correr todos os riscos para servir ao velho apóstolo. Mesmo não o encontrando nas primeiras buscas, prosseguiu perseverantemente até achá-lo numa escura prisão subterrânea. Muitas vezes deu ânimo a Paulo e jamais se envergonhou de suas cadeias. Onesíforo foi um amigo verdadeiro. E um amigo verdadeiro ama em todo o tempo. É mais achegado que irmão. Está presente não apenas nas horas de alegria e celebração, mas, sobretudo, nas horas doídas da aflição. O amigo verdadeiro é aquele que chega quando todos já foram embora. É aquele que se dispõe a correr todos os riscos para confortar a pessoa amada. O amigo verdadeiro é um abençoador!

NÃO PROCRASTINE!

Procura vir ter comigo depressa [...]. Apressa-te a vir antes do inverno...
(2Timóteo 4:9,21)

Uma das maiores tragédias da vida é deixar para depois aquilo que precisamos fazer agora. É adiar decisões que precisam ser tomadas imediatamente. Há coisas que fazemos agora, ou então, amanhã será tarde demais. Quantas pessoas postergam um abraço fraterno e depois choram porque nunca mais conseguem dá-lo. Quantas pessoas que adiaram uma declaração de amor e depois enterraram suas palavras no mesmo túmulo da pessoa amada. Quantas flores nos funerais não passam de uma confissão tardia de amor! Paulo estava preso em Roma. Muitos crentes estavam sendo mortos com crueldade. Os crentes eram amarrados em postes, cobertos de piche e queimados vivos para iluminar as noites de Roma. Como cidadão romano, Paulo não podia ser crucificado, mas seria decapitado. Associar-se com Paulo era correr sérios riscos de sofrer os mesmos revezes. Por essa causa, muitos de seus amigos o abandonaram. Paulo estava jogado numa masmorra úmida e fria. O inverno estava se aproximando, quando a navegação entrava em recesso. Paulo instou com Timóteo para vir logo a seu encontro. Timóteo deveria vir antes do inverno, pois se deixasse para depois, poderia ser tarde demais. Agora é hora de agir. Agora é tempo de você demonstrar amor à sua família, de você ir ao encontro da pessoa que você ama e estar ao lado dela para aquecê-la no inverno da solidão.

CONDENAÇÃO, NUNCA MAIS!

Agora, pois, já nenhuma condenação há
para os que estão em Cristo Jesus.
(Romanos 8:1)

Todas as religiões do mundo propõem salvar o homem. Mas, o caminho que escolhem é o das obras. É uma tentativa de construir uma torre que chegue aos céus. É o esforço inútil de abrir uma estrada que ligue o homem pecador ao Deus santo. Porém, o caminho das obras jamais pode reconciliar o homem com Deus, pois todos pecaram e destituídos estão da glória de Deus. Não há justo, nenhum sequer. O homem foi concebido em pecado, é escravo do pecado e está debaixo da condenação do pecado. O pecado faz separação entre homem e Deus. O pecado é treva e Deus é luz. O pecado é malignissimo e Deus é bendito eternamente. O pecado é imundo e Deus é puro. As melhores obras do homem estão poluídas pelo pecado. Jamais o pecador poderia ser justificado diante de Deus pelas suas obras, pois pelo critério das obras da lei, o homem precisaria ser perfeito. "Aquele que guarda toda a lei, mas tropeça em um único ponto, se torna culpado de todos" (Tiago 2:10). Porém, o que o homem não pode fazer, Deus fez. Jesus veio ao mundo como nosso representante e fiador. Ele carregou com os nossos pecados sobre o seu corpo no madeiro. Deus lançou sobre Ele a iniquidade de todos nós. Ele foi feito pecado por nós. Ele morreu por nós e pagou a nossa dívida. Agora, pelo seu sangue, somos limpos do pecado e pela sua morte, somos livres da condenação do pecado.

FORTALECENDO OS LAÇOS DO CULTO DOMÉSTICO

Buscar-me-eis e me achareis quando me
buscardes de todo o vosso coração.
(Jeremias 29:13)

A secularização ameaça a família contemporânea. Somos ocupados demais, distraídos demais e superficiais demais. Em muitos lares, o culto doméstico não existe mais. Os laços da comunhão com Deus estão frouxos. No lugar do culto doméstico, colocamos o computador e a televisão. Fechamos as janelas da intimidade com Deus e abrimos novas janelas, as janelas das redes sociais. Estamos fascinados pela celeridade da comunicação na terra, mas perdemos a conexão com o céu. Falamos o tempo todo com pessoas que nem conhecemos, mas interrompemos nossa comunhão com Deus. Discutimos na família o futebol e as tendências políticas, a moda e as últimas novidades da tecnologia, mas perdemos o gosto pelas coisas de Deus. Encontramos tempo para as coisas superficiais, mas não temos mais tempo para nos dedicarmos ao que é essencial. Invertemos os valores: Esquecemo-nos de Deus, amamos as coisas e usamos as pessoas, quando deveríamos adorar a Deus, amar as pessoas e usar as coisas. Precisamos restaurar o altar do Senhor que está em ruínas em nossa família. Precisamos buscar a Deus de todo o nosso coração, para que nossa família conheça a intimidade de Deus e viva para a glória de Deus. Precisamos manter a chama da oração acesa e o incenso da oração subindo ao trono da graça, a fim de vivermos digno de Deus.

SALVAÇÃO, MÉRITO HUMANO OU DÁDIVA DE DEUS?

Porque pela graça sois salvos, mediante a fé; e isto não vem de vós; é dom de Deus; não de obras, para que ninguém se glorie.
(Efésios 2:8,9)

Ao longo da história, os homens trataram da questão da salvação de três formas. Primeiro, aqueles que defendem a ideia de que a salvação é obtida pelo mérito humano. É uma conquista das obras. Uma medalha de honra ao mérito. Segundo, aqueles que creem que a salvação é uma parceria entre Deus e o homem. Deus entra com a graça e o homem entra com a fé e com as obras. Essa é visão do sinergismo. Deus faz uma parte e o homem faz a outra parte. Terceiro, os que defendem que a salvação é uma obra monergística de Deus, ou seja, exclusiva de Deus. Deus planeja, executa e consuma a salvação. Essa terceira posição é a visão bíblica. O homem é salvo pela graça, mediante a fé, para as boas obras. A graça é a causa, a fé é o instrumento, e as obras a consequência da salvação. Não somos salvos pelas obras, mas para as obras. Não somos salvos pelas obras que realizamos para Deus, mas pela obra que Deus realizou por nós, em Cristo Jesus. A graça é o favor imerecido de Deus a pecadores indignos. A fé, que apropria o presente da graça, é dom de Deus. E as obras que fazemos, fazemo-las porque Deus as preparou de antemão para que andássemos nelas. De tal forma, que tudo provém de Deus. Ele idealizou nossa salvação na eternidade, executou-a na história e a consumará na gloriosa volta do Senhor Jesus!

VOLTA PARA CASA

Volta para casa e conta aos teus tudo o que Deus fez por ti. Então, foi ele anunciando por toda a cidade todas as coisas que Jesus lhe tinha feito.
(Lucas 8:39)

Foi depois de uma terrível tempestade no mar da Galileia, que Jesus, de noite, chegou à região de Gadara, onde havia um homem furioso, louco, nu, ferindo-se com pedras, no meio dos sepulcros, tomado completamente por uma legião de demônios. Esse homem já havia sido enjeitado pela sociedade. As cadeias não podiam lhe subjugar. Esse homem já havia sido abandonado pela família. Vivia entre os mortos, dominado por espírito malignos. Mesmo sendo um espectro humano, um aborto vivo, um ser repulsivo, Jesus foi ao seu encontro para libertá-lo e curá-lo. Não há causa perdida para Jesus nem vida irrecuperável. Ele liberta o cativo, cura o enfermo e salva o perdido. Depois de liberto, curado e salvo por Jesus, esse homem rogou a Jesus para acompanhá-lo junto com seus discípulos, mas Jesus indefere seu pedido e ordenou-lhe: "Volta para casa e conta aos teus tudo o que Deus fez por ti". A família precisa ser o nosso primeiro campo missionário. Precisamos dar evidências da transformação operada por Cristo em nossa vida no mesmo território onde um dia as pessoas viram nossa ruína. Jesus foi expulso da terra de Gadara, mas deixou lá um missionário. Aquele homem saiu por todas as cidades proclamando o que Jesus havia feito por ele. E você, tem testemunhado à sua família as maravilhas de Cristo e sua gloriosa salvação? Todo aquele que foi alcançado pela graça deve ser um embaixador da graça.

A CURA DOS TRAUMAS EMOCIONAIS

Mas ele, conhecendo-lhes os pensamentos, disse ao homem da mão ressequida: Levanta-te e vem para o meio; e ele, levantando-se, permaneceu de pé.
(Lucas 6:8)

Jesus estava, como de costume, numa sinagoga. Era sábado. Ali também estava com os adoradores um homem cuja mão direita era mirrada. Os fariseus e escribas, como detetives da vida alheia, se fizeram presentes. A motivação deles, porém, não era pura. Estavam ali para ver se Jesus curaria aquele homem da mão atrofiada no dia de sábado. Parece até mesmo que eles levaram o homem ao local como uma isca para pegarem Jesus. Perguntam a Jesus se era lícito curar alguém num dia de sábado. Isso porque haviam formulado trinta e nove regras para a observância do sábado e, dentre elas, estava a regra de não se curar no dia de sábado. Jesus pergunta a eles se era lícito fazer o bem ou o mal no dia de sábado. Eles se calaram. Jesus, então, cura o homem, não apenas fisicamente, mas também emocionalmente. Três foram os estágios da cura. Primeiro, "levanta-te". Quem tem um defeito físico, normalmente, costuma se esconder. Antes de ser curado, aquele homem precisava admitir o seu problema. Segundo, "vem para o meio". Não bastava assumir o problema, era preciso enfrentá-lo publicamente Aquele homem precisaria vir para o palco, debaixo dos olhares cheios de censura de uns e de surpresa de outros. Terceiro, "estende a tua mão". Jesus queria despertar a fé em seu coração, pois o mesmo Jesus que dá a ordem, também dá o poder para que a ordem se cumpra. O homem estendeu a mão e imediatamente ficou curado. O milagre de Jesus é imediato e perfeito.

CERTEZA DE VITÓRIA

Em todas estas coisas, porém, somos mais que vencedores, por meio daquele que nos amou.
(Romanos 8:37)

Expectativa de vitória não é a mesma coisa que certeza de vitória. Ilustro isso com a saga esportiva brasileira. Em 1950, o Brasil hospedou pela primeira vez uma copa mundial de futebol. Naquela época, a imprensa internacional apontava o Brasil como o candidato a sagrar-se campeão do mundo. Para não frustrar essa expectativa, o Brasil abriu o campeonato goleando o México por quatro a zero. Em seguida, empatou com a Suíça, por dois a dois. Ganhou da então Iugoslávia por dois a zero. Em seguida, goleou a Espanha por seis a um. Foi para a semifinal e goleou a Suécia por sete a um. No dia 16 de julho de 1950, o Brasil entrou no Maracanã, com cento e noventa e nove mil torcedores, dependendo apenas de um empate com o Uruguai para sagrar-se campeão do mundo. Em todo o país havia uma convicção inabalável de que o Brasil seria o campeão. Bandeiras eram desfraldadas nas ruas e o povo celebrava antecipadamente a vitória. Ao entrar em campo, no primeiro tempo, o Brasil fez um a zero. Quase volta para o segundo tempo com a faixa de campeão no peito. Até os vinte e um minutos do segundo tempo, o Brasil ganhava o jogo. Então, o Uruguai empatou o jogo. E antes da partida encerrar, o Uruguai virou o placar. O estádio cobriu-se de silêncio e a nação brasileira de lágrimas. A expectativa de vitória tornou-se em derrota amarga e fatídica. Esse, porém, não é o destino dos filhos de Deus. Nós não temos apenas expectativa de vitória; temos garantia de vitória. Somos mais do que vencedores em Cristo Jesus.

AMIZADE SE PROVA NA AFLIÇÃO

Ao aflito deve o amigo mostrar compaixão, a menos que tenha abandonado o temor do Todo-poderoso.
(Jó 6:14)

Há amigos e amigos. Há amigos de boteco e esses rasgam a cara em ruidosas gargalhadas, destilando veneno com sua língua afiada para contar as piadas mais indecentes e denegrir a honra do próximo. Há outros que são amigos interesseiros, aproximam-se de você apenas para auferir vantagens. São como aqueles amigos do filho pródigo, festejavam com ele enquanto patrocinava seus deleites, mas quando a crise chegou, abandonaram-no em sua amargura. Neste mundo hostil, porém, há amigos verdadeiros. Esses estão ao seu lado para celebrar suas vitórias e chorar com você em seus dramas. Esses não estão interessados no que você tem, mas em quem você é. Não se aproximam de você para buscarem favores, mas se achegam para lhe servir. O amigo que foge de você em sua aflição e não se compadece de você em sua dor, não apenas prova que sua amizade era falsa, mas também demonstra falta de temor a Deus. Esses são como Judas Iscariotes, que embora tenha recebido todo o bem de Jesus, devolveu-lhe todo o mal. Porque Judas pagou o bem com o mal, o seu destino foi a perdição. A amizade verdadeira se prova na aflição. O amigo é aquele que chega quando todos já se foram. O amigo ama em todo o tempo. Confronta você em seus erros e consola você em suas fraquezas. Prefere o desconforto do confronto ao conforto da omissão.

O PERIGO DE UMA ESPERANÇA VAZIA

Porque qual será a esperança do ímpio, quando lhe for contada a vida, quando Deus lhe arrancar a alma?
(Jó 27:8)

A esperança do ímpio é vazia, pois está edificada sobre um fundamento roto. É pura insensatez colocar a esperança na força do braço, no poder da riqueza ou na vastidão do conhecimento. A força se torna fraqueza, a riqueza não pode ser levada para a outra vida, e o conhecimento perece quando a lâmpada da vida se apaga. O homem por mais forte, rico e sábio que seja, não administra seu futuro nem mantém a morte fora de seus portões. Por isso, o patriarca Jó pergunta: "Qual será a esperança do ímpio, quando lhe for cortada a vida, quando Deus lhe arrancar a alma?" (Jó 27:8). Diz ainda o mesmo patriarca: "Se o perverso amontoar prata como pó e acumular vestes como barro, eles os acumulará, mas o justo é que os vestirá, e o inocente repartirá a prata" (Jó 27:16,17). É Deus quem dá a vida e a tira. É Deus quem dá riquezas e as arrebata. É Deus quem tem o leme da vida e da história em suas mãos. Portanto, é loucura viver sem colocar em Deus a esperança. Só Deus é refúgio verdadeiro. Só Ele pode dar sentido a vida e segurança na hora da morte. Só Deus pode encher o coração de gozo nesta vida e ser o deleite da alma por toda a eternidade. Colocar a esperança, porém, no dinheiro, no sucesso e nos prazeres desta vida e rumar em direção à morte sem Deus é edificar a casa sobre a areia, é construir para o desastre, é enfrentar a mais amarga e irremediável desesperança.

O CORPO HUMANO, UMA OBRA DE ARTE

O Espírito de Deus me fez, e o sopro do Todo-poderoso me dá vida.
(Jó 33:4)

O nosso corpo tem dois componentes bem distintos. Fomos feitos do barro e recebemos vida pelo sopro de Deus. Assim, somos corpo e alma. Nosso corpo feito pelo Espírito de Deus é uma máquina supermoderna. A mais sofisticada tecnologia jamais concebeu algo tão extraordinário. A mente mais brilhante jamais criou algo tão sublime. Somos um prodígio do Criador. Marshall Nirenberg, prêmio Nobel de biologia, descobriu que nosso corpo tem cerca de sessenta trilhões de células vivas e em cada uma há um metro e setenta centímetros de fita DNA, onde estão gravados e computadorizados todos os nossos dados genéticos, como a cor da nossa pela, a cor dos nossos olhos e o nosso temperamento. John Wilson, famoso oftalmólogo, disse que temos em torno de dois milhões de fios duplos encapados em cada um de nossos olhos. Se não fosse assim, haveria um curto-circuito e ficaríamos cegos. O rei Davi disse que Deus fez o nosso corpo de forma assombrosamente maravilhosa, entretecendo-nos no ventre de nossa mãe. Ele viu quando éramos apenas uma substância informe. É meridianamente claro que não somos produto de uma evolução de milhões e milhões de anos. Não somos parentes dos símios. Viemos das mãos do divino artífice. Somos uma obra de arte do Criador. Somos criados à sua imagem e semelhança. As digitais do Todo-poderoso podem ser encontrados em nós.

A ÁGUIA É NOSSA PEDAGOGA

Mas os que esperam no Senhor renovam as suas forças, sobem com asas como águias, correm e não se cansam, caminham e não se fatigam.
(Isaías 40:31)

Aqueles que esperam no Senhor são comparados com a águia. Ao examinar a águia, podemos aprender várias lições oportunas. Passo a mostrar algumas. Primeiro, a águia é símbolo de nobreza. Essa rainha do espaço é símbolo de força, garra e determinação. Segundo, a águia é símbolo de retidão. A águia tem uma capacidade impressionante de voar em linha reta. Não faz voos em zigue-zague. Terceiro, a águia é símbolo de vida altaneira. A águia voa nas alturas, acima das nuvens turbulentas. Quando ela percebe uma tempestade, atravessa as nuvens carregadas e voa acima da tempestade. Quarto, a águia é símbolo de renovação. Deus renova a nossa mocidade como a da águia. Quando a águia percebe que está enfraquecida, ela faz um retiro rumo à solidão, arranca suas penas, despoja-se das garras velhas e do bico frágil e sai desse retiro completamente remoçada. Quinto, a águia é símbolo de cuidado protetor. Ela coloca o ninho dos seus filhos no alto dos penhascos, acima dos predadores. Tem o cuidado de proteger seus filhos dos perigos. Sexto, a águia é símbolo de investimento nos filhos. Quando os filhos estão aptos para voar, ela sobrevoa sobre o ninho, dando-lhes exemplo. Quando os filhos não seguem o exemplo, ela remove a penugem e deixa apenas as farpas. Quando estes não atendem a esse ato de disciplina, ela atira os filhos ao chão e depois os ampara com suas asas, repetindo esse gesto até que os filhotes aprendem a voar sozinhos. Nós somos como a águia!

SONOTERAPIA DIVINA

Deito-me e pego no sono; acordo, porque o Senhor me sustenta
(Salmos 3:5)

A insônia atinge milhões de pessoas no mundo; remédios e calmantes são usados em larga escala, na tentativa de oferecer aos pacientes condições mínimas de um descanso. O rei Davi fala de um sono tranquilo e rápido. Davi estava vivendo o pior momento de sua vida. Já velho, seu filho Absalão conspirou contra ele para tomar-lhe o palácio, a coroa e a vida. Davi foi traído pelo filho, pelos líderes e pelo povo. Davi precisou fugir às pressas de Jerusalém para não ser morto nessa emboscada. Às carreiras, saiu do palácio real e subiu o Monte das Oliveiras chorando. Desenhava-se no horizonte a batalha mais inglória de seu longo reinado. Os Salmos 3 a 7 são uma espécie de diário de fuga de Davi, fuga de seu próprio filho. O rei não está mais dormindo no palácio real. Não tem mais uma cama macia com lençóis de fios egípcios para dormir nem travesseiros de pena de ganso para repousar sua cabeça cheia de cãs. Estava dormindo em cavernas ou tendas improvisadas. Estava deixando para trás o palácio, o trono, a coroa e para preservar sua vida como único despojo. Mesmo nessa circunstância adversa, ele dormiu rápido (Salmos 3:5) e em paz (Salmos 4:8). O rei não tomou nenhum calmante. É sustentado apenas pelo Senhor. Eis o segredo dessa sonoterapia! Hoje, muitos perdem o sono por causa de dinheiro, casamento, saúde, filhos, trabalho. Confie em Deus e durma em paz!

DEUS NÃO TEM OUTRO MÉTODO

Ide, portanto, fazei discípulos de todas as nações, batizando-os em nome do Pai, e do Filho, e do Espírito Santo.
(Mateus 28:19)

O propósito de Deus é o evangelho todo, por toda a igreja, em todo o mundo. A evangelização dos povos não foi confiada a qualquer outra instituição humana, mas à igreja. Jesus comissionou seus discípulos a fazer discípulos de todas as nações. Essa tarefa tem três características bem claras. Primeiro, a evangelização é uma tarefa imperativa. Não temos opção. Devemos pregar o evangelho a toda criatura, em todo o tempo, em todos os lugares. Não fomos chamados para discutir o evangelho, mas para pregar o evangelho. Segundo, a evangelização é uma tarefa intransferível. Os anjos gostariam de pregar o evangelho, mas Deus não confiou esse ministério a eles, mas a nós. Deus não tem outro método para alcançar o mundo. O método de Deus é a igreja. Se ela falhar, não há outro método. Se o ímpio morrer na sua impiedade, Deus cobrará de nós o seu sangue. Terceiro, a evangelização é uma tarefa impostergável. Precisamos ganhar a nossa geração nesta geração. Não podemos ser omissos nem lerdos no cumprimento dessa tarefa. Há uma urgência nessa obra. Os campos já estão brancos para a ceifa. Hoje é o dia da salvação. Precisamos pregar a palavra a tempo e fora de tempo. Não podemos nos acovardar. A redenção já foi consumada na cruz. O Espírito Santo já foi derramado para nos revestir de poder. A ordem para pregar já foi dada. Se nos calarmos, seremos tidos como culpados. Se nos omitirmos de pregar o evangelho, Deus não tem outro método.

UM HOMEM DE ROSTO ANGELICAL

Todos os que estavam assentados no sinédrio, fitando os olhos em Estêvão, viram o seu rosto como se fosse rosto de anjo.
(Atos 6:15)

Estêvão foi o primeiro diácono da igreja primitiva e o primeiro mártir do Cristianismo. Foi um homem que viveu de forma plena. Era cheio do Espírito Santo, cheio de sabedoria, cheio de fé, cheio de graça e cheio de poder. Foi um homem que morreu de forma digna. Mesmo sendo apedrejado pelos seus algozes, orou por eles, à semelhança de Jesus. Seu discurso diante do sinédrio é o sermão com o maior número de citações bíblicas de toda a Escritura. Enquanto seus inimigos rilhavam os dentes contra ele, seu rosto era como rosto de anjo. Três marcas indeléveis podem distinguir esse protomártir do Cristianismo. Primeira, sua vida era irrepreensível (Atos 6:3). Estêvão era homem de boa reputação. Sua vida referendava seu ministério. Sua vida era a base do seu trabalho. Sua conduta, o fundamento de sua liderança espiritual. Segunda, suas palavras eram irresistíveis (Atos 6:10). As pessoas não podiam resistir à sabedoria e ao Espírito pelo qual Ele falava. Por ser um homem cheio do Espírito, de sabedoria, fé, graça e poder, Estêvão era boca de Deus. Cada palavra que saía de seus lábios tinha o peso de uma tonelada. Seus inimigos podiam até discordar dele, mas jamais refutá-lo. Terceira, suas obras eram irrefutáveis (Atos 6:8). Estêvão era um homem cheio de graça e poder, que fazia grandes prodígios e grandes sinais entre o povo. Suas obras colossais testificavam acerca de suas palavras irresistíveis.

DEIXE SEUS DRAMAS AOS PÉS DO SENHOR

Então, lhe respondeu Eli: Vai-te em paz, e o Deus de Israel te conceda a petição que lhe fizeste.
(1Samuel 1:17)

Ana era mulher de Elcana. Mesmo sendo amada por seu marido, tinha uma imensa dor na alma. Não podia ter filhos. Era estéril. Por essa causa chorou inúmeras vezes. Sua rival, Penina, a provocava excessivamente para a irritar. O sacerdote Eli a chamou de bêbada dentro da igreja e o seu próprio marido tentou demovê-la do sonho de ser mãe. Ana não desistiu. Insistiu com Deus. Chorou. Orou. Jejuou. Fez voto ao Senhor. Então, o mesmo Eli que havia assacado contra ela uma acusação leviana, agora, como profeta de Deus, deu-lhe uma palavra de vitória: "Vai-te em paz, e o Deus de Israel te conceda a petição que lhe fizeste". Ana, sendo uma mulher madura na fé, não acolheu a palavra insensata de Eli, mas, agora, hospedva com entusiasmo essa palavra em seu coração. Ana creu na promessa de Deus e a palavra de Deus lhe trouxe uma dupla cura. Quando saiu de Siló, havia um brilho novo em sua face e quando voltou para Ramá, Deus abriu seu ventre e ela concebeu e deu à luz a Samuel, o maior profeta, o maior juiz e o maior sacerdote de sua geração. Você também pode colocar aos pés do Senhor os seus dramas. Pode apresentar a Ele suas queixas, suas lágrimas, suas súplicas. Ele é poderoso para curar suas emoções e também seu corpo. Deus é o mesmo ontem, hoje e para sempre e pode fazer os mesmos milagres, ainda hoje, na sua própria vida. Coloque agora mesmo os seus cuidados aos pés do Senhor.

LUTE PELA PAZ

Se possível, quanto depender de vós, tende paz com todos os homens.
(Romanos 12:18)

O Deus da paz diz que feliz é o pacificador, aquele que luta pela paz. Num mundo onde o amor das pessoas está mal direcionado para si mesmas, para o dinheiro e para o prazer, abundam os conflitos, recrudescem as guerras, avolumam-se as tensões internacionais, tribais, pessoais e intrapessoais. O homem é um ser beligerante. Porque está em conflito com Deus, está em guerra com seu semelhante e consigo mesmo. O homem é o lobo do próprio homem. O homem é o maior depredador do universo. Destrói a vida, a família, a nação, os valores. Cada um busca o que é seu próprio. Nesse mundo doente, nervoso, briguento, somos chamados a ser embaixadores da paz. Somos convocados a sermos construtores de pontes. É claro que a paz não pode ser a qualquer preço. A paz não pode ser em detrimento da justiça e da verdade. Por isso, Paulo declara: "Se possível, quanto depender de vós, tende paz com todos os homens". Você não pode ser um encrenqueiro. Não pode jogar gasolina no fogo. Não pode atiçar brigas. Não pode jogar uma pessoa contra outra nem buscar motivos para entrar em conflito com as pessoas. Você foi chamado para apagar incêndio, para aliviar tensões, para promover a paz. O pecado que a alma de Deus mais abomina é o pecado de jogar uma pessoa contra a outra, e assim, destruir a paz. Então, a virtude que mais alegra o coração de Deus é a disposição de viver em paz e promover a paz!

O DESERTO É A ACADEMIA DA VIDA

Retira-te daqui, vai para a lado oriental e esconde-te
junto à torrente de Querite, fronteira ao Jordão.
(1Reis 17:3)

O deserto é lugar de passagem e não o nosso destino final. O deserto é lugar de treinamento e não de passar férias. O deserto é a escola superior do Espírito, onde Deus treina seus líderes mais importantes. O deserto não é um acidente de percurso na caminhada da vida, mas uma agenda de Deus. É Deus quem nos matricula na escola do deserto e o faz não para nos destruir, mas para tonificar as musculaturas da nossa alma. Na academia do deserto, o grande tema a ser estudado é a nossa própria vida. Deus primeiro trabalha em nós, para depois trabalhar através de nós. Isso porque Deus está mais interessado em quem nós somos do que no que nós fazemos. Vida com Deus precede trabalho para Deus. Antes de Deus aceitar o nosso trabalho, Ele precisa deleitar-se com nossa vida. Ainda na academia do deserto, precisamos aprender a depender mais do provedor do que da provisão. Deserto é lugar de escassez. Quando Deus nos leva para o deserto, é para nos humilhar e nos provar. A prova de Deus, entretanto, não visa nos destruir, mas nos fortalecer. Mesmo que a nossa despensa fique vazia no deserto, os celeiros de Deus continuam cheios. Mesmo que nossa fonte seque no deserto, os mananciais de Deus continuam jorrando. Se nos submetermos ao tratamento de Deus, sairemos do deserto mais quebrantados, mais dependentes, mais aptos para viver vitoriosamente.

PRINCÍPIOS PARA UM BOM NAMORO

O amor é paciente, é benigno; o amor não arde em ciúmes, não se ufana, não se ensoberbece.
(1Coríntios 13:4)

O namoro pode ser a antessala de um bom casamento ou o prelúdio de um grande desastre. Para se ter um bom namoro, alguns princípios devem ser observados. Primeiro, os jovens devem ouvir os conselhos dos pais. Não se constrói um casamento feliz sobre o fundamento roto da desobediência. Os filhos que não escutam os conselhos dos pais rebelam-se contra o próprio Deus, pois a autoridade que os pais exercem, exercem-na em nome de Deus. Segundo, os jovens devem procurar uma pessoa de caráter e de boa formação familiar. Há um ditado popular que diz: "O cavaco não salta longe do toco". Um lar desestruturado, gera filhos desestruturados. Terceiro, os jovens devem ter um namoro respeitoso. Um namoro entregue à lascívia pavimenta o caminho do desastre. Intimidade sexual no namoro é ameaça ao namoro e uma derrota para o casamento. Quarto, os jovens precisam namorar objetivando o casamento. Um jovem cristão não pode subscrever a filosofia do "ficar". O namoro precisa ser puro e proposital. Quinto, os jovens precisam amar, respeitar e cuidar um do outro. Precisam se tornar pessoas melhores. O amor é paciente e benigno. O amor é confiante e não arde em ciúmes. Onde reina o ciúme, o amor é destronado. Onde prevalecem atitudes e palavras agressivas, o amor não se sustenta. Finalmente, os jovens devem procurar uma pessoa convertida a Cristo para namorarem. O namoro misto desemboca em casamento misto e o casamento misto é a porta de entrada para a apostasia.

OS PERIGOS DA SEGUNDA GERAÇÃO

Foi também congregada a seus pais toda aquela geração; e outra geração após eles se levantou, que não conhecia o Senhor, nem tampouco as obras que fizera a Israel.
(Juízes 2:10)

A cada três gerações, a igreja corre o risco de entrar num processo de secularização e abandono da fé. A apostasia marcha resoluta rumo ao futuro e desfila na passarela do tempo mostrando seus encantos para os que retrocedem na fé. Essa inclinação para o desvio está encrustada no coração do homem. Exemplo disso é o que aconteceu com o povo de Israel. A geração que saiu do Egito morreu no deserto. A geração que nasceu no deserto entrou na terra prometida. A terceira geração já não conhecia mais o Senhor. Por isso, abandonaram a Deus para servir a outros deuses. Venceram gigantes e conquistaram suas terras, mas foram derrotados pela idolatria. Essa mesma inclinação para o desvio existe em nosso coração. O profeta Oseias, em nome de Deus, já denunciou essa tendência em seus dias: "Porque o meu povo é inclinado a desviar-se de mim; se é concitado a dirigir-se acima, ninguém o faz" (Oseias 11:7). Talvez nossos avós tenham sido mais comprometidos do que nossos pais. Talvez nossos pais tenham sido mais comprometidos do que nós. Se não tivermos cuidado, nossos filhos e nossos netos poderão viver de forma secularizada. Os filhos do sacerdote Eli não conheciam a Deus, embora fossem sacerdotes. Os filhos do piedoso profeta Samuel afastaram-se de Deus e, por isso, o povo de Israel pediu um rei e esqueceu-se do Senhor. Oh, que grande perigo corremos! Precisamos nos esforçar para que nossos filhos conheçam a Deus. Que nossos netos herdem uma igreja viva e cheia do Espírito Santo.

BANCOS SEM ORAÇÃO, PÚLPITOS SEM PODER

E, quanto a nós, nos consagraremos à oração e ao ministério da palavra.
(Atos 6:4)

Temos visto hoje um festival de pregações rasas, vazias e sem poder, porque o povo de Deus está anestesiado e sonolento espiritualmente. As reuniões de oração estão morrendo nas igrejas. O povo está ocupado demais para ocupar-se com Deus. Falta sede Deus. Falta fome do Eterno. Falta entusiasmo pelo sublime. A religiosidade substituiu a intimidade com Deus. A obra de Deus tomou o lugar do Deus da obra. O ativismo empurrou para a lateral a intimidade com Deus. Esquecemo-nos que vida com Deus precede trabalho para Deus. Deu um apagão em nossa mente e perdemos a noção de prioridade. Os apóstolos consagraram-se à oração e ao ministério da palavra. Nós, porém, corremos muito e produzimos pouco, porque negligenciamos a oração e perdemos o poder para pregar a palavra. Quando os bancos estão vazios de oração, os púlpitos se tornam fracos e sem poder. Não há pregação poderosa sem oração fervorosa. Os pregadores só podem se levantar diante dos homens se primeiro eles e o povo se prostrarem diante de Deus. Só prevalece na pregação quem primeiro prevalece na oração. Enquanto estamos procurando melhores métodos, Deus está procurando homens e mulheres de oração. Concordo com E. M. Bounds quando disse que homens mortos tiram de si sermões mortos e sermões mortos matam. Lutero dizia que sermão sem unção endurece os corações. Precisamos restaurar o altar da oração, para que os púlpitos preguem com fidelidade e poder a palavra.

CALMA, VAI DAR TUDO CERTO!

Sabemos que todas as coisas cooperam para o bem daqueles que amam a Deus, daqueles que são chamados segundo o seu propósito.
(Romanos 8:28)

Às vezes, olhamos a vida pelo avesso e não conseguimos enxergar o propósito das coisas. Tudo parece desencontrado. As coisas não se encaixam. Mas mesmo que você não esteja vendo, saiba que Deus está trabalhando por você. Mesmo que você não sinta, todas as coisas cooperam para o bem daqueles que amam a Deus. Mesmo que você não veja nenhum sinal do favor de Deus, saiba que por trás de toda providência carrancuda, esconde-se uma face sorridente. O mesmo Deus soberano que está assentado na sala de comando do universo tem as rédeas da sua vida em suas onipotentes mãos. Isso não é uma sugestão barata, mas uma verdade incontroversa. Essa não é a linguagem da conjectura hipotética, mas a linguagem da certeza experimental. Paulo diz: Sabemos! E sabemos o quê? Que algumas coisas? Que a maioria das coisas? Não! Sabemos que todas as coisas cooperam para o bem daqueles que amam a Deus. Isso não significa que todas as coisas que acontecem conosco são coisas boas nem que as coisas se encaixam por si mesmas. Isso significa que Deus está montando essas peças em nossa vida, formando um lindo mosaico, a fim de que, por meio dessas providências, às vezes dolorosas, sejamos mais do que vencedores e a beleza de Cristo seja vista em nós. Portanto, não se desespere, Deus está no controle. Calma, vai dar tudo certo!

CHORE, ORE E LUTE PELA SUA FAMÍLIA

... porém Davi se reanimou no Senhor, seu Deus.
(1Samuel 30:6)

Sua família merece o melhor do seu tempo, o melhor dos seus esforços e o melhor de suas lágrimas. Foi isso que um dia Davi fez quando chegou em Ziclague e viu sua família e as famílias de seus amigos nas mãos dos amalequitas. Davi chorou e angustiou-se. Porém, se reanimou no Senhor, seu Deus, orou e lutou pela sua família. Davi não desistiu de sua família. Ele tomou de volta os filhos, as filhas e as mulheres. Ele tomou quatro atitudes. Primeiro, Davi chorou abundantemente. Qual foi a última vez que você chorou pela sua família? Qual foi a última vez que você se derramou diante de Deus pelo seu cônjuge e pelos seus filhos? Segundo, Davi angustiou-se profundamente. Davi não ficou anestesiado com o problema nem aceitou passivamente a decretação da derrota. Terceiro, Davi se reanimou corajosamente. Não podemos entregar os pontos nem jogar a toalha. Davi não se reanimou porque era forte ou porque o inimigo era fraco. Davi não se reanimou porque tinha uma estratégia e seus amigos estavam do seu lado. Ele se reanimou no Senhor, seu Deus. Quarto, Davi orou confiadamente. Nossas causas perdidas podem ser revertidas por intermédio da oração. Quinto, Davi lutou bravamente. Davi tomou de volta os filhos, as filhas e as mulheres. O exemplo de Davi deve nos inspirar e nos motivar. Não podemos abrir mão da nossa família. Ela é o nosso maior patrimônio. Choremos por ela! Oremos por ela! Lutemos por ela!

NAMORO RUIM, CASAMENTO FRACASSADO

Andarão dois juntos, se não houver entre eles acordo?
(Amós 3:3)

O namoro é um ensaio. Um namoro bom sinaliza um casamento feliz; um namoro turbulento aponta para um casamento desastroso. Fechar os olhos a essas evidências é insensatez. Os jovens devem estar atentos, pois quebrar esses princípios e fazer vistas grossas às placas de sinalização do caminho é fazer uma viagem rumo ao desastre. O namoro, para ser bom, precisa ter alguns parâmetros. Primeiro, a pessoa com quem você pretende namorar precisa ser alguém de caráter, de boa formação moral, íntegra, honesta e verdadeira. Segundo, o namoro precisa ter a aprovação dos pais. A autoridade que os pais exercem sobre os filhos é delegada pelo próprio Deus. Rejeitar essa autoridade é conspirar contra a própria autoridade de Deus. Terceiro, a pessoa precisa ter uma boa estrutura familiar. Famílias desestruturadas geram pessoas desestruturadas. Quarto, precisa ser uma pessoa comprometida com o trabalho. Cabeça cheia de sonhos e mãos vazias de trabalho não edificam nada. Quinto, precisa ser uma pessoa de bom relacionamento e amável no trato. Sexto, precisa ser uma pessoa emocionalmente estável. Um indivíduo destemperado emocionalmente é um desastre. Sétimo, precisa ser uma pessoa que respeita você. Onde falta o respeito, não há amor. Oitavo, precisa ser uma pessoa carinhosa com você. O amor é benigno. Nono, precisa ser uma pessoa que saiba lidar com tensões. Décimo, precisa ser uma pessoa convertida a Cristo.

SOFRIMENTO, NOSSO PROFESSOR

Foi-me bom ter eu passado pela aflição, para que aprendesse os teus decretos.
(Salmos 119:71)

Muitas pessoas se desesperam a ponto de dar cabo da própria vida ao passarem pelo vale do sofrimento. Há sofrimentos físicos, mentais, emocionais e espirituais. Há dores na alma que doem mais do que ter a carne fustigada pela doença. Não poucas pessoas revoltam-se contra Deus. Em vez de serem como a cera que se derrete ao sol, são como o barro que endurece ainda mais quando exposto ao seu calor. O sofrimento deve nos instruir em vez de nos destruir. Ele deve nos tomar pela mão e nos ensinar a viver com mais sensibilidade e sabedoria em vez de nos enclausurar na masmorra da mágoa e do ressentimento. O rei Davi disse: "Foi me bom ter eu passado pela aflição, para que aprendesse os teus decretos" (Salmos 119:71). O sofrimento é pedagógico, pois até mesmo Jesus aprendeu a obediência pelas coisas que sofreu (Hebreus 5:8). É preciso deixar claro, porém, que nem todo sofrimento é fruto de um pecado específico ou de um castigo. O homem que nasceu cego estava sofrendo não por causa do seu pecado ou do pecado de seus pais, mas para que nele se manifestasse a glória de Deus (João 9:1-9). A enfermidade de Lázaro não era para a morte, e sim para a glória de Deus (João 11:4). Neste mundo, passamos por aflição e importa que entremos no Reino de Deus através de muitas tribulações (Atos 14:22). "Por isso, podemos nos gloriar nas próprias tribulações, sabendo que a tribulação produz perseverança; e a perseverança, experiência; e a experiência, esperança" (Romanos 5:3,4).

MARIA, A BEM-AVENTURADA ENTRE AS MULHERES

Mas o anjo lhe disse: Maria, não temas; porque achaste graça diante de Deus.
(Lucas 1:30)

Maria, mãe de Jesus, é uma das pessoas mais destacadas da história da humanidade. Há muitos que, infelizmente, não dão a ela a honra que lhe é devida, como uma mulher humilde, corajosa e obediente. Outros, no afã de honrá-la, descambam para a idolatria, ao colocá-la num pedestal de glória, onde é aclamada como mãe de Deus, imaculada, medianeira, corredentora e rainha do céu. A melhor maneira de honrarmos Maria é cingirmos nosso entendimento com o que a palavra de Deus diz sobre ela: nem mais nem menos. Maria foi uma mulher humilde, porque submeteu-se prontamente à vontade Deus. Maria foi uma mulher corajosa porque dispôs-se a enfrentar todos os riscos de aparecer grávida sem ter contato com homem algum, para sujeitar-se ao propósito de Deus. Maria foi uma mulher desprendida porque mesmo no final de sua gravidez fez uma longa viagem de Nazaré a Belém. Maria foi uma mulher bem-aventurada, porque deu à luz o Filho de Deus e amamentou aquele que é o criador do universo. Maria foi uma mulher exemplar, digna de ser imitada por todas as mulheres cristãs, de todos os tempos, pela beleza de seu caráter, pela nobreza de seu espírito, pela magnitude de seu exemplo. Maria não foi supra-humana; foi uma serva do Altíssimo. Maria jamais recebeu nem reivindicou qualquer veneração; antes alegrava-se em Deus, seu Salvador. Portanto, a melhor maneira de honrarmos essa mulher de Deus é seguindo suas pegadas e imitando sua fé.

BUSQUE AS PRIMEIRAS COISAS PRIMEIRO

Buscai, pois, em primeiro lugar, o seu reino e a sua justiça,
e todas estas coisas vos serão acrescentadas.
(Mateus 6:33)

A família contemporânea está com amnésia. Esqueceu-se de sua identidade e de suas prioridades. Temos mais acesso aos bens de consumo, mas desfrutamos menos as alegrias da vida familiar. Temos mais celeridade na comunicação, mas perdemos as pontes de contato dentro de casa. Temos mais conforto, mas escasseia-se a paz nos relacionamentos. Temos mais conhecimento e menos sabedoria. Para a família viver feliz, ela precisa buscar as primeiras coisas primeiro. Hoje, a tensão entre o urgente e o importante é imensa. Tudo parece ser urgente. Mas, nem tudo que é urgente, de fato, é importante. Precisamos estabelecer prioridades. Quais prioridades? Primeiro, coloque Deus acima das pessoas. Se Deus não for o fundamento da família, construiremos sobre a areia e não sobre a rocha. Segundo, coloque seu cônjuge acima de seus filhos. Aqueles que dão prioridade aos filhos e esquecem o cônjuge, perdem ambos. Terceiro, coloque seus filhos acima de seus amigos. Sacrificar os filhos por causa dos amigos é insensatez. De nada adianta ser bênção fora dos portões e abandonar sua própria casa. Nossos filhos precisam ser nossa prioridade. Quarto, coloque os relacionamentos acima das coisas. Pessoas valem mais do que coisas. Pessoas merecem o melhor do nosso tempo e da nossa atenção. Quinto, coloque as coisas importantes acima das coisas urgentes. Busque em primeiro lugar o reino de Deus e a sua justiça e as demais coisas ser-lhe-ão acrescentadas.

JESUS, O PASTOR AMADO

Eu sou o bom pastor; conheço as minhas ovelhas, e elas me conhecem a mim.
(João 10:14)

No evangelho de João, Jesus se apresenta como o Pão da vida, a Luz do mundo, a Porta das ovelhas, o bom Pastor, a Ressurreição e a Vida, o Caminho, e a Verdade e a Vida e a Videira verdadeira. Destacaremos aqui Jesus como o bom Pastor. Nós precisamos de pastor, pois somos como ovelhas e a ovelha é um animal míope, indefeso e teimoso. Deixada à sua própria sorte, é inevitavelmente devorada pelos predadores. Por isso, Jesus demonstrou compaixão por nós, pois viu-nos como ovelhas exaustas, errantes e sem pastor. Jesus é o bom, o grande e o supremo pastor das ovelhas. Como bom pastor, deu sua vida pelas ovelhas. Como grande pastor, vive para as ovelhas. Como supremo pastor, voltará para as ovelhas. O bom pastor dá sua vida pelas ovelhas e Jesus fez isso. Por amor a nós, morreu por nós, carregando em seu corpo os nossos pecados. Como grande pastor, Ele supre nossas necessidades. Leva-nos aos pastos verdes e às águas tranquilas. Guia-nos pelas veredas da justiça e refrigera a nossa alma. Ampara-nos nos vales escuros e honra-nos diante dos inimigos. Jesus jamais nos desampara. Sua bondade e misericórdia nos acompanham desde agora e para sempre. Como supremo pastor, Jesus voltará com grande glória e poder e nos levará para a Casa do Pai, onde desfrutaremos de bem-aventurança sem fim. Então, seremos um só rebanho e teremos um só Pastor.

DESCANSA, Ó ALMA, EIS O SENHOR AO LADO

Lançando sobre ele [Deus] toda a vossa ansiedade, porque ele tem cuidado de vós.
(1Pedro 5:7)

A frase em epígrafe vem de um clássico hino evangélico escrito por K. A. D. Von Schegel. Esse hino é um apelo veemente aos que estão aflitos e sobrecarregados nessa caminhada rumo à glória. Tem confortado milhares no leito da enfermidade, nos vales escuros do luto, nas noites tenebrosas da alma. A estrada rumo ao céu não é reta nem atapetada de flores. É um caminho estreito e crivado de espinhos. Nessa jornada, precisaremos cruzar desertos tórridos, navegar por mares revoltos e enfrentar pântanos lodacentos. Não poucas vezes, nossa alma estará oprimida por angústias lancinantes, nossos olhos umedecidos por lágrimas abundantes e nosso corpo surrado por dores alucinantes. Alguns caminhantes desistem e retrocedem. Outros, optam por seguir o caminho largo. Aqueles, porém, que confiam no Senhor e recorrem ao seu divinal refúgio, marcham resolutos, de força em força até chegarem na glória. Talvez você esteja cansado fisicamente, emocionalmente e espiritualmente. Talvez você esteja caminhando na reserva, com o tanque vazio. É hora de você lançar seu fardo sobre Jesus. Depositar a seus pés a sua dor. Encontrar nele refrigério e cura. Saiba que Ele está ao seu lado. Ele jamais desampara aqueles que nele esperam. Descanse em Deus. Confia nele. Saiba que Ele é fiel para cuidar de você e conduzir você em triunfo, ainda que pelos vales escuros da vida.

EU SOU O MEU MAIOR PROBLEMA

Cria em mim, ó Deus, um coração puro e renova dentro de mim um espírito inabalável.
(Salmos 51:10)

A pessoa mais difícil de se lidar na vida é aquela que vemos no espelho. Nosso maior problema não são os outros; somos nós mesmos. O pecado nos adoeceu. Tirou de nós o equilíbrio e a lucidez. O pecado atingiu nossa razão, nossas emoções e nossa vontade. Tornamo-nos escravos do pecado. Fazemos o que não queremos e deixamos de fazer o que desejamos. Somos um ser ambíguo e contraditório. Jean Jacques Rousseau disse que o homem é essencialmente bom. Estava totalmente equivocado. O homem é essencialmente mau. John Locke disse que o homem é uma tábula rasa, fruto do seu meio. Estava absolutamente errado. O mal não procede de fora, mas de dentro. O meio é produto do homem e não o homem produto do meio. Dizem alguns que o poder corrompe. Errado! O poder apenas revela os corrompidos. Quando perguntaram para Dwight Moody, o maior avivalista do século 19, qual era o maior problema da obra, respondeu: "O maior problema da obra são os obreiros". Quando Davi pecou contra Deus, adulterando com Bate-Seba, não culpou as circunstâncias; reconheceu e confessou seu pecado. Pediu a Deus um novo coração. A razão de sua queda não estava na beleza nem na sedução de Bate-Seba, mas na impureza do seu coração. Como Davi, precisamos clamar, desesperadamente: "Cria em mim, ó Deus, um coração puro e renova dentro em mim, um espírito inabalável".

AS GLÓRIAS DO CRISTO DA GLÓRIA

Quando o vi, caí a seus pés como morto. Porém ele pôs sobre mim a mão direita, dizendo: Não temas; eu sou o primeiro e o último.
(Apocalipse 1:17)

No ano 86 d.C., Domiciano subiu ao trono como imperador de Roma. Nesse tempo, o apóstolo João foi deportado da cidade de Éfeso para a ilha de Patmos. As essas alturas, todos os demais apóstolos de Cristo já estavam mortos pelo viés do martírio. João era o último representante do grupo apostólico. Quando todas as portas se fecharam para João na terra, Deus abriu-lhe uma porta no céu e lhe disse: "Sobe para aqui e te mostrarei as coisas que devem acontecer" (Apocalipse 4:1). O Senhor Jesus apareceu a ele, em glória. Não era mais o Cristo angustiado e suando sangue do Getsêmani. Não era mais o Cristo espancado e cuspido do sinédrio judaico. Não era mais o Cristo escarnecido, caminhando trôpego pelas ruas de Jerusalém sob as vaias de uma multidão ensandecida. Não era mais o Cristo pregado na cruz, suspenso entre a terra e o céu. Era o Cristo da glória, cuja cabeça era branca como a neve. Seus olhos eram como chama de fogo, seus pés como de bronze polido e sua voz como voz de muitas águas. O seu rosto brilhava como o sol no firmamento. Quando João o viu, caiu como morto aos seus pés, mas Jesus lhe pôs a mão direita sobre a cabeça e lhe disse: "Não temas, eu sou o primeiro e o último. Eis que estive morto, mas estou vivo pelos séculos dos séculos e tenho as chaves da morte e do inferno". Quando tudo parece perdido e confuso em nossa vida, quando estamos encurralados pela morte, precisamos entender que Jesus reina, Ele está assentado no trono e tem o controle do universo em suas onipotentes mãos!

JESUS, O NOME SOBRE TODO O NOME

Pelo que também Deus o exaltou sobremaneira e lhe deu o nome que está acima de todo nome.
(Filipenses 2:9)

Quando José foi instruído pelo anjo acerca da natureza sobrenatural da gravidez de Maria, disse que o menino deveria ser chamado Jesus, porque Ele salvaria o seu povo de seus pecados. O nome Jesus significa o Salvador do seu povo. Esse é o nome superior a todos os anjos. Ele é o nome mais elevado neste século e no vindouro. Ele é o nome exaltado acima de todo o nome no céu, na terra e debaixo da terra. Jesus recebeu esse nome porque o herdou do Pai, porque lhe foi dado pelo Pai e porque conquistou esse direito ao triunfar sobre principados e potestades, na cruz do Calvário. Diante de Jesus todo joelho precisa se curvar no céu, na terra e debaixo da terra. Anjos, homens e demônios precisam reconhecer que Jesus é o Senhor. Todo o universo obedece a sua voz. Ele falou e tudo se fez. Ele dá ordem aos anjos e eles o obedecem. Ele ordena aos demônios e eles batem em retirada. Ele ordena ao mar e o mar sossega. Ele ordena aos ventos e os ventos escutam sua voz. Ele dá ordem à enfermidade e o enfermo é curado. Ele ordena que o morto se levante e o milagre da ressurreição acontece. Jesus tem todo poder e toda autoridade no céu e na terra. Ele tem o maior de todos os nomes. Seu nome é sobre todo o nome. Jesus é o Rei dos reis e o Senhor dos senhores. Ele é o grande EU SOU, o Verbo que se fez carne, o Deus unigênito que veio nos revelar o Pai. Dele, por meio dele e para Ele são todas as coisas!

JESUS, O PROFETA E A MENSAGEM

Havendo Deus outrora falado... nestes últimos dias, nos falou pelo Filho...
(Hebreus 1:1,2)

A Bíblia diz que Deus falou muitas vezes e de muitas maneiras aos pais pelos profetas, mas agora nos fala pelo Filho, a quem constituiu herdeiro de todas as coisas. Jesus é o Amém de Deus, o Ômega da revelação, a última palavra revelada aos homens. Ele é o Verbo que se fez carne. Jesus é o próprio Deus em figura humana. Aquele bebê que nasceu numa manjedoura e foi enfaixado em panos é o Rei da glória. Ele é a expressão máxima do ser de Deus, o resplendor de sua glória. Quem vê Jesus, vê o próprio Deus, pois Ele o Pai são um. Quem ouve sua voz, escuta a própria voz de Deus, pois Ele é Deus! Os profetas falaram da parte de Deus, dizendo: "Assim diz o Senhor", mas Jesus, sendo Deus diz: "Eu, porém, vos digo". Jesus é o Profeta e a profecia, o Mensageiro e a mensagem, o Pregador e o conteúdo da pregação. Todos os patriarcas olharam para Ele. Todos os profetas apontaram para Ele. Todos os sacrifícios eram sombra de seu sacrifício perfeito. Jesus é a essência do próprio evangelho. Ele é o centro da eternidade e da história. Jesus é o centro da Bíblia e da igreja. Jesus é tudo em todos. Ele é o caminho para Deus, a porta do céu, o único Mediador entre Deus e os homens. Jesus é o Pão do céu para os famintos, a Água da vida para os sedentos, o único que pode reconciliar com Deus e nos dar a vida eterna.

JESUS, O SACERDOTE E O SACRIFÍCIO

Tendo, pois, a Jesus, o Filho de Deus, como grande Sumo Sacerdote que penetrou os céus, conservemos firmes a nossa confissão.
(Hebreus 4:14)

Jesus é o Profeta que trouxe Deus até nós e o Sacerdote que nos leva até Deus. O sacerdote oferecia no altar os sacrifícios pelos pecados do povo e intercedia pelo povo. Esses sacrifícios, porém, eram imperfeitos e feitos por homens imperfeitos. Não podiam expiar pecados, mas apontavam para Jesus, o Sacerdote perfeito, que ofereceu um sacrifício perfeito e era a oferta perfeita. Jesus é o Sacerdote e o sacrifício; o ofertante e a oferta. Ele se entregou a si mesmo por nós. Como nosso substituto, bebeu o cálice da ira de Deus por nós. Carregou nossos pecados sobre o madeiro. Foi morto pelos nossos pecados. Seu sacrifício foi único, perfeito, cabal, irrepetível. Como sacrifício, Jesus morreu por nós. Como Sacerdote, Jesus intercede por nós. Porque Ele é o nosso Sumo Sacerdote, podemos entrar confiadamente na presença de Deus. A morte de Jesus varreu dos altares os sacrifícios mortos. Pela sua morte, o véu do templo foi rasgado e um novo e vivo caminho para Deus foi aberto. Como sacrifício, sua obra de redenção foi consumada na cruz, mas como Sacerdote sua intercessão prossegue no céu, pois Ele, como nosso Advogado, Mediador e Sacerdote vive para interceder por nós. Agora não precisamos de sacerdotes que nos representem diante de Deus. Fomos constituídos sacerdotes reais. Todos temos livre acesso a Deus por intermédio de Jesus Cristo.

JESUS, O REI DOS REIS

Tem no seu manto e na sua coxa um nome inscrito:
Rei dos reis e Senhor dos senhores.
(Apocalipse 19:16)

Jesus, o Filho de Deus, desceu da glória, vestiu pele humana, humilhou-se, tornando-se obediente até à morte e morte de cruz. Por isso, Deus o exaltou sobremaneira e lhe deu o nome que está acima de todo o nome. Ele é o Rei dos reis, o Senhor dos senhores, aquele que está assentado no trono e tem as rédeas da história em suas mãos. Diante dele os serafins cobrem o rosto. Perante Ele todos os joelhos se dobram no céu, na terra e debaixo da terra. Anjos, homens e demônios ajoelham-se diante dele e confessam que Ele é o Senhor. Ele o criador, sustentador e dono do universo. É o Salvador do mundo, o Supremo pastor das ovelhas e o Noivo da igreja. É o centro da eternidade e o Senhor do tempo. Ele é a luz que brilha no céu e a lâmpada que não se apaga na terra. Ele é centro da Bíblia e o deleite da igreja. Ele é o desejado de todas as nações e o amado da nossa alma. Ele é antes de todas as coisas. Nele tudo subsiste. Ele é tudo em todos. Dele, por meio dele e para Ele são todas as coisas. O universo inteiro converge nele. Os seres angelicais entoarão sua glória e majestade por toda a eternidade. Os remidos se unirão aos anjos e proclamarão seu poder eterno. Ele triunfará sobre todos os seus inimigos e entregará o Reino ao Deus e Pai. Então, por toda a eternidade, os remidos o aplaudirão e, prostrados aos seus pés o adorarão pelos séculos sem fim!

JESUS: MENTIROSO, LUNÁTICO OU DEUS?

Eu e o Pai somos um.
(João 10:30)

Josh McDowell, em seu livro Mais que um Carpinteiro levanta a seguinte questão: "Jesus é mentiroso, lunático ou Deus". Se Jesus não era quem Ele disse ser, então era um mentiroso; se Jesus pensava ser quem não era, então era um lunático; mas, se Jesus é quem Ele disse ser, então, Ele é Deus. Aqueles que negam a divindade de Cristo automaticamente chamam-no de mentiroso ou lunático. E se Jesus foi um mentiroso ou lunático, então, precisaremos admitir que uma mentira salvou o mundo e um lunático libertou das garras do diabo milhões de pessoas. Aqueles que negam a divindade de Cristo e ao mesmo tempo afirmam que Ele é um espírito iluminado ou um mestre do bem caem em contradição, pois se Ele mentiu sobre sua identidade, então foi um enganador e jamais poderia ser exemplo para a humanidade. Se Jesus falseou a verdade acerca de sua identidade, jamais poderia ser um espírito iluminado. Só nos resta uma opção: de fato Jesus é Deus. O apóstolo João, no prólogo de seu evangelho, deixa isso meridianamente claro, quando escreveu: "No princípio era o Verbo, e o Verbo estava com Deus, e o Verbo era Deus" (João 1:1). Jesus é o Verbo de Deus e o Verbo é eterno, pessoal e divino. Jesus é o Verbo que se fez carne com o propósito de nos revelar Deus: "Ninguém jamais viu a Deus; o Deus unigênito, que esta no seio do Pai, é quem o revelou" (João 1:18).

JESUS, O ÚNICO MEDIADOR

Porquanto há um só Deus e um só mediador entre Deus e os homens, Cristo Jesus, homem.
(1Timóteo 2:5)

Nas religiões do mundo inteiro há uma multidão de intercessores, mas a palavra de Deus diz que existe um só mediador. Assim como existe um só Deus, também há um só mediador entre Deus e os homens, Jesus Cristo, homem. Jesus é a escada mística de Jacó que liga a terra ao céu. Jesus é o Caminho para Deus e ninguém pode ter acesso ao Pai, senão por Ele. Jesus é a porta do céu, e ninguém pode entrar no paraíso, senão por Ele. Jesus é o Advogado, o Justo, e ninguém poderá ser absolvido no tribunal de Deus, senão por Ele. Jesus é o Sumo Sacerdote e ninguém pode oferecer um sacrifício perfeito e eficaz por nós, senão Ele. Jesus é o intercessor legal junto ao Pai e ninguém pode ficar livre das acusações terríveis do diabo, senão por meio dele. Jesus, por meio de sua morte, abriu para nós um novo e vivo e caminho para Deus. Por meio dele temos livre acesso ao trono da graça. Deus estava em Cristo reconciliando consigo o mundo. Deus não lançou sobre nós mesmos os nossos pecados; lançou-os sobre Jesus. Ele foi traspassado pelas nossas transgressões e moído pelas nossas iniquidades. Na cruz, Jesus pagou completamente a nossa dívida. Finalmente, Deus depositou em nossa conta a completa justiça de Jesus. Fomos justiçados pelo seu sangue. Agora não pesa mais nenhuma condenação sobre nós. Estamos justificados!

PROVIDÊNCIA CARRANCUDA, FACE SORRIDENTE

Sabemos que todas as coisas cooperam para o bem daqueles que amam a Deus, daqueles que são chamados segundo o seu propósito.
(Romanos 8:28)

A frase do título é de William Cowper, compositor inglês, que enfrentou severas crises de depressão, a ponto de atentar contra a própria vida. Mesmo nesse vale sombrio, escreveu hinos traduzidos e cantados no mundo inteiro. Esta é uma de suas expressões mais confortadoras: "Por trás de toda providência carrancuda, esconde-se uma face sorridente". Muitas vezes, as circunstâncias são pardacentas, sombrias e amargas. Perdas financeiras, luto na família, enfermidade crônica, casamento abalado, amizades rompidas. Muitas vezes, o mar da vida se revolta e parece impossível navegá-lo. Há momentos em que somos assolados por pressões externas e temores internos. Somos ameaçados por laços de morte e atormentados com angústias do inferno. Porém, mesmo que essas circunstâncias sejam carrancudas, esconde-se atrás delas a face sorridente de Deus. O fato de estarmos no miolo da tempestade não significa que Deus está indiferente à nossa dor. O fato de não vermos nem sentirmos a presença de Deus não significa que Ele está ausente. O fato de vermos as circunstâncias se agravando contra nós não significa que Deus está inativo. Na verdade, nessas horas mais sombrias, Deus está trabalhando em nosso favor, transformando vales em mananciais, choro em alegria, noites escuras em manhãs iluminadas. Mesmo que você não veja nem sinta, Deus está no controle e está trabalhando para o seu bem.

O EVANGELHO NÃO TEM SUBSTITUTOS

Pois não me envergonho do evangelho, porque é o poder de Deus para a salvação de todo aquele que crê, primeiro do judeu e também do grego.
(Romanos 1:16)

O ser humano tem uma tendência de rejeitar a verdade e a substituí-la por suas mentiras. O coração humano é o laboratório onde as heresias são forjadas. O homem natural não discerne as coisas de Deus nem tem interesse pelas coisas espirituais. O diabo, o pai da mentira, é o mentor das falsas doutrinas e os homens que andam segundo o príncipe deste mundo são atraídos por esses falsos ensinos. Os homens sentem uma espécie de coceira nos ouvidos, ávidos por ouvirem novidades, e por isso rejeitam a verdade e se acercam de falsos mestres. Criam suas "teologias" eivadas de desvios e cheias de engano. Os falsos mestres atraem multidões com um falso evangelho, oferecendo a elas uma falsa esperança. Movidos pela ganância, esses mascates das heresias engordam-se de riquezas deste mundo e vivem enganando e sendo enganados. Precisamos dizer em alto e bom som, porém, que não existem substitutos para o evangelho. O homem precisa se arrepender de seus pecados e crer no Senhor Jesus para ser salvo. Qualquer outra mensagem que desvie as pessoas dessa doutrina é um outro evangelho, um falso evangelho. O falso evangelho é popular, inclusivista e atende o gosto das multidões. Não faz exigências. Não exige renúncias. Não requer arrependimento nem aponta exclusivamente para Jesus. Embora esse falso evangelho seja aplaudido por muitos, é rejeitado por Deus como uma coisa maldita, pois engana os pecadores e os leva à condenação.

O MAL NÃO VAI PREVALECER

E, então, virá o fim, quando ele entregar o reino ao Deus e Pai, quando houver destruído todo principado, bem como toda potestade e poder.
(1Coríntios 15:24)

Quem domina o mundo: Deus ou o diabo? Quem está ganhando o jogo nessa briga entre o bem o mal, Deus ou o diabo? Quem prevalecerá no julgamento final, Deus ou o diabo? Quem proclamará a vitória final, Deus ou o diabo? Ao olharmos de relance o mundo, parece que os maus fazem suas peripécias e escapam. Parece que os desonestos roubam e desfrutam de sua riqueza ilícita. Parece que a mentira anda garbosamente na passarela da vida debaixo dos holofotes e aplausos de uma multidão entusiasmada. Parece que aqueles que vivem na impiedade são honrados e os que vivem piedosamente são perseguidos. Parece que aqueles que desandam a boca para falar blasfêmias contra Deus estão rodeados de amigos e aqueles cujos lábios são limpos são escarnecidos. Parece que os que se enchem de soberba e estendem as mãos para praticarem violência vivem cercados de glória e descem à sepultura debaixo de pompas e aplausos, mas aqueles que andam na retidão passam despercebidos. Ah, mas Deus vai virar o placar desse jogo. O mal não vai prevalecer. A mentira será desmascarada. As trevas não prevalecerão contra a luz. O Dia do Juízo já está marcado. O diabo e seus agentes serão derrotados e lançados no lago de fogo. Os ímpios, cujos nomes não estão no livro da vida, sofrerão eterna destruição. Jesus virá em majestade e glória e colocará todos os seus inimigos debaixo dos seus pés. A vitória retumbante será de Cristo e de sua igreja e Ele reinará pelo século dos séculos.

PORQUE DEUS PODE SER O NOSSO REFÚGIO

Elevo os olhos para os montes: de onde me virá o socorro?
O meu socorro vem do Senhor, que fez o céu e a terra.
(Salmos 121:1,2)

O Salmo 121 é um cântico de romagem. O povo de Israel fluía aos borbotões de todas as cidades e vilas rumo a Jerusalém em suas festas anuais. O povo, trazendo suas alegrias e lágrimas, seus sonhos e angústias, subiam as escarpadas montanhas da Judeia, rumo à cidade, cantando esses hinos de fé. Enquanto olhavam para aqueles montes, cuja cumeeira relembravam a eles tantas lutas e conflitos, cantavam: "Elevo os olhos para os montes, de onde me virá o socorro. O meu socorro vem do Senhor que fez os céus e a terra". Nesse cântico, o salmista nos dá três motivos por que Deus pode ser o nosso refúgio e socorro. Em primeiro lugar, porque Ele é *onipotente.* Ele criou os céus e a terra. Ele chamou à existência as coisas que não existiam. Do nada, Ele tudo criou. Criou as coisas visíveis e invisíveis. Criou o universo e suas longínquas galáxias. Criou os anjos e todos os exércitos celestiais. Se Ele é o criador, então é onipotente, e por isso pode ser o nosso refúgio. Em segundo lugar, Deus pode ser o nosso refúgio porque Ele é *onisciente.* Deus não dorme nem cochila. Ele vigia por nós em todo o tempo, o tempo todo. Nada escapa ao seu conhecimento. Está atento a cada instante para nos guardar e livrar. Ele tudo vê, tudo sonda, tudo perscruta. Em terceiro lugar, Deus pode ser o nosso refúgio, porque Ele é *onipresente.* Deus está sempre ao nosso lado, como sombra à nossa direita. Não há lugar tão longínquo que Ele não esteja ao nosso lado. Não há esconderijo tão profundo que Ele não esteja presente. Ele é onipotente, onisciente e onipresente. Ele pode ser o nosso refúgio.

ANOTAÇÕES

ANOTAÇÕES

ANOTAÇÕES

ANOTAÇÕES

ANOTAÇÕES

ANOTAÇÕES

ANOTAÇÕES

ANOTAÇÕES

ANOTAÇÕES

Sua opinião é importante para nós.

Por gentileza, envie-nos seus comentários pelo e-mail:

editorial@hagnos.com.br

Visite nosso site:

www.hagnos.com.br